Thomas Sprecher

Stiftungsrecht

D1723718

Thomas Sprecher
Dr. iur. et phil., Rechtsanwalt, LL.M.

Stiftungsrecht

IN A NUTSHELL

2. Auflage

Bibliografische Information der Deutschen Nationalbibliothek

Die Deutsche Nationalbibliothek verzeichnet diese Publikation in der Deutschen Nationalbibliografie; detaillierte bibliografische Daten sind im Internet über http://dnb.dnb.de abrufbar.

© 2023 Dike Verlag AG, Zürich/St. Gallen
  ISBN 978-3-03891-493-8

www.dike.ch

Vorwort zur 2. Auflage

Seit dem Erscheinen der ersten Auflage kam es zu mehreren Neuerungen. So hat der Gesetzgeber im Rahmen eines jahrelang dahinsiechenden Vorhabens, der Parlamentarischen Initiative Luginbühl, die unter dem Titel «Stärkung des Stiftungsstandorts» angetreten war, eine pitoyable «Mini-Reform» beschlossen. Im Zuge der Aktienrechtsreform hat er andererseits diskussionslos Änderungen auch beim Stiftungsrecht umgesetzt. Die Neuauflage berücksichtigt diese Änderungen. Ich habe sie ferner benutzt, den ganzen Text zu überarbeiten und auch die Rechtsprechung der letzten Jahre einzubeziehen. Kritische Hinweise sind auch für die zweite Auflage erwünscht (thomas.sprecher@nkf.ch).

Zürich, 1. Januar 2023   Thomas Sprecher

Vorwort zur 1. Auflage

Dem Konzept der Reihe entsprechend, in der es erscheint, versucht dieses Buch eine kompakte Übersicht über das Schweizer Stiftungsrecht zu geben, wobei es aus den Beiträgen anderer Autoren wie auch aus früheren Publikationen des Verfassers selbst Nutzen zieht. Schon immer hat die bewusst weitmaschige Regelung des Stiftungsrechts im Zivilgesetzbuch dazu geführt, dass offene Fragen nicht nur durch die Gerichtspraxis, sondern vor allem durch den anschwellenden Strom der Lehre beantwortet wurden – eine durch den Foundation-Governance-Diskurs noch verstärkte Entwicklung. Ausserdem haben sich zahlreiche rechtsrelevante Erscheinungen wie neue Stiftungsformen ohne rechtliche Setzungen entwickelt. Aus diesen Gründen wäre eine Beschränkung auf die Vorgaben von Gesetzgeber, Gerichten und Behörden im Stiftungswesen nicht angemessen. Auch die erstarkte Rolle von Stiftungen in der Öffentlichkeit legt nahe, Lehre und gesellschaftlich-wirtschaftlicher Praxis den gebührenden Raum zu geben.

Ich bin Frau MLaw Kathrin Grob für die Durchsicht des stiftungsrechtlichen und Herrn lic. iur. Rachid Ghazi für jene des steuerrechtlichen Teils zu Dank verpflichtet. Leserinnen und Lesern danke ich für Kritik und Anregungen aller Art (thomas.sprecher@nkf.ch).

Zürich, 1. Januar 2017   Thomas Sprecher

Inhaltsübersicht

Inhaltsverzeichnis

Abkürzungsverzeichnis

Abs.	Absatz
AG	Aktiengesellschaft
AHVG	Bundesgesetz über die Alters- und Hinterlassenenversicherung vom 20. Dezember 1946, SR 831.10
Art.	Artikel
AS	Amtliche Sammlung
BBl	Bundesblatt
BGE	Bundesgerichtsentscheid; Amtliche Sammlung der Entscheidungen des Schweizerischen Bundesgerichtes
BGer	Bundesgericht
BGG	Bundesgesetz über das Bundesgericht vom 17. Juni 2005 (Bundesgerichtsgesetz), SR 173.110
BGÖ	Bundesgesetz über die Öffentlichkeit in der Verwaltung vom 17. Dezember 2004 (Öffentlichkeitsgesetz), SR 152.3
Bst.	Buchstabe
BSV	Bundesamt für Sozialversicherungen
BV	Bundesverfassung der Schweizerischen Eidgenossenschaft vom 18. April 1999, SR 101
BVG	Bundesgesetz über die berufliche Alters-, Hinterlassenen- und Invalidenvorsorge vom 25. Juni 1982, SR 831.40
BVGer	Bundesverwaltungsgericht
BVS	BVG- und Stiftungsaufsicht des Kantons Zürich
bzw.	beziehungsweise
CHF	Schweizer Franken
DBG	Bundesgesetz über die direkte Bundessteuer vom 14. Dezember 1990, SR 642.11
d.h.	das heisst
Eidg.	Eidgenössisch

engl.	englisch
ESA	Eidgenössische Stiftungsaufsicht
etc.	et cetera
evtl.	eventuell
f.	folgende
ff.	folgende (Mehrzahl)
FusG	Bundesgesetz über Fusion, Spaltung, Umwandlung und Vermögensübertragung vom 3. Oktober 2003 (Fusionsgesetz), SR 221.301
FZG	Bundesgesetz über die Freizügigkeit in der beruflichen Alters-, Hinterlassenen- und Invalidenvorsorge (Freizügigkeitsgesetz, FZG) vom 17. Dezember 1993, SR 821.42
GG	Gemeindegesetz des Kantons Zürich vom 6. Juni 1926, LS 131.1
gr	Gramm
GwG	Bundesgesetz über die Bekämpfung der Geldwäscherei und der Terrorismusfinanzierung (Geldwäschereigesetz), SR 955.0
HRegV	Handelsregisterverordnung vom 17. Oktober 2007, SR 221.411
HTÜ	Haager Übereinkommen vom 1. Juli 1985 über das auf Trusts anzuwendende Recht und über ihre Anerkennung, SR 0.221.371
IPRG	Bundesgesetz über das Internationale Privatrecht vom 18. Dezember 1987, SR 291
i.S.v.	im Sinne von
i.V.m.	in Verbindung mit
Kt.	Kanton
lit.	litera, Buchstabe
Mio.	Million(en)
Mrd.	Milliarde(n)

MWSTG	Bundesgesetz über die Mehrwertsteuer vom 2. September 1997, SR 641.20
Nr.	Nummer
OAK BV	Oberaufsichtskommission Berufliche Vorsorge
OGer	Obergericht
OR	Bundesgesetz betreffend die Ergänzung des Schweizerischen Zivilgesetzbuches (Fünfter Teil: Obligationenrecht) vom 30. März 1911, SR 220
RAG	Bundesgesetz über die Zulassung und Beaufsichtigung der Revisorinnen und Revisoren (Revisionsaufsichtsgesetz) vom 16. Dezember 2005, SR 221.302
SchKG	Bundesgesetz über Schuldbetreibung und Konkurs vom 11. April 1889, SR 281.1
SchlT	Schlusstitel
SHAB	Schweizerisches Handelsamtsblatt
StGB	Schweizerisches Strafgesetzbuch vom 21. Dezember 1937, SR 311.0
StHG	Bundesgesetz über die Harmonisierung der direkten Steuern der Kantone und Gemeinden vom 14. Dezember 1990, SR 642.14
StPO	Schweizerische Strafprozessordnung vom 5. Oktober 2007 (Strafprozessordnung), SR 312.0
Swiss GAAP FER 21	Fachempfehlungen zur Rechnungslegung für gemeinnützige Non-Profit-Organisationen (GAAP ist die Abkürzung für Generally Accepted Accounting Principles, FER ist die Abkürzung für Fachkommission und Empfehlungen zur Rechnungslegung)
VGer	Verwaltungsgericht
VGG	Bundesgesetz über das Bundesverwaltungsgericht (Verwaltungsgerichtsgesetz) vom 17. Juni 2005, SR 173.32
vgl.	vergleiche
VRG	Verwaltungsrechtspflegegesetz des Kantons Zürich vom 24. Mai 1969, LS 175.2

VwVG	Bundesgesetz über das Verwaltungsverfahren (Verwaltungsverfahrensgesetz) vom 20. Dezember 1968, SR 172.021
ZGB	Schweizerisches Zivilgesetzbuch vom 10. Dezember 1907, SR 210
ZH	Zürich
ZH-ESchG	Erbschafts- und Schenkungssteuergesetz des Kantons Zürich vom 28. September 1986, LS 632.1
ZH-StG	Steuergesetz des Kantons Zürich vom 8. Juni 1977, LS 631.1
Ziff.	Ziffer
ZPO	Schweizerische Zivilprozessordnung (Zivilprozessordnung) vom 19. Dezember 2008, SR 272

1. Teil   Einleitung

§ 1   Geschichte

Die Idee der Stiftung ist schon in früheren Zeiten und Hochkulturen gedacht und gelebt worden, etwa in Mesopotamien und der Antike, dann auch im christlichen Mittelalter. In der Schweiz bestehen heute noch Stiftungen, die auf das 14. bis 16. Jahrhundert oder gar frühere Zeiten zurückgehen.

Im 19. Jahrhundert, mit der Entwicklung der juristischen Personen und des Gesellschaftsrechts, fand die Stiftung zu ihrer heutigen Form. Die erste Kodifizierung des Stiftungsrechts im deutschsprachigen Raum enthält das Privatrechtliche Gesetzbuch für den Kanton Zürich von Johann Caspar Bluntschli (1808–1854), das 1856 in Kraft trat. 1907 wurde das Stiftungsrecht im Rahmen von Eugen Hubers ZGB mit Geltung für die ganze Schweiz geprägt. Es trat am 1. Januar 1912 in Kraft und blieb seither weitgehend unverändert. Am 8. Oktober 2004, mit Inkrafttreten per 1. Januar 2006, wurde es teilrevidiert. Relevant waren zudem die Einführung des BVG 1985 für die Personalvorsorgestiftungen, der Erlass und die Änderung der Handelsregisterverordnung vom 17. Oktober 2007 sowie die Reform des Gesellschaftsrechts von 2008.

Am 1. Januar 2023 tritt die Aktienrechtsreform und damit auch die neuen Art. 84*a* und 84*b* ZGB in Kraft. Am 1. Januar 2024 werden schliesslich Neuerungen in Kraft treten auf der Grundlage der Parlamentarischen Initiative Luginbühl (Art. 83 Abs. 3, 86*a*, 86*b*, 86*c* ZGB). Die vorliegende Darstellung beruht bereits auf dem neuen Recht.

§ 2 Rechtliche Regelungen

1. Stiftungsrecht im ZGB

> **Art. 80 ZGB**
> Zur Errichtung einer Stiftung bedarf es der Widmung eines Vermögens für einen besondern Zweck.

Das Stiftungsrecht gehört wie das Vereinsrecht zum Personenrecht im ZGB. Die rechtliche Regelung ist recht locker – das ZGB ordnet die Stiftung in wenigen Artikeln (Art. 80–89*a* ZGB). Im Grundsatz geht es um die **Widmung eines Vermögens für einen bestimmten Zweck.**

2. Einfluss des Vereinsrechts

Soweit im Stiftungsrecht, in Stiftungsurkunde und Stiftungsreglement nichts geregelt ist, ist in Bezug auf die Beschlussfassung das Vereinsrecht analog anzuwenden (BGE 144 III 433, 129 III 641). Insbesondere finden Art. 69 ZGB (Rechte und Pflichten des Vereinsvorstandes) und die aus ihm entwickelten Grundsätze auf die Geschäftsleitungsorgane der Stiftung subsidiär Anwendung. Dabei sind allerdings die stiftungsrechtlichen Besonderheiten zu beachten.

3. Einfluss des Aktienrechts

Auch wenn das Stiftungsrecht nicht im Obligationenrecht geregelt ist, wird es doch in mancher Hinsicht zum Gesellschaftsrecht gezählt und insbesondere **vom Aktienrecht beeinflusst.** Wie die Botschaft zur Änderung des Obligationenrechts (Aktienrecht) vom 23. November 2016 festhält, bietet das Gesellschaftsrecht verschiedene Rechtseinheiten an, die auf unterschiedliche wirtschaftliche und rechtliche Bedürfnisse ausgerichtet sind. Soweit sich aus den wesensmässigen Unterschieden nichts anderes ergibt, werden bestimmte Aspekte in den verschiedenen Rechtseinheiten, also auch im Verein und in der Stiftung, rechtsformübergreifend gleich oder zumindest ähnlich geregelt, um im Interesse der Konsistenz des gesamten Gesellschaftsrechts sachwidrige Abweichungen zu vermeiden. Das Aktienrecht beeinflusst das Stiftungsrecht etwa bei der Pflicht zur Offenlegung der Entschädigungen, beim Rechnungslegungs- und Revisionsrecht, beim Sanierungsrecht oder bei der Haftung der Organmitglieder.

4. Weitere Rechtsgrundlagen

Daneben sind noch andere Gesetzesgrundlagen für die Stiftung relevant, wie das **Handelsregister-,** das **Steuer-** oder das **Fusionsrecht,** für die Familienstiftung insbesondere auch Art. 335 ZGB, für die Personalvorsorgestiftung das Vorsorgerecht. Zudem gibt es zahlreiche einschlägige Regelwerke auf kantonaler und Gemeindeebene.

Stiftungen haben darüber hinaus auch weitere Bestimmungen zu beachten, wie das Datenschutzrecht.

5. Lehre und Praxis

Die Weiterentwicklung und Differenzierung des Stiftungsrechts erfolgte vor allem durch die (in manchen Bereichen allerdings eher spärliche) Gerichtspraxis, die Aufsichtspraxis sowie die Lehre.

6. Die Stiftung als juristische Person

Stiftungen sind juristische Personen i.S.v. Art. 52 ZGB. Man nennt sie meist, in sprödem Juristendeutsch, ein «personifiziertes Zweckvermögen». Im Zentrum steht allerdings nicht das Vermögen, sondern der Zweck, weshalb es sinnvoller wäre, von einem **personifi-**

zierten, zu seiner Umsetzung mit einem Vermögen ausgestatteten Zweck zu sprechen. Das Vermögen ist Mittel zum Zweck. Es verändert sich während der Existenz der Stiftung laufend, während der Zweck grundsätzlich unverändert bleibt.

7.   Die Stiftung als Anstalt

Obwohl der Gesetzgeber nicht definiert hat, was eine Stiftung sei (das ZGB enthält keine Legaldefinition), steht ihr anstaltlicher Charakter fest. Art. 52 ZGB hebt Anstalten ab von den körperschaftlich organisierten Personenverbindungen. Anstalten in diesem Sinne sind **alle** Formen von Stiftungen und **nur** Stiftungen (vgl. auch Art. 59 ZGB).

Die Anstalt wird meist als ein Konglomerat von Defiziten bestimmt. Es fehlen nämlich:

- Eigentümer;
- Mitglieder;
- das Recht (der Stiftungsorgane) zur Änderung der Stiftungsurkunde;
- das Recht zur faktischen Abweichung vom Stifterwillen;
- das Recht zur Gefährdung oder Entziehung von Stiftungsvermögen;
- das Recht zur Aufhebung der Stiftung.

Weil die Stiftung eine Anstalt ist, wird von ihr stets gesagt, sie habe und bilde keinen eigenen Willen, das Wirken des Stiftungsrats beschränke sich auf eine dienende und verwaltende Rolle, er habe lediglich die Vorgaben des Stifters auszuführen. Das ist eine juristische Zuspitzung, die von der Konstruktion ausgeht, der Stifter habe der Stiftung seinen Willen abschliessend aufgeprägt und alle für die Stiftung Tätigen seien nur noch willenlose Funktionäre, Marionetten des Stifterwillens. Richtig ist, dass die Stiftung im körperschaftlichen Sinn insofern keinen eigenen Willen bilden kann, als ihre Organe an die Stiftungsurkunde grundsätzlich gebunden sind. Aber von einer Aktiengesellschaft oder einem Verein wird auch nicht gesagt, sie würden nur dann einen Willen bilden, wenn sie die Statuten änderten. Auf der Basis der Stiftungsurkunde bilden die Stiftungsorgane sehr wohl einen Willen, wie dies die Organe von Gesellschaften und Vereinen auf der Basis ihrer Statuten tun. Kurzum: Komplementär zum Stifterwillen gibt es auch den durch ihre Organe gebildeten **Willen der Stiftung**. Beide bedingen einander. Die Stiftung muss die durch sie selbst nicht veränderbaren Vorgaben des Stifters akzeptieren, und dieser hat hinzunehmen, was die Stiftung daraus macht, solange dies rechtmässig bleibt.

Ferner werden der Stiftung immer wieder mehr oder weniger konstitutive Attribute zugeschrieben, die auf einem veralteten Stiftungsverständnis beruhen: starr, unbeweglich, dem Fortschritt verschlossen, Verwaltung statt Gestaltung etc. Diese Aussagen gründen alle auf dem Umstand, dass es dem Stifter wie den Stiftungsorganen verschlossen ist, die Stiftungsurkunde aus eigenen Kräften zu ändern. Dies ist aber nur die eine Seite der Medaille. Unberücksichtigt bleibt dabei zweierlei. Erstens sieht das Gesetz eine Reihe von Möglichkeiten vor, wie die Stiftungsurkunde, der Zweck und die Organisation der Stiftung geändert und aktuellen Bedürfnissen angepasst werden können (Art. 85, 86, 86a, 86b ZGB). Zweitens und vor allem darf die **Stifterfreiheit** nicht negiert werden, nämlich die Freiheit des Stifters, den Organen seiner Stiftung möglichste Freiheit einzuräumen:

- Er kann einen sehr weiten Stiftungszweck festsetzen, dessen Konkretisierung dann den Stiftungsorganen vorbehalten bleibt. Er kann es ihnen überlassen, unter Alternativen zu wählen und Schwerpunkte zu setzen.

- Das Vermögen kann in seiner Höhe und Zusammensetzung nach der Stiftungserrichtung vollständig verändert werden.

- Auch die Organisation kann der Stifter im Wesentlichen in die Hände des Stiftungsrats legen, indem er sie auf Reglementsstufe festlegt. Stiftungsreglemente können vom Stiftungsrat geändert werden. Dies gilt über die Organisation hinaus auch für den Namen und den Sitz der Stiftung.

Das Problem liegt demnach nicht bei der Rechtsform Stiftung als solcher, sondern bei der mangelnden Gestaltungssouveränität des Stifters bei der Stiftungserrichtung oder einem fehlenden Vertrauen in die Stiftungsorgane. Sind diese aber gegeben, kann die Stiftung eine bewegliche und zukunftsoffene Rechtsform sein. Sie hat dann nur jenes Mass an «Starrheit», derer sie, wie der menschliche Körper des Skeletts, für ihre Mobilität bedarf. Die letzten beiden Jahrzehnte haben bewiesen, dass Stiftungen viel dynamischer unterwegs sein können, als es der grau-gräuliche Rechtsbegriff «Anstalt» suggeriert.

8. Die Stiftung als Unternehmen

Im Gegensatz zum überholten Bild der Stiftung als statischer Anstalt steht die Stiftung als Unternehmen. In dieser Sichtweise ist der **Stifter ein Unternehmer,** weil er sich an Bedürfnissen, an gesellschaftlich relevanten Mängeln orientiert, die er als Chancen begreift. Und so agiert dann auch die (gemeinnützige) Stiftung selbst als Unternehmen. Die Tätigkeit ihrer Organe ist im Kern keine verwaltende, sondern eine **unternehmerische.** Dies zeigt sich in Folgendem:

- Wie die jüngere Erfahrung bewiesen hat, kommen Eigenschaften und Verhaltensweisen, die wirtschaftliche Unternehmen zum Erfolg bringen, Stiftungen nicht weniger zugute. Deshalb sind auch in der Philanthropie **Marktorientierung**, **Wettbewerb** und **Leistungsbereitschaft** notwendig.

- Stiftungen müssen danach streben, mindestens so **effizient** und **effektiv** wie vergleichbare staatliche Institutionen, andere Stiftungen und auch wie profitorientierte Unternehmen zu arbeiten.

- Stiftungen müssen **Innovationen** und **Mehrwert** anstreben. Ihre Förderleistungen sind als **gesellschaftliche Investitionen** zu verstehen.

- Wenn als Rendite die erzielte **Wirkung** gefasst wird, so gilt, dass auch nichtprofitorientierte Stiftungen eine **möglichst hohe Rendite** anstreben müssen.

- Stiftungen müssen und können unternehmerisches **Risiko** auf sich nehmen. Sie können sogar höhere Risiken eingehen als profitorientierte Unternehmen oder der Staat, weil sie grundsätzlich von Anspruchsgruppen unabhängig sind und weder auf kurzfristige Maximierung noch auf Legislaturperioden und Abwahlrisiken achten müssen.

- Unternehmerisch ist schliesslich die Bereitschaft und Fähigkeit zur **Anpassung:** Auch und gerade auf Dauer gestellte Stiftungen müssen sich im Kleinen und manchmal auch im Grossen immer wieder neuen Gegebenheiten anpassen, um ihrer Aufgabe einer möglichst wirkungsvollen Zweckumsetzung und auch ihrer gesellschaftlichen Verantwortung zu genügen.

§ 3   Foundation Governance

Neben das Stiftungsrecht ist, in Analogie zur Entwicklung im Gesellschaftsrecht, der vielschichtige Komplex der **Foundation Governance** getreten. Sie hat sich mit solcher Selbstverständlichkeit im Diskurs und in der Praxis des Stiftungssektors etabliert, dass sie nicht mehr wegzudenken, ja sogar ein veritabler Standortfaktor geworden ist.

Unter Foundation Governance wird Verschiedenes verstanden, und mit ihr werden unterschiedliche Ziele verfolgt. Man kann sie mit «gute Stiftungsführung» übersetzen oder sie, etwas ausführlicher, definieren als Gesamtheit der auf die Interessen des Stifters, der Destinatäre und der anderen Anspruchsgruppen ausgerichteten

Grundsätze, die unter Wahrung der Gestaltungs- und Entscheidungsfähigkeit des Stiftungsrats die wirksame Umsetzung des Stiftungszwecks, ein ausgewogenes Verhältnis von Leitung und Kontrolle sowie angemessene Transparenz anstreben.

Stiftungen verfügen über kein Kontrollinstrument, wie es die Mitgliederversammlung beim Verein oder die Generalversammlung der Aktionäre bei der Aktiengesellschaft darstellt. Sie gehören nicht Dritteigentümern. Aus diesem Grund müssen sie erst recht dafür sorgen, dass sie die Grundsätze einer guten Foundation Governance befolgen. Dazu zählen Prinzipien wie **wirksame Umsetzung des Stiftungszwecks**, *Checks and Balances* und **Transparenz.** Im Swiss Foundation Code 2021 (siehe unten) ist ein vierter Grundsatz hinzugekommen: Der Grundsatz «**Gesellschaftliche Verantwortung**» («Die Stiftung entwickelt ihre Organisation und Aktivitäten gemäss den Anforderungen der Zeit») betont die besondere Funktion von Stiftungen als privaten Organisationen, die gesellschaftliche Zwecke verfolgen. Stiftungen sind keine Solitäre. Sie stehen vielmehr mitten in der Gesellschaft und wollen auf diese einwirken.

Foundation Governance entfaltet sich aus dem Zusammenspiel von Gesetz – das seinerseits schon dispositive Normen enthält, von denen abgewichen werden kann – und freiwilliger «Regulierung». Es herrscht hier eine Arbeitsteilung: Foundation Governance ergänzt das kodifizierte Stiftungsrecht, indem sie Empfehlungen gibt, wie man es bestmöglich umsetzen und seine Spielräume am sinnvollsten beleben kann. Dies versucht insbesondere der nach der Jahrtausendwende initiierte Swiss Foundation Code, der von Zeit zu Zeit aktualisiert wird. Im Jahr 2021 ist er in vierter Ausgabe (**Swiss Foundation Code 2021**) in deutscher, französischer und englischer Sprache erschienen; unterdessen ist eine italienische Fassung hinzugekommen.

§ 4 Stiftungsformen und -typologien

1. Gewöhnliche Stiftung als Grundform und Sonderformen

Das Gesetz unterscheidet zwischen einer allgemeinen Stiftungsform und Sonderformen. Die allgemeine Form, gewissermassen die Grundform, wird in der Regel **gewöhnliche** (oder «klassische» oder «normale») **Stiftung** genannt. Wohl die meisten – aber bei weitem nicht alle – gewöhnlichen Stiftungen haben einen ideellen Zweck. Sie üben im Interesse und zum Wohl der Allgemeinheit wichtige Funktionen aus: im Sozialen, im Gesundheitswesen, in der Wissenschaft, Forschung, Bildung und Erziehung, Kunst und Kultur, Entwicklungshilfe etc.

Von der gewöhnlichen Stiftung werden die gesetzlichen **Sonderformen Familienstiftung** (Art. 52 Abs. 2, 87, 335 ZGB), **kirchliche Stiftung** (Art. 52 Abs. 2, 87 ZGB) und **Personalvorsorgestiftung** (Art. 89a ZGB) abgehoben. Sie unterscheiden sich in ihrem Zweck wie auch in anderer Hinsicht. Dabei können auch Mischformen auftreten (**gemischte Stiftungen**).

Zur Qualifikation einer Stiftung als gewöhnliche oder als Sonderform ist primär auf den Stifterwillen abzustellen (BVGer, A-8309/2015, 17.7.2017). Dabei ist die ganze Urkunde heranzuziehen, wobei der Zweck zentral ist. Völlig untergeordnete Teilzwecke sind nicht ausschlaggebend, auch nicht die Festlegung von Sonderrechten oder Anordnungen des Stifters, Teile des Stiftungsvermögens besonders zu betreuen (BGer, 5A_602/2008, 25.11.2008).

Daneben hat sich in der Praxis eine Reihe von weiteren, gesetzlich nicht geregelten Stiftungsformen gebildet, die man analog zum Vertragsrecht **Innominatstiftungen** nennen könnte.

2. Stiftungstypologien

In Lehre und Praxis werden zahlreiche Versuche unternommen, den fröhlichen Wildwuchs der Stiftungslandschaft terminologisch zu zähmen und in Stiftungstypologien zu zwingen. Dabei werden nach rechtlichen, ökonomischen, tatsächlichen und weiteren Gesichtspunkten unter anderem voneinander abgehoben (wobei diese Typen in der Praxis nicht immer rein zu finden sind):

- gewöhnliche Stiftungen und ihre gesetzlichen Sonderformen;

- privatrechtliche und öffentlich-rechtliche Stiftungen;

- Förderstiftungen und spendensuchende (besser: spendenbedürftige) Stiftungen (oder Spendenstiftungen): Letztere zeichnen sich dadurch aus, dass sie auf laufende Zuwendungen (Privater, oder auch der öffentlichen Hand, welche allerdings nicht spendet, sondern meist Subventionen zuspricht) angewiesen sind, während Förderstiftungen (früher auch «Vergabestiftungen» genannt) ihre Tätigkeit mit den Erträgen aus ihrem Widmungsvermögen, evtl. auch diesem selbst finanzieren können. Etwa die Hälfte der gemeinnützigen Stiftungen kann zu den Förderstiftungen gezählt werden;

- (rechtlich) selbständige und unselbständige Stiftungen;

- zeitlich unbeschränkte Stiftungen und Stiftungen auf Zeit;

- Nicht-Verbrauchsstiftungen (oder «Ertragsstiftungen») und Verbrauchsstiftungen;

- lokal/regional/national wirkende Stiftungen und international wirkende Stiftungen;

- Stiftungen mit ideellem und solche mit wirtschaftlichem Zweck;

- privatnützige und gemeinnützige Stiftungen;

- steuerbefreite und nicht steuerbefreite Stiftungen.

Ferner wird zwischen kleinen, mittleren und grossen Stiftungen unterschieden. Das Kriterium ist dabei das Stiftungsvermögen: Als **grosse** Stiftungen gelten meist solche mit einem Vermögen von über

CHF 50 Mio., als **kleine** jene mit einem Vermögen unter CHF 10 Mio. Dazwischen liegen die **mittleren** Stiftungen. Nicht kausal damit verbunden ist die **Wirkung**: So kann eine kleine Verbrauchsstiftung oder eine kleine Stiftung, die von laufenden Zuwendungen profitiert, dasselbe Fördervolumen aufweisen und dieselben Wirkungen zeitigen wie eine grosse Nicht-Verbrauchsstiftung.

§ 5 Prinzipien

1. Stifterfreiheit

a) Grundsatz

Bei der Errichtung der Stiftung (und nur dann) gilt das von Lehre und Praxis anerkannte, aus dem Grundsatz der Privatautonomie (Art. 19 Abs. 1 OR i.V.m. Art. 7 ZGB) abgeleitete Prinzip der **Stifterfreiheit**. Es bedeutet, dass der Stifter die Stiftung innerhalb der gesetzlichen Schranken frei konzipieren kann, insbesondere betreffend Zweck, Vermögen und Organisation. Es lohnt sich für ihn, ja es ist unabdingbar, die Gestaltung der Stiftung vor ihrer Errichtung vertieft zu prüfen, allenfalls unter Einbezug von Experten. Denn meist wird er sich erst bei der sorgfältigen Vorbereitung bewusst, was er wirklich will und was er mit den ihm zur Verfügung stehenden Mitteln zu erreichen vermag. Er kann wahrscheinliche Entwicklungen antizipieren und sie bei der Gestaltung der Stiftung berücksichtigen. Wer dies versäumt, begibt sich mindestens teilweise seiner Stifterfreiheit und errichtet eine Stiftung, die hinter ihren Möglichkeiten zurückbleibt. Es ist der Sinn der Freiheit, sie zu nutzen, und die schöne Folge ist, dass man sie, indem man sie nutzt, auch stärkt.

b)   Schranken

Die Schranken der Stifterfreiheit liegen darin, dass Stiftungen **nicht rechtswidrig** und **nicht unsittlich** sein dürfen. Dies beurteilt sich in erster Linie anhand ihres Zwecks, der weder gegen objektiv zwingendes Recht noch gegen fundamentale sittliche Anschauungen verstossen darf. Ferner muss seine Verfolgung **möglich** sein. Fehlt eine dieser Voraussetzungen, ist von Nichtigkeit auszugehen.

Für die **Familienstiftung** bestehen weitere Schranken betreffend Zweck und Destinatärskreis (Art. 335 ZGB).

Eine **faktische Einschränkung** der Stifterfreiheit stellen die Vorgaben der Steuerbehörden für Stiftungen dar, welche **Steuerbefreiung** erlangen möchten.

Während der Staat und auch die Personalvorsorgestiftungen dem Gleichbehandlungsgrundsatz verpflichtet sind, dürfen die Stifter gewöhnlicher Stiftungen und auch von Familienstiftungen **Ungleichheit** vorsehen. Sie können Destinatäre nach Geschlecht, Rasse, Religion und Konfession, Weltanschauung, Alter etc. ungleich behandeln (BGE 133 III 167). In gewisser Weise bedeutet jede Stiftung, die eines besonderen Zwecks bedarf – und damit alle anderen möglichen Zwecke ausschliesst –, eine Ungleichbehandlung.

2.   Stiftungsautonomie

Wichtiges Gegenstück zur Stifterfreiheit ist die **Stiftungsautonomie**. Sie gilt für die Stiftung und ihre Organe und bezieht sich auf den ihnen gegenüber dem Stifter, Dritten und der Aufsicht zustehenden Freiraum. Im Rahmen der Vorgaben von Gesetz und Stiftungsstatut darf sich die Stiftung grundsätzlich frei bewegen. Die Willensbildung des Stiftungsrats und der Geschäftsleitung bei der Stiftungsführung ist weder von Behörden noch von privaten Dritten abhängig. Dem widerspricht selbstverständlich nicht, dass die Stiftung gebunden ist, wo sie sich selbst gebunden hat.

§ 6 Praxis

1. Allgemeines

Dem Stiftungswesen kommt in der Schweiz hohe Bedeutung zu. Die Schweiz gehört zu den «stiftungsreichsten» Ländern in Europa. Der Stiftungsreport 2022 spricht von 13'524 gemeinnützigen (bzw. gewöhnlichen) Stiftungen. Sie haben in den letzten Jahrzehnten einen Boom erlebt. Gemäss Stiftungsreport 2020 sind seit 1990 9'251, d.h. knapp 70 % aller gemeinnützigen (bzw. gewöhnlichen) Stiftungen gegründet worden. Ausserdem wurden 556 kirchliche Stiftungen und 356 Familienstiftungen im Handelsregister eingetragen. Hinzu kommen drei- bis viertausend Personalvorsorgestiftungen.

Im Jahr 2018 betrug die Höhe der Bilanzsumme der beaufsichtigten Stiftungen rund CHF 100 Mrd. Die reichsten Stiftungen (Jacobs Stiftung, Ernst Göhner Stiftung) sollen ein Vermögen von über CHF 7 Mrd. aufweisen. Das jährliche Fördervolumen liegt bei rund CHF 1,5–2 Mrd.

Weiterhin werden mehr Stiftungen errichtet als aufgehoben. Im Jahr 2021 wurden 365 Stiftungen gegründet, demnach jeden Tag eine, und 219 Stiftungen liquidiert. Wesentlicher Grund für das Florieren der Schweizer Stiftungslandschaft ist, nebst Faktoren wie Wohlstand und politischer Stabilität, die liberale rechtliche Regelung.

Gemäss dem Stiftungsreport 2021 haben 92 % der Stiftungsratsmitglieder nur ein Mandat inne. Die insgesamt 71'043 Stiftungsratsmandate werden von 63'886 Personen gehalten; davon sind 68,3 % Männer.

Der Sektor hat sich aber nicht nur vergrössert, sondern auch entwickelt. So werden neue Ansätze erarbeitet, um die Freiheiten, die das Stiftungsrecht Stiftern und Stiftungen lässt, zeitgemäss und sinnvoll zu gestalten. Auch wenn sich der Sektor unterdessen etabliert und ein Bewusstsein für sich selbst entwickelt hat, ist der Organisationsgrad weiterhin beträblich gering: Immer noch sind verhältnismässig wenige Stiftungen Mitglied eines Branchenverbandes.

2.　Verbände und andere Akteure

Für die Interessenvertretung von Stiftungen setzen sich insbesondere die folgenden Verbände ein:

- **SwissFoundations,** Zürich, www.swissfoundations.ch. Der im Jahr 2001 gegründete Verband versteht sich als Stimme der Schweizer Förderstiftungen. SwissFoundations zählte Ende 2021 205 Mitglieder, die mit einem Fördervolumen von über CHF 1 Mrd. mehr als einen Drittel der jährlichen Förderleistungen gemeinnütziger Stiftungen in der Schweiz repräsentieren.

- **proFonds,** Basel, www.profonds.org. Der Verband, 1990 unter anderem Namen gegründet, zählt nach eigenen Angaben rund 500 Mitglieder, darunter – trotz der Bezeichnung «Dachverband gemeinnütziger Stiftungen der Schweiz» – auch viele Einzelpersonen, Vereine und andere Rechtspersonen.

Hinzu kommt eine ganze Reihe weiterer Protagonisten im Schweizer Stiftungssektor. Im Bereich der Mittelbeschaffung für Non-Profit-Organisationen besteht die Plattform Swissfundraising, St. Gallen. An der Universität Basel wurde im Jahr 2008 das **Center for Philanthropy Studies (CEPS)** gegründet, ein interdisziplinär arbeitendes Institut für Stiftungswesen und Philanthropie mit eigenem Lehrstuhl. Schon seit 1976 befasst sich das **Verbandsmanagementinstitut (VMI)** an der Universität Freiburg mit der Forschung, Lehre und Beratung im Bereich des Non-Profit-Managements. An der Universität Zürich wurde sodann ein «Zentrum für Stiftungsrecht» ausgerufen. Dann gibt es «Schweizer», «Zürcher», «Basler», «Innerschweizer Stiftungstage» sowie eher informelle Gruppierungen, die sich mit Gemeinnützigkeitsthemen oder der Familienstiftung befassen. Zahlreiche Institutionen, universitäre Institute und private Dienstleister bieten Weiterbildungsveranstaltungen an.

Auf europäischer Ebene ist vor allem das **Donors and Foundations Network Europe (DAFNE)** zu erwähnen.

3. Verzeichnisse

Alle gewöhnlichen Stiftungen unter Bundesaufsicht sind gestützt auf das Öffentlichkeitsgesetz BGÖ in einem elektronischen Stiftungsverzeichnis eingetragen. Neue Stiftungen werden sogleich nach Erlass der Übernahmeverfügung aufgenommen.

Elektronische Verzeichnisse der unter ihrer Aufsicht stehenden Stiftungen führen auch die Ostschweizer BVG- und Stiftungsaufsicht und die Zentralschweizer BVG- und Stiftungsaufsicht (ZBSA). Daneben gibt es eine Reihe von privaten Anbietern von Datenbanken und Verzeichnissen, die vor allem im Bereich «Fundraising» Dienstleistungen anbieten. Sie tragen leider dazu bei, dass gemeinnützige Stiftungen, selbst wenn sie erklären, keine Fördergesuche entgegenzunehmen, mit solchen überschwemmt werden.

Die Zürcher Stiftung ZEWO tritt als «Zentralstelle für Wohlfahrtsunternehmen» auf. Ihr Zweck ist die Förderung der Transparenz und Lauterkeit gemeinnütziger, spendensammelnder Organisationen gegenüber der Öffentlichkeit zum Schutz der privaten gemeinnützigen Tätigkeit. Sie verleiht ein «ZEWO-Gütesiegel» an Organisationen, welche die von ihr aufgestellten Kriterien erfüllen.

Unter dem Namen **StiftungSchweiz** wird eine digitale Daten- und Informationsplattform betrieben, die von der Zürcher Kantonalbank sowie SwissFoundations und mehreren Förderstiftungen getragen wird. Sie strebt an, Umfang und Leistungsfähigkeit des Schweizer Stiftungssektors zu aggregieren, analysieren und kommunizieren. Sie soll den Schweizer Philanthropiesektor vernetzen und konkrete Dienstleistungen rund um die Gründung und Führung gemeinnütziger Stiftungen anbieten. Ferner soll sie helfen, die Förderarbeit zu digitalisieren und zu professionalisieren.

2. Teil   Die Errichtung der Stiftung

§ 1   Überblick

Art. 81 ZGB

[1] Die Stiftung wird durch eine öffentliche Urkunde oder durch eine Verfügung von Todes wegen errichtet.

[2] Die Eintragung in das Handelsregister erfolgt auf Grund der Stiftungsurkunde und nötigenfalls nach Anordnung der Aufsichtsbehörde unter Angabe der Mitglieder der Verwaltung.

...

1.   Einleitung

Die Stiftung entsteht durch das **Stiftungsgeschäft** (auch Stiftungsakt genannt) und den **Eintrag im Handelsregister** (Art. 52 Abs. 1 ZGB). Die formellen Anforderungen an das Stiftungsgeschäft richten sich danach, ob es sich um eine Stiftungserrichtung **unter Lebenden** (Errichtung durch öffentliche Urkunde) oder um eine Stiftungserrichtung **von Todes wegen** (Errichtung durch letztwillige Verfügung: Testament oder Erbvertrag) handelt.

Die Schweiz kennt kein Konzessions-, sondern ein **Registersystem**. Dies bedeutet: Die Stiftungserrichtung bedarf keiner staatlichen Bewilligung oder Anerkennung, etwa durch die Aufsichtsbehörde (BGE 120 II 377). Auch die Stiftungsorgane oder die Destinatäre müssen der Stiftungserrichtung nicht zustimmen.

2.   Motive

Die Motive zur Errichtung von Stiftungen sind fast so vielfältig wie diese selbst. Stifter möchten «etwas bewegen», ein bestimmtes Problem bekämpfen, ein Anliegen fördern oder Not lindern. Manche möchten der Gesellschaft «etwas zurückgeben». Für Personen ohne Nachkommen ermöglicht eine Stiftung, ihr Vermögen zu vererben und einem von ihnen bestimmten Zweck zuzuführen. Manche Stifter handeln aus familienphilanthropischer Tradition. Andere wollen den Wunsch verwirklichen, etwas zu schaffen, das ihre physische Existenz hienieden ein wenig überdauert. Dagegen, dass sich Stifter mit Stiftungen ein Denkmal setzen wollen, ist wenig einzuwenden; es tut der guten Tat nicht Abbruch, wenn sie an den guten Täter erinnert.

§ 2   Stifter

Stifter können natürliche wie juristische Personen sein.

1.   Natürliche Personen

Stifter kann jede natürliche Person sein, die **handlungsfähig** ist. Handlungsfähig ist, wer volljährig (d.h. mindestens 18 Jahre alt, Art. 14 ZGB) und urteilsfähig (Art. 13 ZGB) ist. Urteilsfähig ist jeder, dem nicht wegen seines Kindesalters oder infolge von Geisteskrankheit, Geistesschwäche, Trunkenheit oder ähnlichen Zuständen die Fähigkeit mangelt, vernunftgemäss zu handeln (Art. 16 ZGB). Wer handlungsfähig ist, hat die Fähigkeit, durch seine Handlungen Rechte und Pflichten zu begründen (Art. 12 ZGB). **Nichtvolljährige** dürfen weder selbst noch durch ihren gesetzlichen Vertreter zu Lebzeiten eine Stiftung gründen (Art. 304 Abs. 3 und 412 Abs. 1 ZGB). Dies gilt insbesondere auch für Kinder unter elterlicher Gewalt. **Verbeiständete** können nach Vollendung des 18. Altersjahrs Stiftungen durch letztwillige Verfügung errichten, wenn sie urteilsfähig sind (Art. 467 ZGB).

Es gibt keine Einschränkungen betreffend **Nationalität** oder **Wohnsitz.**

Unter dem Güterstand der **Gütergemeinschaft** lebende Eheleute bedürfen für die Errichtung einer Stiftung unter Lebenden zulasten des Gesamtgutes der Zustimmung ihres Gatten (Art. 222 Abs. 3 ZGB); dies gilt hingegen nicht für die Stiftungserrichtung von Todes wegen. Auch bei unter dem Güterstand der **Errungenschaftsbeteiligung** lebenden Ehegatten bedarf es dieser Zustimmung nicht. Erfolgt aber keine Zustimmung, kann dies die Berechnung des Vorschlags und damit die Höhe des Widmungsvermögens beeinflussen, da in den letzten fünf Jahren vor Auflösung des Güterstands ohne Zustimmung des Ehegatten erfolgte unentgeltliche Zuwendungen zur Errungenschaft hinzuzurechnen sind (Art. 208 Abs. 1 Ziff. 1 ZGB).

2.   Juristische Personen

Stifterinnen können auch alle juristischen Personen sein, wobei es nicht darauf ankommt, ob sie ihren Sitz oder auch nur eine Zweigstelle in der Schweiz haben. Intern ist darauf zu achten, dass der Beschluss, eine Stiftung zu errichten, von dem dafür zuständigen Organ gefällt wird.

Stiftungen dürfen eine Stiftung (manchmal «Tochterstiftung» genannt) errichten, wenn dies ihre Stiftungsurkunde, insbesondere ihr Stiftungszweck, zulassen. Dies ist der Fall, wenn die Stiftungsurkunde die Stiftungserrichtung ausdrücklich erlaubt oder sogar vorschreibt oder wenn die Stiftungserrichtung in der Stiftungsurkunde nicht untersagt wird und im Rahmen der Zweckumsetzung erfolgt.

3.   Mehrere Personen

Zur Errichtung einer Stiftung genügt **ein** (einzelner) Stifter. Es können aber auch mehrere (natürliche und/oder juristische) Personen gemeinsam eine Stiftung errichten.

4.   Stellvertretung

Stellvertretung bei der Stiftungserrichtung (unter Lebenden) ist nach den allgemeinen Regeln der Stellvertretung (Art. 32 ff. OR) **zulässig.** In der Regel setzen das kantonale Beurkundungsrecht oder die Beurkundungspraxis voraus, dass die Stellvertretung durch schriftliche Vollmacht (mit beglaubigter Unterschrift des Stifters oder der Stifter) dokumentiert wird.

5.   Treuhänderische Errichtung

Der Stifter kann, zum Beispiel, weil er anonym bleiben will, einen **Treuhänder** beauftragen, die Stiftung im Namen des Treuhänders, aber auf Rechnung des Stifters zu errichten. In diesem Fall gilt gegen aussen der Treuhänder als Stifter. Dies hat zur Konsequenz, dass auch dem Treuhänder (und nicht dem «materiellen», «wirtschaftlichen» oder «wirklichen» Stifter) allfällige in der Urkunde vorbehaltene Rechte zufallen, die er je nach dessen Gestaltung im Innenverhältnis ausüben muss und im Aussenverhältnis ausüben kann.

§ 3 Die Errichtung durch öffentliche Urkunde

1. Das Stiftungsgeschäft

Bei der Stiftungserrichtung unter Lebenden muss der Stifter seinen Willen öffentlich beurkunden lassen (Art. 81 Abs. 1 ZGB). Dies geschieht mit dem **Stiftungsgeschäft.** Es handelt sich um eine **einseitige, nicht empfangsbedürftige Willenserklärung** (in der **Stiftungsurkunde**) sowie ein **Verpflichtungsgeschäft,** das mit den auf ihm beruhenden Verfügungen (vor allem der Einbringung des Stiftungsvermögens) erfüllt wird.

2. Der zwingende Inhalt der Stiftungsurkunde

Die Stiftungsurkunde, in der Praxis oft auch als «Statuten» oder «Satzungen» bezeichnet, muss lediglich die folgenden Elemente zwingend enthalten *(essentialia negotii)*:

– den Willen des Stifters, eine Stiftung zu errichten;

– die Bezeichnung des «besondern Zwecks» in den Grundzügen;

– die Bezeichnung des (Widmungs-)Vermögens.

Die Bestimmung dieser Inhalte kann nicht an Stiftungsorgane oder an Dritte delegiert und auch nicht in einem Reglement festgelegt werden. Dabei ist allerdings zu beachten, dass bei einer treuhänderisch errichteten Stiftung nicht der Wille des formellen Stifters oder des Treuhänders, sondern der Wille des Treugebers als «materieller Stifter» verurkundet wird.

3. Freiwillige Inhalte der Stiftungsurkunde

Darüber hinaus, insbesondere zur **Organisation** der Stiftung, bestehen keine zwingenden Anforderungen. Es empfiehlt sich indes, weitere Regelungen in die Stiftungsurkunde aufzunehmen. Fehlen notwendige Festlegungen zur Organisation oder sind sie mangelhaft, muss die Aufsichtsbehörde die erforderlichen Massnahmen ergreifen (Art. 83*d* Abs. 1 ZGB).

Folgende Inhalte können **nur** in der Stiftungsurkunde (und nicht in einem Stiftungsreglement) geregelt werden:

- (objektive) Voraussetzungen für die Aufhebung der Stiftung (im Rahmen der gesetzlichen Voraussetzungen);
- Befristung der Stiftung;
- (objektive) Voraussetzungen für eine Änderung der Stiftungsurkunde (im Rahmen der gesetzlichen Voraussetzungen);
- Regelung über die Verwendung des verbleibenden Stiftungsvermögens nach der Liquidation der Stiftung;
- Vorbehalt späterer Zweckänderungen und/oder Organisationsänderungen (Art. 86*a* ZGB);
- Rechte des Stifters;
- Sonderrechte Dritter.

Nach der Stiftungserrichtung können weder der Stifter noch die Stiftung solche Punkte einbringen, auch nicht in einem Stiftungsreglement.

Unter anderem folgende Inhalte können **sowohl** in der Stiftungsurkunde **als auch** in einem Reglement festgelegt werden:

- Name der Stiftung;
- Sitz der Stiftung;
- Festlegung der Kompetenz zur Wahl der Mitglieder der Organe;
- (Haupt-)Kompetenz und (Haupt-)Pflichten der Organe (im Rahmen der gesetzlichen Festlegungen);

- Kompetenz, wer welche Stiftungsreglemente in welchen Verfahren erlassen und ändern darf;
- weitere organisatorische Bereiche (weitere Organe, Bezeichnung, Besetzung, Funktion und Kompetenzen; Wählbarkeitsvoraussetzungen für Organmitglieder; Amtsdauer und Wiederwahlmöglichkeit bzw. deren Einschränkung; Entschädigung der Organmitglieder; Vertretungsbefugnis bzw. Zeichnungsberechtigung; Stellvertretung von Organmitgliedern in ihrer Organfunktion; Delegation von Aufgaben; Zulässigkeit von Beschlüssen auf dem Zirkularweg; Zulässigkeit von Beschlüssen über Gegenstände, die nicht gehörig im Voraus angekündigt wurden; Genehmigungsvorbehalte von Drittpersonen für Beschlüsse der Organe; Ausstands- und Unvereinbarkeitsregeln usw.);
- Verfahren für den Entscheid über die Verwendung des Stiftungsvermögens;
- Verbote der Veräusserung bestimmter Teile des Stiftungsvermögens («Kronjuwelen»).

Der Entscheid darüber, ob eine Festlegung in der Stiftungsurkunde oder aber in einem Reglement getroffen werden soll, hängt von der Frage ab, ob sie (vom Stiftungsrat) geändert werden können soll. Was der Stifter grundsätzlich unveränderbar haben möchte, muss er in der Urkunde regeln. Regelungen, die veränderten Umständen und Bedürfnissen angepasst werden können sollen, gehören hingegen in ein Reglement.

4. «Musterurkunden»

Aufsichtsbehörden, Notariate und auch private Anbieter bieten **Mustertexte** für Stiftungsurkunden («Musterurkunden») an. Vor diesen sei insofern gewarnt, als sie in keinem Fall unbesehen übernommen werden dürfen. Zum einen erweisen sich manche Muster als keineswegs musterhaft. Vor allem aber sind Stiftungsurkunden, einmal errichtet, weder vom Stifter noch von den Stiftungsorganen änderbar. Sie stehen insofern in diametralem Gegensatz zu den Statuten von Vereinen oder Aktiengesellschaften, die von den Mitgliedern und Aktionären jederzeit geändert werden können. Deshalb empfiehlt es sich dringend, «Musterurkunden» kritisch und lediglich als Orientierungshilfe zu betrachten. Ihre Simplizität ist eine Zumutung für die enormen Gestaltungschancen, welche die Stifterfreiheit einräumt. Der angehende Stifter, der einfach eine «Musterurkunde» übernimmt, verhält sich wie ein stümperhafter Kleidungskäufer, der einen Anzug «von der Stange» wählt, ohne ihn zu probieren. Er darf sich dann nicht wundern, wenn der Anzug nicht passt und sich auch veränderten Verhältnissen nicht anpassen lässt.

5. Widerruf

Öffentlich beurkundete Stiftungen, die noch nicht im Handelsregister eingetragen und daher noch nicht entstanden sind, können nach allerdings nicht unbestrittener Ansicht widerrufen werden, solange noch keine Anmeldung beim Handelsregister erfolgt ist.

6. Vorprüfung

Es empfiehlt sich, auf freiwilliger Basis Entwürfe der Stiftungsurkunde und, soweit vorliegend, von Stiftungsreglementen **vor** ihrer Beurkundung durch das beurkundende Notariat, das zuständige Handelsregisteramt, die voraussichtlich zuständige Aufsichtsbehörde und – im Hinblick auf eine Steuerbefreiung – gegebenenfalls die zuständige kantonale Steuerbehörde vorprüfen zu lassen. Dadurch wird sichergestellt, dass die Stiftungsurkunde alle erforderlichen Angaben enthält. Auch können Unstimmigkeiten zu diesem Zeitpunkt wesentlich leichter bereinigt werden als nach der Errichtung. Ausserdem können die Behörden Empfehlungen für Verbesserungen geben. Die Vorprüfung durch die Eidg. Stiftungsaufsicht und einzelne kantonale Aufsichten ist gebührenpflichtig.

7. Auslegung

Das Stiftungsgeschäft bzw. die Stiftungsurkunde ist nach dem **Willensprinzip** auszulegen; mangels Erklärungsempfängers kommt das Vertrauensprinzip nicht zum Tragen (BGE 108 II 393). Bei der Auslegung dürfen auch ausserhalb der Urkunde liegende Tatsachen herangezogen werden (BVGer, C-6590/2010, 2.1.2013).

Damit sich später der Wille des Stifters besser fassen lässt, kann es sich empfehlen, über die Festlegung des Stiftungszwecks hinaus weitere Ausführungen zu machen, in denen die Beweggründe für die Stiftungserrichtung, ihr Hintergrund und die Zielsetzungen erläutert werden. Dafür bietet sich insbesondere eine **Präambel** («Vorwort», «Testimonial») an. Gleichzeitig setzt der Stifter damit einen Interpretationsrahmen für die Umsetzung des Stiftungszwecks.

§ 4 Errichtung durch Verfügung von Todes wegen

> **Art. 493 ZGB**
>
> [1] Der Erblasser ist befugt, den verfügbaren Teil seines Vermögens ganz oder teilweise für irgendeinen Zweck als Stiftung zu widmen.
>
> [2] Die Stiftung ist jedoch nur dann gültig, wenn sie den gesetzlichen Vorschriften entspricht.

1. Allgemeines

Stiftungserrichtungen von Todes wegen (erbrechtliche Stiftungen oder «**Erbstiftungen**») entstehen erst nach dem Ableben des Stifters. Sie sind im Gesetz ausdrücklich vorgesehen (Art. 81 Abs. 1 und 493 ZGB), in der Praxis allerdings eher selten.

2. Errichtungsformen

Erbstiftungen werden durch letztwillige Verfügung errichtet, also in der Regel durch öffentliche Verfügung (Art. 499 ff. ZGB), durch eigenhändiges **Testament** (Art. 505 ZGB) oder durch mündliche Erklärung vor zwei Zeugen (Art. 506 ff. ZGB). Möglich ist auch die Errichtung durch **Erbvertrag** (Art. 512 ff. ZGB). Erbstiftungen können etabliert werden durch:

- eine Erbeinsetzung (Art. 483 ZGB);
- ein Vermächtnis (Art. 484 ff. ZGB);
- eine Ersatzverfügung (Art. 487 ZGB);
- eine Nacherbeneinsetzung (Art. 488 ff. ZGB);
- eine Auflage (Art. 482 ZGB) an einen Erben oder einen Vermächtnisnehmer (BGE 108 II 278). Dabei ist zu unterscheiden: Wenn die Auflage das vollständige Stiftungsgeschäft enthält, handelt es sich um eine Erbstiftung. Wenn jedoch mit der Auflage ein Erbe oder Vermächtnisnehmer verpflichtet wird, eine Stiftung zu errichten, handelt es sich um eine Stiftung unter Lebenden (BGer, 5A_185/2008, 3.11.2008).

Dabei sind die erbrechtlichen Formen zu wahren. Wird die Stiftung durch eigenhändiges Testament errichtet, muss dieses **alle wesentlichen Angaben** zur Stiftung, nämlich die erwähnten *essentialia negotii*, enthalten; die Bezugnahme auf eine maschinenschriftliche Stiftungsurkunde reicht nicht aus. Eine in gehöriger Form errichtete Erbstiftung muss nicht noch in eine öffentliche Urkunde «umgegossen» werden (OGer ZH, LB130067, 24.4.2014). Dies empfiehlt sich aber aus zwei Gründen: Erstens enthalten letztwillige Verfügungen meist auch noch Ausführungen, die nicht oder nur kurzfristig von Belang sind für die Stiftung, und zweitens können in der Stiftungsurkunde ergänzende Regelungen aufgenommen werden, die in der letztwilligen Verfügung noch fehlen.

3.   Widerruf

Letztwillige Verfügungen, welche Erbstiftungen vorsehen, können bis zum Ableben des Erblassers und Stifters nach den erbrechtlichen (Form-)Vorschriften jederzeit widerrufen oder geändert werden. Auch Erbverträge können von den Parteien jederzeit aufgehoben werden (Art. 513 ZGB).

4.   Alternativen

Grundsätzlich ist die **Errichtung zu Lebzeiten** einer Erbstiftung vorzuziehen: So erlebt und begleitet der Stifter die Stiftung und kann sie in ihren ersten Entwicklungsphasen mitgestalten. Ausserdem kommen Behörden und meist auch der Stiftungsrat mit einer Erbstiftung erst nach dem Ableben des Stifters in Kontakt; bei Unklarheiten kann der Stifter nicht mehr befragt werden. Wird dagegen zunächst eine Stiftung unter Lebenden errichtet und mit einem beschränkten Stiftungsvermögen ausgestattet, stellt der Stifter die Funktionsfähigkeit der Stiftung schon vor seinem Ableben sicher. Dann kann er sie in einer Verfügung von Todes wegen als Vermächtnisnehmerin oder Erbin einsetzen, worauf sie das weitere Vermögen mit seinem Ableben erwirbt.

§ 5 Das Erstarrungsprinzip und seine Grenzen

1. Das Erstarrungsprinzip

Wie erwähnt gilt die Stifterfreiheit nur bei der Errichtung der Stiftung. Dann tritt das «Erstarrungsprinzip» in seine Rechte: Mit der Errichtung «erstarrt» der Wille des Stifters. Man spricht hier vom **«historischen» Stifterwillen.** Bei der Auslegung kommt es auf ihn an, nicht darauf, was der Stifter später will, denkt und sagt.

Das «Erstarrungsprinzip» kann als dogmatisches Turngerät dienen, darf aber nicht überbewertet werden: Zur «Erstarrung» findet nur, was der Stifter «erstarren» lassen will. Er hat es in der Hand, im Rahmen seiner Stifterfreiheit viele Stiftungsbereiche so zu gestalten, dass sie sich der Petrifizierung entziehen.

Daneben spricht man auch vom **Trennungsprinzip,** da sich das Widmungsvermögen vom Stifter (bzw. vom bisherigen Eigentümer) unwiderruflich trennt und ins Eigentum der Stiftung übergeht.

2. Stifterrechte

Das Erstarrungsprinzip wird insbesondere durchbrochen von den sogenannten **Stifterrechten.** Der Stifter kann sich (oder Dritten) in der Stiftungsurkunde Rechte vorbehalten und dadurch auch nach der Errichtung der Stiftung auf sie Einfluss nehmen. Diese Stifterrechte entfallen mit dem Tod des Stifters, dem Verlust seiner Urteilsfähigkeit, dem Verzicht des Stifters auf sie oder auch gemäss Festlegung in der Stiftungsurkunde – die allerdings auch vorsehen kann, dass die Stifterrechte in diesen Fällen auf Dritte, zum Beispiel Nachkommen, übergehen.

Von Gesetzes wegen kommen dem Stifter in der Stiftungsorganisation keine Rechte zu. Solche entstehen nur, wenn er sie sich in der Stiftungsurkunde vorbehält. Es geht etwa um:

- das Recht, vor Entscheiden des Stiftungsrats konsultiert zu werden;
- das Recht, gewisse Entscheide selbst zu fällen (unabhängig von einer Mitgliedschaft im Stiftungsrat) oder zu genehmigen;
- das Recht, als Stiftungsratsmitglied in Pattsituationen zu entscheiden (Stichentscheid);
- das Vetorecht gegenüber Stiftungsratsbeschlüssen;
- das Recht, die Mitglieder oder einzelne Mitglieder des Stiftungsrats zu wählen;
- das (lebenslängliche) Recht, selbst im Stiftungsrat Einsitz zu nehmen.

Im Rahmen der Wahrnehmung solcher Rechte handelt der Stifter als Stiftungsorgan. Seine Ermessensfreiheit ist – wie jene aller Stiftungsorgane – durch den Stiftungszweck begrenzt. Mit anderen Worten: Auch der Stifter ist an seinen ursprünglichen, verurkundeten Willen gebunden. Solche Stifterrechte dürfen nicht dazu führen, dass die Kompetenzen eingeschränkt werden, die das Gesetz dem Stiftungsrat als oberstem Stiftungsorgan zuschreibt.

Art. 86a ZGB verleiht dem Stifter ein Zweck- und ein Organisationsänderungsrecht. Diese Rechte sind höchstpersönlich und können nicht auf Rechtsnachfolger übertragen werden.

§ 6 Der Handelsregistereintrag

1. Eintragungspflicht

Bei gewöhnlichen Stiftungen und seit dem 1. Januar 2016 auch bei Familienstiftungen und kirchlichen Stiftungen ist der Eintrag der Stiftung im Handelsregister zwingend erforderlich (Art. 52 Abs. 1 ZGB). Unterlässt der dazu berechtigte und verpflichtete Stiftungsrat die Anmeldung, kann jeder Interessierte Aufsichtsbeschwerde erheben, worauf die Aufsichtsbehörde nötigenfalls als Ersatzvornahme die Stiftung selbst anmeldet (BGE 112 II 1).

2. Erbstiftungen

Art. 81 ZGB

...

[3] Die Behörde, welche die Verfügung von Todes wegen eröffnet, teilt dem Handelsregisterführer die Errichtung der Stiftung mit.

Bei Erbstiftungen besteht die Gefahr, dass die Erben dem Willen des Erblassers nicht entsprechen und die Stiftung «vergessen», obwohl Art. 556 ZGB die Pflicht zur Einlieferung von letztwilligen Verfügungen festlegt. Um dem abzuhelfen, hat die Behörde, welche die letztwillige Verfügung gemäss Art. 557 ZGB eröffnet, dem zuständigen Handelsregisterführer die Errichtung der Stiftung mitzuteilen. Dabei sind (in Zusammenhang mit der Übermittlung von letztwilligen Verfügungen) die Persönlichkeitsrechte von darin genannten Dritten zu wahren.

3. Örtliche Zuständigkeit

Zuständig ist das Handelsregisteramt im Sitzkanton.

4. Anmeldung

Die Anmeldung muss von zwei Mitgliedern des Stiftungsrats oder einem Mitglied mit Einzelzeichnungsberechtigung (Art. 931a OR, Art. 17 Abs. 1 lit. c HRegV) unterzeichnet werden. Ist bei Erbstiftungen ein Willensvollstrecker eingesetzt, hat dieser das Erforderliche zu besorgen, damit die Erbstiftung entsteht (BGer, 5A.29/2005, 16.1.2005).

Dem Handelsregister sind die Stiftungsurkunde sowie Stiftungsreglemente einzureichen, wenn sie handelsregisterrelevante Festlegungen enthalten, Belege für die Wahl der Mitglieder des Stiftungsrats, der Revisionsstelle und allfälliger weiterer Organe, die Festsetzung der Zeichnungsberechtigungen, die Annahmeerklärungen der Organpersonen, die Beglaubigung der Unterschriften der zeichnungsberechtigten Personen, allenfalls mit Apostillen, Passkopien (vgl. im Einzelnen Art. 94 HRegV).

5. Kognition des Handelsregisterführers

Die Kognitionsbefugnis des Handelsregisterführers ist umfassend, was die registerrechtlichen, d.h. **formellen** Voraussetzungen betrifft. In Bezug auf das **materielle** Recht ist sie hingegen auf offensichtliche und unzweideutige Gesetzeswidrigkeiten beschränkt (BGE 132 III 668). Sind alle materiellen und formellen Voraussetzungen erfüllt, besteht ein **Anspruch** auf Eintragung im Handelsregister. Diese darf auch nicht von der Voraussetzung abhängig gemacht werden, dass eine Aufsichtsbehörde die Rechtmässigkeit der Stiftung bestätigt hat (BGE 120 II 374).

In der Praxis ist es üblich, die Frage der Zuständigkeit der Aufsichtsbehörde vor der Stiftungserrichtung abzuklären. Das Handelsregisteramt meldet dann der zuständigen Aufsichtsbehörde (die ihm bei der Anmeldung mitgeteilt werden sollte) die erfolgte Eintragung und übermittelt ihr eine Kopie der Stiftungsurkunde und einen Handelsregisterauszug. Die Aufsichtsbehörde hat daraufhin die Übernahme der Aufsicht zu verfügen (Art. 96 HRegV).

6. Eintrag

Im Handelsregister eingetragen werden der Name mit Identifikationsnummer, der Sitz, die Geschäftsadresse(n), der Zweck, die Organe, die Mitglieder des Stiftungsrats, die Zeichnungsberechtigten mit der Art ihrer Zeichnungsberechtigung, die Revisionsstelle, die zuständige Aufsichtsbehörde, und Zweigniederlassungen, sofern solche bestehen (Art. 95 HRegV). Nicht eingetragen wird insbesondere das Vermögen der Stiftung.

7. Konstitutive Wirkung

Der Handelsregistereintrag ist **konstitutiv,** d.h., die Stiftung erlangt die Rechtspersönlichkeit erst mit dem Eintrag (Art. 52 Abs. 1 ZGB; BGer, 5A_840/2020, 11.3.2021). Dies gilt auch für nach dem 31. Dezember 2015 errichtete Familien- und kirchliche Stiftungen. **Vor** dem Eintrag im Handelsregister gilt die Stiftung bereits als **bedingt rechtsfähig** (BGE 99 II 246). Sie ist parteifähig, kann unter dem Vorbehalt der Eintragung Rechtsgeschäfte abschliessen, Vermögen erwerben, und sie ist auch prozessfähig. Auch Erbstiftungen sind bereits vor ihrem Handelsregistereintrag im Prozess um ihre Rechtsfähigkeit unter Vorbehalt ihrer Eintragung aktiv- und passivlegitimiert (OGer ZH, LB130067, 24.4.2014).

8.　Publizität und Transparenz

Das Handelsregister schafft eine gewisse Publizität. Wie erwähnt veröffentlicht es verschiedene Grundinformationen über die Stiftung. Zudem umfasst seine Öffentlichkeit auch die Belege (Art. 10 HRegV). Dementsprechend kann jedermann beim Handelsregister Kopien der Stiftungsurkunde und weiterer eingereichter Dokumente verlangen.

Betreibt eine Stiftung ein nach kaufmännischer Art geführtes Gewerbe, gelten sinngemäss die aktienrechtlichen Offenlegungspflichten. Art. 83a ZGB verweist implizit auf Art. 957 ff. OR (kaufmännische Buchführung und Rechnungslegung), v.a. Art. 958e OR.

Darüber hinaus bestehen keine gesetzlichen Publizitätspflichten für Stiftungen. Namentlich sind auch die Aufsichtsbehörden zur Geheimhaltung der Informationen verpflichtet, die ihnen Stiftungen im Rahmen ihrer Berichterstattung und Rechnungsablage zukommen lassen. Nach dem Bundesgesetz über die Öffentlichkeit in der Verwaltung (Öffentlichkeitsgesetz, BGÖ) untersteht die Eidg. Stiftungsaufsicht als Teil der Bundesverwaltung dem Öffentlichkeitsprinzip. Somit sind unter Bundesaufsicht stehende Stiftungen vom Öffentlichkeitsgesetz betroffen. Dabei können die Privatsphäre (Art. 7 Abs. 2 BGÖ) oder Berufs- oder Geschäftsgeheimnisse (Art. 7 Abs. 1 lit. g BGÖ) einer Offenlegung entgegenstehen. Ohnehin bezieht sich die Offenlegung auf Akten der Aufsicht, nicht auf solche der Stiftung. Analoge Regelungen finden sich in kantonalen Öffentlichkeitsgesetzen.

Es gibt eine **Tradition verschwiegener Stiftungstätigkeit,** bei gewöhnlichen Stiftungen, vor allem aber im Bereich der Familien- und der kirchlichen Stiftungen. Gleichzeitig ertönt, etwa im Zusammenhang mit der Bekämpfung von Geldwäscherei und Terrorismus-Finanzierung, immer vernehmlicher der **Ruf nach vermehrter Transparenz.** Bei gewöhnlichen Stiftungen wird diese Forderung meist damit begründet, dass sie oft steuerbefreit sind, wodurch sich ein öffentliches Interesse an ihren Aktivitäten ergibt. Sie werden als **zivilgesellschaftliche Akteure** verstanden, deren Tätigkeiten Wirkungen erzeugen. Für eine vermehrte Transparenz werden aber auch «egoistische» Gründe beigebracht: Nur eine sichtbare Stiftung schafft sich bestmögliche Bedingungen für ihre Tätigkeit, da sie so tendenziell zu mehr Zuwendungen, besseren Mitarbeitern und Projekten, geeigneteren Destinatären oder Kooperationspartnern gelangt. Vor diesem Hintergrund liegt es am Stiftungsrat, darüber zu entscheiden, wie er die Öffentlichkeit über die Grundlagen der Stiftung, ihre Ziele und Projekte informiert.

§ 7 Anfechtung der Stiftungserrichtung

> **Art. 82 ZGB**
>
> Eine Stiftung kann von den Erben oder den Gläubigern des Stifters gleich einer Schenkung angefochten werden.

Die Stiftungserrichtung, erfolge sie unter Lebenden oder von Todes wegen, kann **angefochten** werden (Art. 82 ZGB), sowohl von den **Erben** (vgl. Art. 527 Ziff. 3 ZGB) als auch von den **Gläubigern** (vgl. Art. 286 und 288 SchKG) des Stifters. Da die Anfechtung «gleich einer Schenkung» erfolgt, können Stiftungen nicht angefochten werden, die in Erfüllung einer sittlichen Pflicht errichtet wurden. Will ein Stifter die Gefahr einer erbrechtlichen Anfechtung ausschliessen, kann er mit den pflichtteilsgeschützten Erben, die bei einer Anfechtung aktivlegitimiert wären, Erbverzichtsverträge (Art. 495 ZGB) schliessen.

Die erbrechtliche Herabsetzungsklage (Art. 522 ZGB) von pflichtteilsgeschützten Erben, deren Pflichtteilsansprüche durch die Stiftungserrichtung verletzt wurden, führt nicht notwendigerweise zu einer Aufhebung der Stiftung, sondern an sich nur zu einer Herabsetzung des Widmungsvermögens. Ist dieses trotz erfolgreicher Anfechtung immer noch gross genug, damit die Stiftung ihren Zweck umsetzen kann, so bleibt sie bestehen.

3. Teil   Stiftungsaufsicht

> **Art. 84 ZGB**
>
> [1] Die Stiftungen stehen unter der Aufsicht des Gemeinwesens (Bund, Kanton, Gemeinde), dem sie nach ihrer Bestimmung angehören.
>
> [1bis] Die Kantone können die ihren Gemeinden angehörenden Stiftungen der kantonalen Aufsichtsbehörde unterstellen.
>
> [2] Die Aufsichtsbehörde hat dafür zu sorgen, dass das Stiftungsvermögen seinen Zwecken gemäss verwendet wird.
>
> ...

§ 1   Allgemeines

1.   Grundsatz

Gewöhnliche Stiftungen unterstehen der Aufsicht durch die Stiftungsaufsichtsbehörden. Die Unterstellung ist nicht Voraussetzung für das Entstehen der Stiftung, sondern Folge ihrer Entstehung. Da jede gewöhnliche Stiftung eine Aufsicht hat, darf damit auch nicht geworben werden; einer Stiftung wurde dies als irreführend untersagt (BGE 100 Ib 132).

Rund 36 % aller gemeinnützigen Stiftungen unterstehen der Eidg. Stiftungsaufsicht; gemäss Stiftungsreport 2018 waren dies 4'378 Stiftungen mit einem Vermögen von rund CHF 40 Mrd. Etwa die Hälfte dieser Stiftungen mit nationaler oder internationaler Ausrichtung hat ihren Sitz in Zürich, Bern, Genf oder Zug.

2.   Ausnahmen

> **Art. 87 ZGB**
>
> [1] Die Familienstiftungen und die kirchlichen Stiftungen sind unter Vorbehalt des öffentlichen Rechtes der Aufsichtsbehörde nicht unterstellt.
>
> ...

Nicht der staatlichen Aufsicht unterstehen die Familien- und die kirchlichen Stiftungen (Art. 87 Abs. 1 ZGB), und sie können sich ihr auch nicht freiwillig unterstellen. Familienstiftungen werden oft von den Destinatären überwacht, kirchliche Stiftungen von einer kircheninternen Aufsicht.

3.   Dauer

Die Stiftungsaufsicht setzt mit der Übernahme der Aufsicht nach der Eintragung der Stiftung im Handelsregister ein und endet mit der Aufhebung der Stiftung durch die Aufsicht.

4.   Funktion

Es gibt mehrere Gründe für die Unterstellung der gewöhnlichen Stiftungen unter eine staatliche Aufsicht:

– Ausgleich für die anstaltliche Struktur der Stiftung. Die staatliche Aufsicht ersetzt teilweise jene durch eine Dritteigentümerschaft bzw. durch Mitglieder bei den Körperschaften;

– Schutz des Stifterwillens;

– Schutz des Gemeinwohls bzw. der öffentlichen Interessen;

– Sicherung der Organisation und der Verfolgung des Stiftungszwecks.

Der Schwerpunkt der Stiftungsaufsicht liegt im **Schutz der Stiftung vor ihren Organen.** Darüber hinaus tritt sie als verlängerter Arm des Stifters auf und wahrt seinen historischen Willen. Neben privaten dient die Aufsicht auch öffentlichen Interessen. Denn es besteht ein öffentliches Interesse daran, dass der Stiftungsrat seine Handlungsfreiheit nicht gegen den in der Stiftungsurkunde niedergelegten Willen des Stifters ausnutzt. Dies ist jedoch keine Wohltat, die der Staat dem Stifter als Gegenleistung für seinen Dienst am Gemeinwohl gewährt, denn auch privatnützige gewöhnliche Stiftungen unterstehen der Aufsicht. Vielmehr stellt die staatliche Aufsicht den wesentlichen strukturellen Ausgleich dafür dar, dass der Stiftung kontrollierende Dritteigentümer oder Mitglieder abgehen. Zentrale Aufgabe der Aufsicht ist es, zu überprüfen, ob die Stiftungsorgane die Stiftungsurkunde und insbesondere den Stiftungszweck einhalten. Art. 84 Abs. 2 ZGB erwähnt das Stiftungsvermögen, aber dieses ist nur die Grundlage für die Zweckverfolgung.

5. Aufsichtsrecht

Es liegen relativ viele Gerichtsentscheide zur Stiftungsaufsicht vor, was zeigt, dass dies ein sensibler Bereich des Stiftungswesens ist. Die staatliche Aufsicht über die Stiftungen hat zwar ihre rechtliche Grundlage im Privatrecht (Art. 84 ZGB). Gleichwohl bilden die Bestimmungen des ZGB, welche die Aufsichtsbehörden bezüglich Stiftungen zum Eingreifen ermächtigen, materiell öffentliches Bundesrecht. Das Verhältnis zwischen Stiftung und Aufsichtsbehörde ist damit vorwiegend **öffentlich-rechtlicher Natur** (BGE 107 II 385 E. 2; BVGer, B-3867/2007, 29.4.2008, E. 1.1) und **zwingend** (BGE 120 II 374), d.h. weder vom Stifter noch von der Stiftung veränderbar. Sie können die Aufsichtsbehörde weder wegbedingen noch ihr weitere als die gesetzlichen Pflichten zuschreiben.

In den meisten Kantonen wurde das Verwaltungsrecht, dem die Stiftungen unterstehen, konkretisiert, wobei oft, und nicht immer glücklich, auch materiellrechtliche Festlegungen getroffen worden sind. Dabei ist zu beachten, dass kantonale Kodifizierungen dem Bundesrecht nachgehen und dieses nicht zu ändern vermögen.

Stiftungsaufsichtsbehörden können Verfügungen auch per E-Mail erlassen; diese erfüllen alle Voraussetzungen des materiellen Verfügungsbegriffs (BVGer, B-1546/2020, 28.6.2021).

6. Zuständigkeit

Es gibt in der Schweiz nicht nur eine Aufsicht, sondern zahlreiche, und sie sind auf den verschiedenen staatsrechtlichen Ebenen angesiedelt: Bund, Kantone, Bezirke und Gemeinden. Im Stiftungsreport 2015 wurden nicht weniger als 401 Aufsichtsbehörden angegeben. Lokale Aufsichten sind meist Gemeinderäte, die in der Regel lediglich ein bis zwei Stiftungen beaufsichtigen.

Art. 84 Abs. 1bis ZGB erlaubt den Kantonen, die Stiftungsaufsicht zu zentralisieren und damit die von den Gemeinden ausgeübte Aufsicht abzuschaffen bzw. einzugrenzen. Innerkantonal wird die Kompetenzaufteilung meist in den Einführungsgesetzen zum ZGB geregelt.

Eine Besonderheit gilt für die Personalvorsorgestiftungen: Sie unterstehen einer kantonalen Stiftungsaufsicht, für die es eine eidgenössische Oberaufsicht gibt.

Bei der Bestimmung der Zuständigkeit ist die Frage Ausgangspunkt, welches Gemeinwesen einspringen würde, wenn es die Stiftung nicht gäbe oder sie ihren Zweck nicht erfüllen könnte – eine interessante Frage, die auf dem Boden der diskutablen Annahme steht, Stiftungen erfüllten staatliche Funktionen. Sie wird objektiv nach dem Zweck jeder Stiftung und ihrem **geographischen Wirkungskreis** beantwortet (BGE 72 I 52); nicht entscheidend ist hingegen der Sitz oder die Geschäftsadresse der Stiftung, der Wille des Stifters oder der Stiftungsratsmitglieder oder deren Wohnort. In der Praxis gelten folgende Kriterien:

- Erstreckt sich die räumliche Ausdehnung der Stiftungstätigkeit auf eine Gemeinde, einen Bezirk oder einen Kanton, ist die kommunale Aufsicht, jene des Bezirks oder des Kantons zuständig.

- Erstreckt sich die räumliche Ausdehnung auf mehrere Kantone, ohne dass der Zweck eine Bundesaufsicht nahelegt, ist die Aufsicht des Sitzkantons zuständig.

- Stiftungen, die in der ganzen Schweiz oder (auch) im Ausland tätig sind, unterstehen der Aufsicht des Bundes. Dabei kann es zu Ausnahmen kommen, zum Beispiel bei einer Stiftung mit einer besonderen Verbindung zu einer Hochschule.

- Bei Personalvorsorgestiftungen wird auf den Sitz des Unternehmens (und nicht der Stiftung) abgestellt.

Die Aufsichtsbehörde entscheidet über ihre Zuständigkeit selber. Sie wird, nachdem sie die Aufsicht verfügt hat, im Handelsregister vermerkt (BGer, 5A_840/2020, 11.3.2021).

Es ist immer nur **eine** Aufsicht zuständig. Die Eidg. Stiftungsaufsicht ist keine Oberaufsicht gegenüber den kantonalen Stiftungsaufsichtsbehörden (BGer, 5A_840/2020, 11.3.2021). Die Aufsichtsbehörden sind koordiniert und nicht subordiniert. In Zweifelsfällen haben die in Frage kommenden Aufsichtsbehörden unter sich zu entscheiden, wer die Aufsicht übernimmt. Die Zuständigkeitsordnung hat zwar objektiv-zwingenden Charakter; dennoch stellen sich in der Praxis Fragen der Praktikabilität und Zweckmässigkeit, und die Behörden haben bei ihrem Entscheid ein Ermessen (BGE 120 II 376).

Bei gegebener Zuständigkeit besteht ein Anspruch der Stiftung auf Übernahme der Aufsicht. Lässt sich keine Zuständigkeit festsetzen, gilt die Bundesaufsicht als subsidiär. Der Entscheid über die Zuständigkeit ist nicht auf ewig; veränderte Umstände – insbesondere eine Zweckänderung – können eine andere Aufsicht nahelegen.

Alle früher unter kantonaler Verwaltung stehenden BVG-Aufsichten wurden in öffentlich-rechtliche Anstalten umgewandelt. Dies hatte erheblichen Einfluss auch auf die kantonalen Stiftungsaufsichten. Vorher gab es zwei Konkordate (Zentralschweizer BVG- und Stiftungsaufsicht als Konkordat der Kantone Luzern, Uri, Schwyz, Obwalden, Nidwalden und Zug; Ostschweizer BVG- und Stiftungsaufsicht als Konkordat der Kantone Appenzell Ausserrhoden, Appenzell Innerrhoden, Glarus, Graubünden, St. Gallen und Thurgau). Neu wurden die BVG- und Stiftungsaufsicht beider Basel als Konkordat für die Kantone Basel-Stadt und Basel-Landschaft geschaffen sowie die Autorité de surveillance LPP et des fondations de Suisse occidentale (Westschweizer BVG- und Stiftungsaufsichtsbehörde) als Konkordat der Kantone Waadt, Wallis, Neuenburg und Jura. Zudem haben sich die Kantone Schaffhausen und Zürich sowie Freiburg und Bern vertraglich gebunden. Der Kt. Tessin hat sodann einen Zusammenarbeitsvertrag mit dem Ostschweizer Konkordat geschlossen.

Im März 2022 gaben die BVG- und Stiftungsaufsichten Zürich und Ostschweiz bekannt, eine gemeinsame Aufsichtsregion zu planen. Die Aufsichtsleistungen sollen ab 2023 mit lokaler Präsenz in Zürich, St. Gallen und Muralto (TI) erbracht werden, während die übergreifenden Funktionen Finance & Risikomanagement, Recht, Informatik und Operations zentral am Standort Zürich sichergestellt werden.

Es gibt nur noch wenige Kantone, die eine Ein-Kantons-Anstalt unterhalten. Dies bezieht sich zwar auf die Vorsorgeeinrichtungen, hat aber oft auch Wirkung für die Aufsicht über die gewöhnlichen Stiftungen.

Die Eidg. Stiftungsaufsicht will ihre Abläufe und Kundenkontakte primär elektronisch abwickeln. Um dieses Ziel zu erreichen, hat sie am 18. Mai 2022 das System für die digitale Stiftungsaufsicht (eESA) in Betrieb genommen. Die gesetzlichen Aufsichtsarbeiten sollen soweit möglich auf elektronischem Weg abgewickelt werden. Insbesondere soll die jährliche Berichterstattung elektronisch erfolgen. Vom Projekt eESA wird langfristig eine Effizienzsteigerung sowohl für die Eidg. Stiftungsaufsicht als auch für die Stiftungen erwartet.

Durch die Inbetriebnahme von EasyGov haben Stiftungen die Möglichkeit, die eESA-Dienstleistungen über diese Plattform abzuwickeln und für ihre spezifischen Geschäfte mit der ESA und weiteren Behörden, etwa dem Handelsregisteramt oder der AHV-Ausgleichskasse, zu nutzen. Insbesondere kann bzw. soll die **Eingabe der jährlichen Berichterstattung** elektronisch erfolgen. Umgekehrt erhalten Stiftungen von der ESA Prüfberichte, allgemeine Antworten, Verfügungen, Erinnerungen und Rechnungen über EasyGov. Die ESA hat dazu ein Merkblatt veröffentlicht.

Im Kt. Zürich hat die kantonale Aufsichtsbehörde auch die Aufsicht über die Stiftungen, die ihrer Bestimmung nach einer Gemeinde angehören. Per 1. Juli 2022 wurden die bisher unter der Aufsicht der Stadt Zürich und weiterer Gemeinden des Kantons Zürich stehenden Stiftungen übernommen. Ausgenommen sind Stiftungen, die von der Gemeinde beaufsichtigt werden: Die Gemeinderäte können beschliessen, die Aufsicht über «ihre» Stiftungen weiterhin selbst wahrzunehmen, wenn sie (i) eine Bilanzsumme von weniger als CHF 5 Mio. ausweisen und (ii) im Jahresdurchschnitt über weniger als fünf Vollzeitstellen verfügen (§ 2 Abs. 1 des Gesetzes über die BVG- und Stiftungsaufsicht [BVSG]).

Es empfiehlt sich, auch die Frage der Zuständigkeit schon vor der Stiftungserrichtung formlos zu klären. Diese Vorprüfung erfolgt freiwillig. Sie hat die Zusicherung der Aufsichtsbehörde zur Folge, dass sie die Aufsicht übernehmen würde. Gleichzeitig können wie erwähnt inhaltliche Festlegungen der Stiftungsurkunde thematisiert und es können noch rechtzeitig, nämlich vor der Gründung und «Erstarrung», Verbesserungen vorgenommen werden.

7. Bestätigung

Das Handelsregisteramt hat der Behörde, der die Aufsicht zukommt, die Stiftungseintragung mitzuteilen und von ihr eine Bestätigung einzuholen, dass sie die Aufsicht übernimmt (Art. 96 HRegV). Ihr Eintrag ist nicht konstitutiv; er erfolgt nach dem und unabhängig vom Eintrag der Stiftung, die in ihrer Existenz nicht von einer Aufsicht abhängig ist. Man nennt dies aus historischen, nicht aus sachlichen Gründen «Bestätigungsverfahren». Früher haben manche Aufsichtsbehörden nicht nur über ihre Zuständigkeit entschieden, sondern auch über die Zulässigkeit und Eintragungsfähigkeit der Stiftung, was aber Sache des Handelsregisterführers war und ist. Das Bundesgericht hat diese Kompetenzüberschreitung abgestellt (BGE 120 II 377).

§ 2 Aufgaben und Kompetenzen

1. Grundsatz

Die Aufsicht hat zu prüfen, ob sich die Stiftungsorgane an die für sie verbindlichen Rechtsgrundlagen halten: das Gesetz, die guten Sitten, die Stiftungsurkunde und Stiftungsreglemente (BGE 106 II 265). Sachlich ist die Aufsicht umfassend und beinhaltet die ganze Stiftungstätigkeit. In der Praxis geht es häufig um die Vermögensbewirtschaftung und um Organisationsfragen. An verschiedenen Orten teilt das Gesetz der Aufsicht spezifische Pflichten zu (unter anderem Art. 83*b* Abs. 2, 83*d*, 84 Abs. 2, 84*a*, 85–86*b*, 88 Abs. 1 ZGB; Art. 78 Abs. 2, 83 Abs. 1–3, 85–87 FusG; Art. 96, 97, 154 HRegV).

Die Stiftungsaufsichten unterstehen der Staatshaftung. Ein Selbstverschulden der Stiftung führt nicht zu einem Haftungsausschluss der Aufsichtsbehörde (BGer, 2C_46/2020, 2.7.2020).

2. Beschränkung auf Rechtsaufsicht

Bei ihrer ganzen Tätigkeit hat die Aufsicht den **Autonomiebereich** der Stiftung zu respektieren (BGE 111 II 97). Sie ist keine Fachaufsicht; ihre Kontrolle beschränkt sich auf eine reine **Rechtskontrolle.**

Bei seiner Tätigkeit hat der Stiftungsrat ein **Ermessen.** Der Aufsichtsbehörde steht es nicht zu, in dieses einzugreifen (BGer, 5A_232/2010, 16.9.2010). Nur wenn ein Ermessensfehler vorliegt, der zugleich eine Rechtsverletzung darstellt (Überschreitung, Unterschreitung, Missbrauch oder Willkür), hat die Aufsicht einzuschreiten. Bei Unternehmensstiftungen darf sich die Aufsicht nicht in Belange der von der Stiftung gehaltenen bzw. geführten Unternehmen einmischen, soweit diese keine Wirkung auf die Rechtmässigkeit der Stiftung ausüben.

3. Genehmigung von Rechtsgeschäften

Von Gesetzes wegen besteht keine Pflicht, irgendwelche, auch bedeutende Rechtsgeschäfte, etwa grössere Vermögensumstrukturierungen, von der Aufsichtsbehörde genehmigen zu lassen. Eine solche Pflicht kann sich aber ergeben:

– durch die Festlegung des Stifters (soweit sie von der Aufsichtsbehörde, über die der Stifter nicht verfügen kann, akzeptiert wird), oder

– durch Weisungen der Aufsichtsbehörde (BVGer, A-798/2014, 14.10.2014), oder

– wenn durch das Rechtsgeschäft eine Situation geschaffen wird, die einer Stiftungsurkundenänderung gleichkommt oder die Erfüllung des Stiftungszwecks behindert, gefährdet oder sogar verunmöglicht; oder

– wenn ausnahmsweise eine offenkundige Gefahr der Zweckentfremdung von Stiftungsvermögen besteht (BGer, 2C_1059/2014, 25.5.2016).

Der Stiftungsrat kann sich auch **von sich aus** an die Aufsicht wenden und in Zweifelsfällen vor dem Abschluss von bedeutenden Rechtsgeschäften um ihre Stellungnahme bitten. Eine zustimmende Kenntnisnahme oder auch nur eine Nicht-Intervention der Aufsicht bedeutet keine haftungsrechtliche Entlastung, aber beweist, dass der Stiftungsrat jedenfalls nicht bösgläubig handelt und in der Regel auch nicht pflichtwidrig und schuldhaft.

§ 3 Massnahmen

1. Übersicht

Adressatin von Aufsichtsmassnahmen ist regelmässig die **Stiftung.** Einzelne Verwaltungsakte können sich aber auch an die **Organe** insgesamt oder **einzelne Mitglieder** richten, denen ein bestimmtes Tun, Dulden oder Unterlassen vorgeschrieben wird.

Nötigenfalls kann die Aufsicht auch selbst für die Stiftung handeln und anstelle des Stiftungsrats Entscheide fällen, sogar superprovisorisch, d.h. ohne vorherige Anhörung des Stiftungsrats bzw. anderer betroffener Organe und Personen (BVGer, B-6308/2009, 28.7.2010), und sie kann die Stiftung auch nach aussen vertreten. Allerdings ist die Aufsicht keine Beistandschaft, weshalb **Ersatzvornahmen** nur ganz ausnahmsweise angehen, insbesondere in dringlichen Fällen oder wenn die Stiftungsorgane nicht oder nicht rechtzeitig tätig werden (vgl. Art. 84*a* Abs. 3 ZGB).

Zur Erfüllung ihrer Aufgaben stehen der Stiftungsaufsicht **präventive (vorbeugende) und repressive Massnahmen** zur Verfügung. Es sind dies die allgemeinen Mittel des Verwaltungszwangs.

2.   Präventive Massnahmen

Zu den präventiven Massnahmen gehören:

– **Informations- und Prüfungsrechte:** Wichtigste Voraussetzung zur Wahrnehmung der Aufsicht ist, dass die Behörde die Tätigkeit der Stiftung kennt. Deshalb werden die Stiftungen zur jährlichen Berichterstattung sowie Rechnungsablage verpflichtet (BGE 106 II 265). Sie müssen der Aufsicht eine nachvollziehbare Jahresrechnung und die dazugehörigen Unterlagen zustellen sowie alle sachdienlichen Auskünfte erteilen. Die Pflicht zur jährlichen Rechenschaft gilt auch für von der Revisionsstellenpflicht entbundene Stiftungen (Art. 1 Abs. 3 der Verordnung über die Revisionsstelle von Stiftungen vom 24. August 2005, SR 211.121.3). Ab 2023 müssen Stiftungen gegenüber der Stiftungsaufsicht die Entschädigung des Stiftungsrats und der Geschäftsleitung offenlegen (vgl. unten S. 75).

– **Genehmigungsvorbehalt:** Die Aufsichtsbehörde kann sich die Genehmigung einzelner Rechtsakte vorbehalten. Dies kommt grundsätzlich nur dort in Frage, wo die Stiftung mit einem Rechtsakt die Gefahr eingeht, ihren Zweck nicht mehr oder schlechter zu erfüllen. Die Aufsicht ist an solchen Vorbehalten auch nicht besonders interessiert, weil sie damit in den Bereich der Staatshaftung gelangt. Von Gesetzes wegen besteht ein Genehmigungsvorbehalt bei der Fusion von Stiftungen (Art. 83 FusG).

3.   Repressive Massnahmen

Mit **repressiven Massnahmen** kann der Stiftungsrat zum rechtskonformen Handeln angehalten bzw. rechtswidriges Verhalten geahndet werden. Das Arsenal ist hier gross und vielfältig: Ermahnung, Verwarnung, Verweise, Ordnungsbussen (BVGer, C-2403/2006, 30.7.2007), Aufhebung oder Änderung von Stiftungsratsbeschlüssen, Entzug der Einzelzeichnungsberechtigung oder des Zeichnungsrechts überhaupt, vorläufige Suspendierung und Absetzung von Stiftungsratsmitgliedern (BGer, 5A_274/2008, 19.1.2009; die Absetzung ist nicht von einem Verschulden abhängig), Strafandrohungen, Strafanzeigen (Art. 292 StGB), Weisungen, Bestellung eines Sachwalters (Art. 83*d* Abs. 1 Ziff. 2 ZGB) etc.

Den Aufsichtsbehörden **nicht** zur Verfügung stehen:

- die Einsetzung eines Prozessbeistandes (dafür steht der Sachwalter zur Verfügung);
- Schadenersatzklagen gegen (frühere oder aktuelle) Stiftungsorgane (hingegen kann die Aufsicht Massnahmen ergreifen, damit die Stiftung solche Klagen erhebt);
- Verarrestierung bzw. Beschlagnahmung von Stiftungsvermögen (dafür sind die Zwangsvollstreckungs- bzw. die Strafverfolgungsbehörden zuständig).

Die Ernennung eines **Sachwalters** durch die Aufsichtsbehörde setzt eine ungenügende Organisation der Stiftung, das Fehlen eines vorgeschriebenen Organs oder die nicht rechtmässige Zusammensetzung eines Organs voraus. Im Fall eines gravierenden Interessenkonflikts ist die Organisation einer Stiftung grundsätzlich als ungenügend zu bezeichnen. Rechtlich handelt es sich beim Sachwalter um ein provisorisches Organ der Stiftung. Die Bestellung eines Sachwalters oder die persönliche Eignung des eingesetzten Sachwalters zur Amtsausübung kann mit Stiftungsaufsichtsbeschwerde bei der zuständigen Stiftungsaufsichtsbehörde gerügt werden (BVGer, B-4118/2018, 5.10.2018; das Bundesgericht hat den Entscheid am 6. Mai 2019 [5A_923/2018] gestützt).

Die Aufsichtsbehörde kann insbesondere auch den Handelsregisterbehörden Weisungen erteilen. Unklar ist, ob sie dies auch gegenüber **Dritten** wie Gläubigern, Schuldnern, Besitzern von im Eigentum der Stiftung stehenden Gegenständen oder Banken tun kann. Private Dritte unterstehen der Aufsicht nicht, weshalb ein solches Recht ohne gesetzliche Grundlage grundsätzlich zu verneinen ist. In solchen Fällen handelt die Aufsichtsbehörde anstelle der bzw. für die Stiftung, und ihre rechtlichen Möglichkeiten beurteilen sich nach dem – regelmässig zivil- bzw. vertrags- oder sachenrechtlichen – Verhältnis der Dritten zu der Stiftung. Immerhin hat die Äusserung der Aufsicht, soweit sie keine hoheitliche Weisung ist, doch die Wirkung einer der Stiftung zuzuschreibenden, also zivilrechtlichen Willensäusserung und kann etwa gutgläubige Veräusserung von Stiftungsvermögen durch Dritte verhindern.

Bei Bedarf kann die Aufsichtsbehörde ein **Gutachten** anordnen, dessen Kosten von der Stiftung zu tragen sind (BGE 147 V 259).

4. Verhältnismässigkeit und Subsidiarität

Bei jeglichen Massnahmen haben die Aufsichtsbehörden den **Grundsatz der Verhältnismässigkeit** zu wahren (Art. 5 Abs. 2 BV; BGer, 5A_274/2008, 19.1.2009). Er besagt, dass milderen Massnahmen Vorrang gegenüber schärferen zu geben ist. Bei schwerwiegenden Eingriffen muss eine besonders sorgfältige Prüfung der Verhältnismässigkeit erfolgen (BVGer, C-6709/2007, 23.10.2009).

Darüber hinaus wird der Umfang der Stiftungsaufsicht durch den **Grundsatz der Subsidiarität** begrenzt. Die Aufsicht darf nur dort eingreifen, wo dies die Stiftungsorgane nicht selbst tun können.

5. Verfahren

Das Verfahren vor den Aufsichtsbehörden ist verwaltungsrechtlicher Natur (BGE 107 II 385).

§ 4 Rechtsmittel

1. Beschwerde

Die Stiftung und Stiftungsorgane, die von Aufsichtsmassnahmen betroffen sind, können diese anfechten. Aktivlegitimiert ist, wer durch die angefochtene Verfügung besonders berührt ist und ein schutzwürdiges Interesse an deren Aufhebung oder Änderung hat (Art. 48 Abs. 1 VwVG). Die Beschwerde gegen Verfügungen der Stiftungsaufsicht ist von der Stiftungsaufsichtsbeschwerde nach Art. 84 ZGB zu unterscheiden, die sich gegen Handlungen und Unterlassungen der Stiftungsverwaltung richtet.

Bei Stiftungen, die **unter kommunaler oder kantonaler Aufsicht oder jener eines Bezirks** stehen, ist die Beschwerde gegen Entscheide der Aufsicht an kantonale Gerichtsinstanzen gegeben. Verfügungen der BVG- und Stiftungsaufsicht des Kantons Zürich zum Beispiel können mit Rekurs beim Verwaltungsrat der BVS Zürich angefochten werden (§ 19 i.V.m. 19*b* Abs. 3 VRG und § 22 Abs. 2 des Gesetzes über die BVG- und Stiftungsaufsicht [BVSG] des Kantons Zürich vom 11. Juli 2011, LS 833.1). Gegen Entscheide des Verwaltungsrats steht dann die Beschwerde beim VGer ZH offen (§ 41 VRG). Letztinstanzliche kantonale Entscheide können ans Bundesverwaltungsgericht und mit der Beschwerde in Zivilsachen ans Bundesgericht weitergezogen werden (Art. 72 Abs. 2 lit. b Ziff. 4, 75 BGG), mit Ausnahme der Vorsorge- und Freizügigkeitseinrichtungen (Beschwerde in öffentlich-rechtlichen Angelegenheiten, Art. 82 BGG).

Gegen **Entscheide der Eidg. Stiftungsaufsicht** ist die Beschwerde an das Bundesverwaltungsgericht zulässig (BVGer, B-565/2015, 4.10.2016), dessen Urteile ebenfalls an das Bundesgericht weitergezogen werden können.

2. Klage

Im Rahmen ihrer Tätigkeit sind die Aufsichtsbehörden nach den verwaltungsrechtlichen Verantwortlichkeitsgesetzen für verursachten Schaden haftbar (Art. 61 OR). Die meisten Kantone kennen eine **Kausalhaftung des Staates** für pflichtwidrige Amtstätigkeiten. Auf Bundesebene gilt das Verantwortlichkeitsgesetz (SR 170.32). Weder in den Kantonen noch im Bund (BGE 115 II 237) können Stiftungen direkt auf fehlbare Beamte zugreifen.

In BGer vom 10. November 2020 (2C_521/2017, 2C_534/2017) ging es um die Pflichtwidrigkeit der Zustimmung der Stiftungsaufsicht zu einer Vereinbarung, mit der ohne Rechtsgrund ein Teil des Stiftungsvermögens veräussert worden war. Das Bundesgericht bestätigte, dass eine Aufsichtsbehörde die Zweckmässigkeit des Handelns der Stiftung nicht zu prüfen habe. Wenn jedoch eine Vereinbarung zur Genehmigung unterbreitet worden sei, bei der die Aufsichtsbehörde die Gefahr der Zweckentfremdung des Stiftungsvermögens offenkundig hätte erkennen müssen, könne dies eine Pflichtverletzung der Aufsichtsbehörde begründen. Die Grenzen des Autonomiebereichs einer Stiftung bestünden dort, wo die Stiftungsorgane diese schädigten und dies für die Aufsichtsbehörde erkennbar sei. Das Bundesgericht bestätigte damit seine neuste Rechtsprechung, wonach Selbstverschulden der Stiftungsorgane nicht zu einem Haftungsausschluss der Aufsichtsbehörde führe. Dabei ist allerdings zu beachten, dass die Stiftungsorgane solche Vereinbarungen nicht der Aufsichtsbehörde vorlegen müssen und dass keine Genehmigungspflicht der Aufsichtsbehörde besteht.

4. Teil   Elemente der Stiftung

§ 1   Stiftungszweck

1.   Allgemeines

Das **zentrale Element** des Stiftungsbegriffs ist der **Stiftungszweck**. Er macht die **Persönlichkeit** der Stiftung aus (in weiteren, allesamt richtigen Umschreibungen: ihre «Seele», ihr «Herzstück», ihren «Kern», ihr «identitätsstiftendes Merkmal») und definiert, was mit den verfügbaren Mitteln der Stiftung getan werden muss. Der Sinn der Stiftung besteht in der Erfüllung ihres Zwecks. Er gibt den Stiftungsorganen ihren zentralen Auftrag.

Der Zweck ist regelmässig in einer eigenen Bestimmung in der Stiftungsurkunde festgelegt. Es können aber auch mehrere Festlegungen relevant sein.

2.   Unterscheidungen

In der Bevölkerung werden die gewöhnlichen Stiftungen mitunter mit «gemeinnützigen» Stiftungen gleichgesetzt. Dies ist juristisch nicht korrekt. Zum einen ist **«gemeinnützig»** kein stiftungs-, sondern ein **steuerrechtlicher** Begriff. Vor allem aber lässt das ZGB **jeden** (nicht rechtswidrigen, unsittlichen oder unmöglichen) **Zweck** zu. (In der Lehre spricht man deshalb von «Zweckneutralität», was sprachlich allerdings keine überzeugende Schöpfung ist.) Auch ausgefallene, merkwürdige, skurrile, rührende Zwecke sind zulässig.

Beispiel: Paul und Hulda Gantenbein Stiftung, in Flawil, Urkundendatum: 29.8.2002, eingetragen im Handelsregister des Kantons St. Gallen. Zweck: Bergbauernfamilien und alleinstehenden Bergbäuerinnen und Bergbauern der Bergzonen 4–2 aus den Kantonen St. Gallen, den beiden Appenzell, Glarus und dem Fürstentum Liechtenstein den Besuch des Zirkus Knie zu ermöglichen. Ferner der Mutter, den Schwestern, dem Pater (Seelsorger) des Zisterzienserinnenklosters zu Magdenau an Ostern je ein Schoggiosterei gefüllt mit 300 gr Pralinen sowie ein Osterdessert, am 1. August ein Glacé-Dessert und an Maria Empfängnis je einen gefüllten Biber, 100 gr offene Pralinés und ein Sonntags-Dessert zu liefern. (Dieser Zweck wurde im Juli 2013 leicht erweitert.)

Die gewöhnlichen Stiftungen verfolgen ausserordentlich vielfältige Zwecke. Meistens sind es **ideelle**. Damit ist gemeint, dass eine Stiftung nicht bedacht ist auf die Erzielung eines geldwerten Vorteils für sich selbst oder für Personen, die ihrer Interessensphäre zuzurechnen sind. Es kann sich inhaltlich unter anderem handeln um kulturelle, wissenschaftliche, medizinische, soziale, karitative, pädagogische, ethische oder weltanschauliche Zwecke. Ideelle Zwecke, inhaltlich kaum begrenzbar, können sich auf einzelne Menschen, Sachen, Tiere oder Pflanzen beziehen oder auch auf die ganze Welt.

Zulässig sind aber auch **privatnützige** Zwecke (Beispiel: Familienstiftungen) bzw. **wirtschaftliche** Zwecke (BGE 127 III 337), wobei unklar bleibt, was darunter zu verstehen ist, weshalb in der Lehre auch dafür plädiert wird, auf diesen Begriff zu verzichten.

3. Schranken

a) Allgemeines

Die einzige rechtliche Einschränkung besteht darin, dass der Zweck nicht gegen das **Gesetz** oder die **guten Sitten** verstossen darf. Ausserdem muss er möglich, d.h. **erreichbar** sein.

b)   Selbstzweckstiftung

Nicht zulässig sind **Selbstzweckstiftungen**. Sie sind **nicht** – wie für Schweizer Stiftungen verlangt – **fremdnützig**, sondern beschränken sich darauf, ihr Vermögen zu verwalten. Ihr zur Seite zu stellen ist die Thesaurusstiftung, die zwar einen nach aussen gerichteten Zweck hat, diesen aber nicht verfolgt. Sie äufnet die verfügbaren Mittel ohne hinreichenden Grund, statt sie zur Förderung zu verwenden. Solche Stiftungen haben keinen Anspruch auf Steuerbefreiung.

4. Formulierung des Stiftungszwecks

Der Stiftungszweck sollte so klar und **eindeutig** wie möglich formuliert werden. Allgemeine Umschreibungen wie «Wohltätigkeit», «philanthropische Zwecke», «karitative Zwecke» erfüllen dieses Erfordernis kaum. In Zweifelsfällen ist allerdings eine Auslegung *in favorem negotii* zur Rettung des Stiftungsgeschäfts vorzunehmen (BGE 99 II 246).

Da der Zweck nur schwer geändert werden kann, sollte er so **offen** formuliert werden, dass er möglichst auch unter anderen Umständen und in fernen Zeiten, nach absehbaren und nicht absehbaren Entwicklungen, noch sinnvoll umsetzbar bleibt.

5. Mehrere Zwecke

Die Stiftung kann **mehrere** Zwecke haben, die in keinem inhaltlichen Zusammenhang stehen müssen. Der Stifter kann dabei auch vorsehen,

–   unter welchen Voraussetzungen oder

–   in welcher Gewichtung (etwa nach Massgabe der zur Verfügung stehenden Mittel) oder

–   in welcher Reihenfolge die Stiftungszwecke verwirklicht werden sollen: gleichzeitig oder aber nacheinander (sukzessiv).

Bei mehreren Zwecken kann sich der Fall ergeben, dass die Stiftung unterschiedlichen Stiftungsformen zuzurechnen ist. Soll ein Teilzweck erst zu einem späteren Zeitpunkt verfolgt werden, so ist er zur Bestimmung des Charakters der Stiftung (als gewöhnliche oder als Sonderform) erst beizuziehen, wenn seine Umsetzung aktuell wird.

6.   Auflagen und Bedingungen

Die Stiftungserrichtung kann aufgrund der Stifterfreiheit auch mit Auflagen und Bedingungen verbunden werden (vgl. Art. 86 Abs. 2 ZGB).

a)   Auflagen

Implizit verwiesen wird auf die **schenkungsrechtliche Auflage** (Art. 245 Abs. 1 OR) und die **erbrechtliche Auflage** (Art. 482 Abs. 1 ZGB), die im Zusammenhang mit Stiftungen in mehrfacher Gestalt auftreten können. Vorliegend geht es vor allem um Sonderrechte (siehe nachfolgend) und um Nebenbestimmungen, die sich auf den Zweck wie auf das Vermögen und alle Bereiche der Organisation beziehen können.

b)   Bedingungen

Bei einer aufschiebenden Bedingung (**Suspensivbedingung,** Art. 151 Abs. 1 OR) wird die Errichtung der Stiftung aufgeschoben bis zum Eintritt der Bedingung.

Bei einer auflösenden Bedingung (**Resolutivbedingung,** Art. 154 Abs. 1 OR) entsteht die Stiftung, wird aber mit dem Bedingungseintritt beendet. Ein Anwendungsfall ist die Stiftung auf Zeit.

7. Sonderrechte

Nicht im Gesetz erwähnt sind die von der Lehre so bezeichneten und gerichtlich anerkannten (BGE 79 II 113) **Sonderrechte.** Es handelt sich um Rechte, die der Erfüllung des Stiftungszwecks vorgehen, zugunsten individuell bestimmter Einzelpersonen. Der Stifter kann sich selbst oder andere, zum Beispiel ihm nahestehende Personen, begünstigen. Diese Rechte müssen bestimmt oder bestimmbar sein. Sie zielen auf zeitlich beschränkte oder lebzeitige Nutzung, den Gebrauch oder Verbrauch von Substanz oder Erträgen des Stiftungsvermögens.

§ 2 Stiftungsvermögen

1. Allgemeines

Das Stiftungsvermögen besteht aus **sämtlichen Vermögenswerten** der Stiftung, unabhängig davon, wo sie sich befinden – Schweizer Stiftungen können selbstverständlich auch Vermögenswerte im Ausland halten – und woraus sie bestehen. In Frage kommen Barvermögen, Forderungen, Wertpapiere, Beteiligungen, Immaterialgüterrechte, Kunstgegenstände, Grundstücke, Rechte aller Art, Gold etc. Möglich ist auch eine Forderung gegenüber dem Stifter. Grundsätzlich müssen diese Vermögenswerte zur Zweckverfolgung **geeignet** oder aber liquidierbar sein. Sie können auch zwecktauglich sein, ohne einen Marktwert zu haben (zum Beispiel das Archiv einer Kunststiftung). Wenn die Stiftung zur Zweckerfüllung hinreichendes Vermögen verfügt, kann ihr darüber hinaus auch Vermögen gewidmet werden, das sich zur Zweckerreichung nicht eignet.

2. Unterscheidungen

Das schweizerische Stiftungsrecht kennt nur den einen Begriff des **Vermögens**. Dabei ist rechtlich vor allem zwischen dem bei der Errichtung der Stiftung eingebrachten Vermögen (**Widmungsvermögen**, Art. 80 ZGB) und dem **später** der Stiftung zufliessenden Vermögen zu unterscheiden.

a)   Widmung und Widmungsvermögen

Der Akt der **Widmung** ist keine Schenkung auf der Grundlage eines Schenkungsvertrags i.S.v. Art. 239 ff. OR, sondern ein **einseitiges Rechtsgeschäft**. Mit der Widmung begründet der Stifter eine schuldrechtliche Verpflichtung, nämlich der Stiftung das gewidmete Vermögen zu verschaffen. Es muss nicht notwendigerweise vom Stifter stammen, sondern kann auch von Dritten ins Eigentum der Stiftung überführt werden.

Das Widmungsvermögen ist das Anfangsvermögen. Es muss bestimmt oder bestimmbar sein. Das Gesetz sieht **keine minimale Höhe** vor. Die Eidg. Stiftungsaufsicht, und in der Regel auch die anderen Aufsichten, verlangen ein Anfangsvermögen von mindestens CHF 50'000 in bar. Dieses Erfordernis ist in der Praxis sinnvoll, auch wenn dafür eine gesetzliche Grundlage fehlt.

Das Widmungsvermögen muss in einem vernünftigen Verhältnis zum Stiftungszweck stehen. Reicht es nicht aus, diesen zu verfolgen, wird wenigstens **Aussicht** auf hinreichenden Vermögenszuwachs verlangt. Dies ist etwa dort der Fall, wo der Stifter zu Lebzeiten eine Stiftung errichtet und plant, ihr durch letztwillige Verfügung weitere Vermögenswerte zukommen zu lassen. Es liegt an ihm, den Vermögenszuwachs glaubhaft zu machen. Hier ist ein strenger Ansatz am Platz, denn wer nicht CHF 50'000 bereitzustellen vermag, tut gut daran, zu überprüfen, ob eine selbständige Stiftung tatsächlich die geeignete Form zur Umsetzung seiner Pläne sei.

Bei einem zur Zweckverfolgung klarerweise ungenügenden Vermögen kann das Handelsregisteramt den Eintrag verweigern. Ist eine Stiftung mit ungenügendem Vermögen (und ohne Aussicht auf seine Äufnung) bereits im Handelsregister eingetragen, ist sie durch Verfügung der Aufsichtsbehörde aufzuheben (Art. 88 Abs. 1 Ziff. 1 ZGB; BVGer, B-1367/2012, 14.11.2012). Das Stiftungsvermögen wäre dann einer Stiftung mit möglichst ähnlichem Zweck zuzuführen. Nimmt man aber an, dass das Stiftungsgeschäft und damit die Stiftung nichtig sind, da sich der Zweck mangels hinreichenden Vermögens gar nicht umsetzen lässt, müsste das gewidmete Vermögen, soweit es den Stifter schon verlassen hat, an diesen zurückgeführt werden.

Ein angemessenes Verhältnis zwischen Stiftungszweck und Höhe des Stiftungsvermögens ist nicht nur bei der Stiftungserrichtung, sondern während der ganzen Dauer der Stiftungsexistenz notwendig.

b)   Nach der Errichtung der Stiftung zufliessendes Vermögen

Während das Widmungsvermögen der Stiftung durch den einseitigen Akt der **Widmung** zugeht, erfolgen spätere Vermögenseingänge, von Umstrukturierungsfällen wie Fusion und Vermögensübertragung abgesehen, meist auf schuld- oder erbrechtlicher Basis. Im Vordergrund stehen **Zuwendungen** (vgl. gleich unten). Hinzu kommen **andere Mittelzuflüsse,** zum Beispiel Erträge aus Erwerbstätigkeit (Verkauf von Produkten, Dienstleistungen, Rechten etc.) und solche aus der Vermögensbewirtschaftung (Dividenden, Zinsen, realisierte Kapitalgewinne etc.).

c)   Weitere Unterscheidungen

In der Praxis unterscheidet man insbesondere:

- das **frei verfügbare** Vermögen (auch «freie Mittel» oder «Organisationskapital» genannt; entspricht im Verwaltungsrecht dem Finanzvermögen); und

– das **zweckgebundene** Vermögen (auch «Fondskapital» genannt; entspricht im Verwaltungsrecht dem Verwaltungsvermögen). Manche Stiftungen brauchen ein spezifisches Vermögen, um ihren Zweck umzusetzen. Wenn zum Beispiel eine Kunststiftung eine ihr gehörende Sammlung ausstellt, darf diese, oder auch ein dazugehörendes Museum, üblicherweise nicht veräussert werden. Zu diesem Vermögen hinzuzuzählen sind auch Werte, die – in der Stiftungsurkunde oder etwa als Auflage in einem Zuwendungsvertrag mit der Stiftung – für **unveräusserlich** erklärt worden sind.

Der Bewirtschaftung zugänglich ist in der Regel nur das frei verfügbare, nicht unmittelbar für die Erfüllung des Stiftungszwecks notwendige Vermögen. Das zweckgebundene Vermögen sowie weitere Vermögensgegenstände, die nach der Stiftungsurkunde oder dem Zuwendungsgeschäft nicht veräussert werden dürfen, sind (lediglich, aber immerhin) zu unterhalten. Nicht bewirtschaftet wird zudem Stiftungsvermögen, das im Hinblick auf baldige Verwendung liquid gehalten wird.

3. Zuwendungen

a) Allgemeines

Zuwendungen an die Stiftung nach ihrer Errichtung können vom Stifter oder von anderen Personen erfolgen. Viele Stiftungen leben von solchen Zuwendungen und betreiben sogar ein systematisches Fundraising, um zu ihnen zu gelangen.

In der Lehre wird gelegentlich unterschieden zwischen **Spenden** (die sofort für die Fördertätigkeit eingesetzt werden dürfen oder müssen), «**Nachstiftungen**» des Stifters oder «**Zustiftungen**» Dritter (die dem zu bewahrenden Vermögen zugeschlagen werden sollen). Diese Unterscheidungen finden indes keine Stütze im Gesetz und sind aus rechtlicher Sicht eher verwirrlich. Was die Stiftung mit der Zuwendung tun muss oder darf, geht aus dem Rechtsgeschäft hervor, mit dem sie gemacht wird. Dieses Rechtsgeschäft – ein privatrechtlicher (Schenkungs-)Vertrag, eine letztwillige Verfügung (Erbschaft, Vermächtnis), eine öffentlich-rechtliche Verfügung (Subvention) etc. – bestimmt auch die Rechtsbeziehung zwischen der zuwendenden Person und der Stiftung: Es ist daher auf die Zuwendung grundsätzlich Vertragsrecht, Erbrecht, Subventionsrecht etc. und nicht Stiftungsrecht anwendbar. Dieses regelt lediglich (aber immerhin), unter welchen Voraussetzungen die Stiftung Zuwendungen entgegennehmen darf.

Alle Zuwendungen können mit **Bedingungen** und **Auflagen** verbunden werden, so zum Beispiel,

– dass die Zuwendung erhalten bleibt oder

– dass sie im Gegenteil umgehend für die Zweckumsetzung verwendet oder

– dass sie für einen bestimmten Zweck (ein bestimmtes Projekt, einen Teilzweck) verwendet werden muss.

b)   **Pflichten des Stiftungsrats bei der Entgegennahme von Vermögenswerten**

Das schweizerische Stiftungsrecht enthält keine spezifischen Bestimmungen zur Entgegennahme von Vermögen und dabei zu beachtenden Pflichten.

aa)   Grundsätzliche Annahmepflicht

Grundsätzlich ist von einer Pflicht des Stiftungsrats auszugehen, Zuwendungen anzunehmen, denn sie erhöhen das Stiftungsvermögen und verbessern dadurch potentiell die Zweckumsetzung. Eine nicht angenommene Zuwendung ist als ein entgangener Gewinn (lucrum cessans) zu betrachten; die Nichtannahme stellt insofern einen Schaden dar. Recht häufig legen Stifter sogar ausdrücklich fest, dass das Stiftungsvermögen durch Zuwendungen geäufnet werden kann oder soll.

bb)   Stiftungsrechtliche Ausnahmen

Der Stifter kann im Rahmen seiner Stifterfreiheit aber auch umgekehrt festlegen, dass der Stiftungsrat keine Zuwendungen Dritter
annehmen darf (dabei stellt er möglicherweise seine Stifterpersön-
lichkeit – er will der einzige «Geldgeber» bleiben – über die objektiven Interessen «seiner» Stiftung) oder auch keine Zuwendungen
bestimmter Dritter.

Unabhängig davon dürfen keine Zuwendungen entgegengenom-
men werden, die mit **Auflagen** beschwert sind, welchen die Stiftung
nicht genügen kann, oder wenn die Belastung der Auflage den Wert
der Zuwendung übersteigt. Soll mit einer Auflage eine unselbständige Stiftung unter dem Dach der Stiftung errichtet werden, muss
ihr Zweck durch den Stiftungszweck gedeckt sein.

cc)   Zuwendungen aus anonymen oder aus rechtlich oder
        ethisch bedenklichen Quellen (Geldwäscherei, Terrorismus-
        Finanzierung)

Sowohl aus rechtlichen wie auch aus Reputationsgründen besonders zu prüfen sind Zuwendungen aus anonymen oder aus rechtlich
oder ethisch bedenklichen Quellen.

Stets zu beachten haben Stiftungen Art. 305bis StGB (**Geldwäscherei**) – der für jedermann in der Schweiz gilt –, wenn Anzeichen dafür bestehen, dass Gelder von einem Verbrechen herrühren. In der
Schweiz domizilierte Finanzinstitute (Banken, PostFinance) unterstehen der Geldwäscherei-Gesetzgebung, vor allem auch Art. 305ter
StGB (Mangelnde Sorgfalt bei Finanzgeschäften und Melderecht).
Nimmt eine Stiftung von ihnen Geld entgegen, kann sie daher
grundsätzlich davon ausgehen, dass eine hinreichende Prüfung
erfolgte. Erhöhte Aufmerksamkeit ist bei Überweisungen aus dem
Ausland angezeigt.

Analog zur Geldwäschereigesetzgebung sind Vermögenswerte abzulehnen, die offensichtlich **unrechtmässig erworben** wurden. Liegen Anhaltspunkte dafür vor, dass sie von einem Verbrechen herrühren, muss dies abgeklärt werden (vgl. Art. 6 Abs. 2 lit. b GwG).

Unter Umständen können Stiftungen auch der Kontrollstelle für die Bekämpfung der Geldwäscherei unterstellt sein. Voraussetzung dafür ist, dass sie zur Finanzierung ihrer Tätigkeit Gelder entgegennehmen und im Finanzbereich tätig sind. Dem GwG unterstellt sind auch die Organe von Sitzgesellschaften. Als solche gelten generell Familienstiftungen. Hingegen unterliegen die meisten gewöhnlichen Stiftungen weder direkt noch über ihre Organe dem GwG. Wenn die GwG-Aufsicht zum Tragen kommt, ersetzt sie nicht die Stiftungsaufsicht, sondern kommt zu jener hinzu.

dd)   Unversteuertes Vermögen

Analog zu Art. 6 Abs. 2 lit. b GwG sind die Hintergründe abzuklären, wenn Anhaltspunkte dafür vorliegen, dass die Vermögenswerte von einem **qualifizierten Steuervergehen** nach Art. 305bis Ziff. 1bis StGB herrühren. Als solches gelten die Straftaten nach Art. 186 DBG und nach Art. 59 Abs. 1 StHG, wenn die hinterzogenen Steuern pro Steuerperiode mehr als CHF 300'000 betragen.

c)   Anfechtung von Zuwendungen

Wie die Stiftungserrichtung (Art. 82 ZGB) können auch spätere Zuwendungen **angefochten** werden. Bei der Entgegennahme grösserer Zuwendungen ist daher auch das Risiko zu prüfen, dass sie zurückverlangt werden. Damit wird vermieden, dass die Stiftung schon für Förderleistungen verwendete Gelder zurückzahlen und dafür auf anderes Stiftungssubstrat greifen muss. Wenn sie dazu nicht mehr in der Lage wäre, stellte sich auch die Frage der Haftung des Stiftungsrats.

Die Pflicht zu einer Rückzahlung kann sich insbesondere dann ergeben,

- wenn der **Rechtsgrund** der Zuwendung **nichtig** ist, zum Beispiel, weil die zuwendende Person nicht handlungsfähig war. Natürliche Personen müssen urteilsfähig und gegebenenfalls testierfähig sein. Bei juristischen Personen müssen die sie vertretenden Personen dazu befugt sein;

- wenn die zuwendende Person gepfändet wird oder in Konkurs fällt und gegen die Stiftung eine **paulianische Anfechtungsklage** (Art. 285 ff. SchKG) erhoben wird. Das kann insbesondere der Fall sein in Bezug auf die Schenkungsanfechtung, wonach alle Schenkungen anfechtbar sind, die ein Schuldner innerhalb des letzten Jahres vor der Pfändung oder Konkurseröffnung vorgenommen hat (Art. 286 SchKG);

- wenn mit der Zuwendung die Ansprüche pflichtteilsgeschützter Erben verletzt werden und diese sie nach dem Tod des Erblassers ganz oder teilweise von der Stiftung zurückfordern (**Herabsetzungsklage** nach Art. 522 ff. ZGB; Anfechtung gemäss Art. 494 Abs. 3 ZGB);

- wenn die Zuwendung unter einer **auflösenden Bedingung** steht und die Bedingung eintritt.

Das Risiko, eine Zuwendung zurückzahlen zu müssen, spricht nicht gegen ihre Annahme. Hingegen muss die Stiftung prüfen, ob sie die Zuwendung unangetastet lassen soll, solange sie angefochten werden kann. Dies ist grundsätzlich eine stiftungsinterne Entscheidung, ausser wenn der Zeitpunkt der Verwendung der Zuwendung bereits im Zuwendungsgeschäft geregelt wird.

§ 3 Organisation

Art. 83 ZGB

Die Organe der Stiftung und die Art der Verwaltung werden durch die Stiftungsurkunde festgestellt.

1. Allgemeines

Art. 83 ZGB statuiert den Grundsatz der dem Stifter eingeräumten **Organisationsfreiheit:** Er ist frei in der Gestaltung seiner Stiftung. Dabei sind lediglich die wesentlichsten Elemente in der Stiftungsurkunde anzuordnen; alles Weitere kann in Stiftungsreglementen bestimmt werden.

2. Stiftungsorgane

Die Stiftung handelt durch ihre Organe. Die Organe bzw. ihre Mitglieder sind es, welche die Stiftung vertreten und rechtsgeschäftlich verpflichten. Die Stiftung muss sich auch ungewöhnliche Handlungen ihrer Organe anrechnen lassen, wenn sie nicht gerade durch den Stiftungszweck ausgeschlossen, (für Dritte) ersichtlich rechtswidrig oder nichtig sind.

Organ ist, wer die eigentliche Geschäftsleitung besorgt oder eine leitende Stellung einnimmt und so die Willensbildung massgebend beeinflusst (BGE 114 V 213). Das Organ hebt sich vom **Arbeitnehmer,** von der **Hilfsperson** (Art. 55 OR) und vom **Auftragnehmer** ab.

3. Zwingende Organe

Als zwingende Organe sieht das Gesetz vor:

- ein **oberstes Stiftungsorgan,** das die Geschäftsleitung besorgt und zur Vertretung der Stiftung berufen ist (vgl. Art. 83*a* ZGB);
- eine **Revisionsstelle** (Art. 83*b* Abs. 1 ZGB; sofern die Aufsichtsbehörde keine Revisionsbefreiung verfügt).

4. Weitere Organe

Der Stifter ist frei, **weitere Organe** vorzusehen. Von den nicht delegierbaren Verantwortlichkeiten des Stiftungsrats abgesehen, können Entscheidungs-, Beratungs- und Kontrollfunktionen nahezu beliebig ausgestaltet werden. Zahl und Grösse der Organe sollten aber der Stiftungsgrösse und der Komplexität der Aufgaben angemessen sein. Eine kleine Stiftung rechtfertigt selten den Aufwand einer umfangreichen Gremienstruktur, während eine solche bei einer grossen Stiftung mit weitgespannter Tätigkeit angemessen sein kann.

Beispiele für weitere Organe:

- **Wahl-Organe,** zum Beispiel für die Wahl aller oder einzelner Stiftungsratsmitglieder;
- ein **Aufsichtsorgan** (Kuratorium etc.). Allerdings kann es zu Komplikationen führen, wenn sich dieses private Aufsichtsorgan mit der staatlichen Aufsicht berührt, der es als Stiftungsorgan seinerseits unterstellt ist. Aufsichtsorgane, die Einfluss auf die Stiftungstätigkeit nehmen, können zu faktischen Organen werden. Erfahrungsgemäss wird die Arbeit von Stiftungsräten durch solche stiftungsinternen Aufsichtsorgane nicht erleichtert.
- Häufiger sind **Beiräte,** die in bestimmten Sachfragen beratende, manchmal sogar Entscheidfunktion haben.

Üblich und empfehlenswert ist es, wenn der Stifter in der Stiftungsurkunde die **Kompetenz** zur Schaffung, Änderung und Aufhebung weiterer Organe dem Stiftungsrat zuweist. Dieser kann damit die Organisationsstruktur jeweils den aktuellen Bedürfnissen anpassen.

Werden in der Stiftungsurkunde oder einem Stiftungsreglement verschiedene Organe vorgesehen, müssen ihre spezifischen Rechte und Pflichten genau beschrieben und voneinander abgegrenzt werden. Ausserdem muss klarwerden, welches das **oberste Organ** ist, da verschiedene Gesetzesbestimmungen an die Funktion eines solchen anknüpfen.

5. Faktische Organe

Neben die Organe im formellen Sinne – wie die Mitglieder des Stiftungsrats – treten haftungsrechtlich die «materiellen» oder «faktischen» Organe (BGE 128 III 92). Damit gemeint sind Personen, die **tatsächlich** Organfunktionen erfüllen, auch wenn sie nicht förmlich dazu bestellt worden sind.

6. Checks and Balances

Wie im Staat hat es sich auch bei Unternehmen als sinnvoll und sogar erforderlich erwiesen, ein System von Führung und Kontrolle zu etablieren und beide Bereiche personell zu trennen. Diese **Gewaltentrennung** ist bei der Stiftung nicht schon von der Struktur her vorgegeben. Denn als Anstalt verfügt sie über kein Kontrollinstrument wie die Körperschaften (Mitgliederversammlung beim Verein, Generalversammlung bei der Aktiengesellschaft etc.), und auch die Stiftungsaufsicht kann diese Rolle nur beschränkt übernehmen. Deshalb müssen Stifter und Stiftungsrat die Organisation der Stiftung so gestalten, dass sie einerseits geführt und dass andererseits diese Führung kontrolliert wird. Man fasst dies in der Formel *Checks and Balances* zusammen: gegenseitige Kontrolle

(Checks) verschiedener Organe zur Herstellung eines dem Erfolg des Ganzen förderlichen Systems partieller Gleichgewichte *(Balances)*.

§ 4   Stiftungsrat

Das gesetzliche «oberste Organ» wird in aller Regel (und auch in diesem Buch) als **Stiftungsrat** bezeichnet. Dem Stifter steht es aber frei, andere Bezeichnungen wie Stiftungskomitee, Kuratel, Kuratorium, Vorstand, Vorsteherschaft, Direktorium, Präsidium etc. zu verwenden.

1.   Verhältnis zwischen Stiftung und Stiftungsrat

Zwischen den Mitgliedern des Stiftungsrats und der Stiftung besteht ein sogenannter **Organträgervertrag**, ein Innominatvertrag, auf den arbeits- und auftragsrechtliche Regelungen direkt oder analog anwendbar sind. Er beginnt mit der Annahme der Wahl durch das Mitglied bzw. mit dem vereinbarten Amtsbeginn zu laufen.

Zusätzlich kann ein **Auftrag oder Arbeitsvertrag** abgeschlossen werden, zum Beispiel mit einem Stiftungsratsmitglied, das auch die Geschäftsleitung besorgt. Es empfiehlt sich, das Rechtsverhältnis schriftlich festzulegen und die gegenseitigen Rechte und Pflichten zu bestimmen. So werden klare Verhältnisse geschaffen, insbesondere auch für mit der Rechtsform Stiftung noch nicht vertraute Mitglieder.

2.   Besetzung

Stiftungsorgane können grundsätzlich aus beliebig vielen Personen bestehen. Der Stifter kann daher eine Minimal- und/oder Maximalzahl festsetzen. Es ist zulässig, wenn auch nicht empfehlenswert, nur **eine einzige Person** als Stiftungsrat vorzusehen.

3. Voraussetzungen

Nach ZGB und HRegV bestehen keine Nationalitäts- oder Wohnsitzvorschriften. Die Eidg. Stiftungsaufsicht verlangt, dass mindestens ein alleinzeichnungsberechtigtes Mitglied Wohnsitz in der Schweiz hat; bei Kollektivzeichnungsberechtigung zu zweien gilt dies für zwei Mitglieder.

Die Mitglieder müssen **handlungsfähig** (also volljährig) sein. Im Übrigen werden an sie von Gesetzes wegen keine weiteren Voraussetzungen wie eine bestimmte berufliche Zulassung oder bestimmte Fähigkeiten gestellt. Hingegen kann der Stifter solche Voraussetzungen vorsehen. Auch kann er **Unvereinbarkeitsbestimmungen** festlegen (zum Beispiel dass nicht zwei Vertreter derselben Familie Mitglied werden dürfen).

Auch der **Stifter** selbst kann Stiftungsratsmitglied sein. Dasselbe gilt für **Destinatäre** oder deren Vertreter (sie haben bei aktuellen Interessenkonflikten allerdings in den Ausstand zu treten).

Ob **juristische Personen** Stiftungsratsmitglieder sein können, ist umstritten. Die Handelsregisterämter weigern sich, sie einzutragen, und tragen nur ihre Vertreter ein, wobei sie sich auf Art. 120 HRegV stützen. Nach herrschender Lehre verstösst dies gegen Art. 83 ZGB und ist daher bundesrechtswidrig.

4. Amtszeit

Das Gesetz enthält keine Vorschriften zur Amtszeit von Stiftungsratsmitgliedern. Der Stifter in der Stiftungsurkunde oder der Stiftungsrat in einem Reglement kann (und sollte) eine Amtszeit (zum Beispiel von drei oder vier Jahren) festlegen. Empfehlenswert sind auch **Amtszeitbeschränkungen** (zum Beispiel 12 oder 16 Jahre); möglich sodann sind ferner **Altersbeschränkungen** (minimales oder – weit häufiger – maximales Alter, zum Beispiel 80 Jahre). Solche Beschränkungen bewirken eine systematische Erneuerung, tendenziell auch eine systematische Verjüngung des Stiftungsrats. Wiederum sind Sonderregelungen für einzelne Mitglieder zulässig – so kann etwa der Stifter für sich oder Dritte in der Stiftungsurkunde die Mitgliedschaft auf Lebzeiten vorsehen.

Auch beim **Präsidium** des Stiftungsrats sind Amtszeiten sehr zu empfehlen, und auch hier sind einerseits Wiederwahlmöglichkeiten zu prüfen sowie andererseits Amtszeit- und Altersbeschränkungen festzulegen, die auch strenger sein können als jene für die Mitgliedschaft.

5. Handelsregistereintrag

Alle Stiftungsratsmitglieder müssen in das **Handelsregister eingetragen** werden (Art. 95 Abs. 1 lit. i HRegV). Mitglieder von Stiftungsorganen, welche die Stiftung vertreten können, sind mit der Art der **Zeichnungsberechtigung** einzutragen.

6. Wahl und Wahlorgan

a) **Allgemeines**

Die Wahl als Organmitglied bedarf keiner Zustimmung durch die Aufsichts- oder eine andere Behörde. Die Wahl durch ein **unzuständiges** Organ ist nichtig (BGE 129 III 641 E. 3.4).

b) **Erste Mitglieder**

Die ersten Mitglieder der Organe werden regelmässig vom Stifter bei der Stiftungserrichtung bezeichnet.

c) **Weitere und spätere Mitglieder**

Für die Wahl weiterer und nachfolgender Mitglieder des Stiftungsrats gibt es verschiedene Möglichkeiten:

– In der Regel wählt der Stiftungsrat diese Mitglieder selber, d.h., der Stifter legt **Kooptation** fest. In der Lehre wird diese Form wegen der theoretisch fehlenden Unabhängigkeit des Wahlorgans kritisiert. Der Stiftungsrat hat es aber in der Hand, durch sachliche und transparente Verfahren oder auch den Einbezug Dritter den Nachweis zu führen, dass er sich selbst mit kompetenten und unabhängigen Personen ergänzt. Ausserdem wählt kein Mitglied sich selbst (ausser wenn der Stiftungsrat nur mit einem Mitglied besetzt ist); gegenüber den anderen Mitgliedern, über deren Wiederwahl das Mitglied entscheidet, und erst recht gegenüber externen Kandidaten kann es durchaus unabhängig agieren.

– Der Stifter kann ein **eigenes Wahlorgan** vorsehen, welches aus grundsätzlich beliebigen Personen, zum Beispiel auch dem Stifter, bestehen kann. An dieses Wahlorgan werden keine besonderen Anforderungen betreffend Fachkenntnisse, Wohnsitz, besondere geographische, berufliche oder mentale Nähe zur Stiftung etc. gestellt. Es muss lediglich, aber immerhin, in der Lage sein, seiner Aufgabe nachzukommen und geeignete Mitglieder zu wählen. Im Vergleich zur Kooptation ist anzufügen, dass ein externes Wahlorgan nicht per se unabhängig ist.

– Häufig wird auch bestimmten Gremien (zum Beispiel einer Regierung), Personen (zum Beispiel einem Verein) oder Gruppen (zum Beispiel einer Familie) **Anspruch auf einen oder mehrere Sitze** eingeräumt, so dass dann die Gremien, Personen oder Gruppen intern ihre Vertreter zu bestimmen haben.

– Möglich sind ferner **Kombinationen**: So kann ein Teil der Mitglieder durch Kooptation, ein anderer Teil durch den Stifter oder Dritte bestimmt werden.

– Sodann kann der Stifter für sich oder Dritte **Vorschlags-** oder **Genehmigungsrechte** vorsehen.

– Schliesslich kann er den **Kandidatenkreis beschränken,** indem er etwa vorgibt, ein Mitglied müsse Mediziner oder Regierungsrätin etc. sein.

Alle Varianten haben ihre Vor- und Nachteile. Kooptation ist in der Praxis wohl der häufigste Wahlmodus.

Wenn eine rechnungslegungspflichtige juristische Person Wahlorgan ist und dabei die Mehrheit der Mitglieder des Stiftungsrats wählen kann, erwächst ihr grundsätzlich die Pflicht zu einer konsolidierten Jahresrechnung (Konzernrechnung) (Art. 963 OR; vgl. unten S. 89, 106).

7. Konstituierung

Das Gesetz sieht keine besonderen **Funktionen** innerhalb des Stiftungsrats vor. Wenn der Stiftungsrat aus mehr als einem Mitglied besteht, bedarf es eines im Handelsregister als solcher eingetragenen **Präsidenten** (vgl. Art. 22 Abs. 2 HRegV). Möglich ist auch ein Co-Präsidium. Oft wird ein Vizepräsident, manchmal auch ein Quästor (oder Pfleger oder Rechnungsführer) bezeichnet.

8. Stellvertretung

Die Wahl erfolgt grundsätzlich *ad personam*. Eine dauernde Stellvertretung (Delegation oder Substitution) ist nicht zulässig. Im Einzelfall hingegen ist es sinnvoll, die Vertretung zu erlauben. Es empfiehlt sich, die Modalitäten in einem Reglement zu regeln (zum Beispiel, dass ein Mitglied nur durch ein anderes Mitglied vertreten werden oder dass ein Mitglied nicht mehrere andere Mitglieder vertreten darf etc.).

9. Anfang und Ende

a) Anfang

Das Amt beginnt sogleich mit der Wahlannahme bzw. an einem bei der Wahl bezeichneten Datum. Achtung: Die Haftung beginnt bereits mit dem ersten Tag der Amtszeit (BGer, 9C_263/2014, 18.12.2014).

b) Ende

Gründe für das Ende der Tätigkeit als Mitglied eines Stiftungsorgans sind Ablauf der Amtsdauer (und Nicht-Wiederwahl), Erreichen einer Altersbeschränkung, Abwahl, Rücktritt, Verlust der Urteilsfähigkeit, Tod.

aa) Rücktritt

Der Rücktritt kann grundsätzlich jederzeit erfolgen. Er darf aber keine Verletzung der Treuepflicht darstellen. Er ist gegenüber dem Stiftungsrat bzw. seinem Präsidenten zu erklären, entweder per sofort oder per ein bestimmtes Datum. Erfolgt der Rücktritt auf das Ende einer Amtsperiode, handelt es sich im Grunde nicht um einen Rücktritt, sondern um den Verzicht auf eine Kandidatur zur Wiederwahl.

bb) Ablauf der Amtsdauer

Auch mit Ablauf der Amtsdauer endet das Amt. Es besteht kein Anspruch auf Wiederwahl.

Was geschieht, wenn innert der Amtszeit bewusst oder unbewusst nicht über eine Wiederwahl entschieden wird? Soll sich dann die Amtszeit stillschweigend verlängern? Das Gesetz enthält dazu keine Bestimmung. Grundsätzlich ist nicht von einer stillschweigenden Verlängerung auszugehen. Ein solche wäre nur dann zu diskutieren, wenn die Stiftung ohne das betreffende Mitglied oder die betreffenden Mitglieder handlungs- und funktionsunfähig würde.

cc) Abwahl

Die Abwahl als Stiftungsratsmitglied setzt nach der Praxis einen **wichtigen Grund** voraus (analog zu Art. 72 Abs. 3 ZGB), der sich auf die Stiftungsarbeit beziehen muss. Dies kann gegeben sein, wenn ein Organmitglied:

- sich in einem dauernden oder schwerwiegenden Interessenkonflikt befindet;
- seine Pflichten gravierend verletzt hat;
- bei Unfähigkeit;
- bei qualifizierter Behinderung der Stiftungstätigkeit oder Untätigkeit;
- bei Nicht- oder Nicht-mehr-Erfüllen des Anforderungsprofils;
- nach einem strafbaren Verhalten, soweit dieses seine Stiftungsratstätigkeit beeinflusst.

Nach dem Bundesgericht setzt die Abwahl voraus, dass das Verhalten des Stiftungsratsmitglieds nicht mehr tragbar ist, die weitere Ausübung seiner Funktion objektiv die zweckgemässe Verwendung des Stiftungsvermögens gefährdet oder beeinträchtigt und andere, weniger einschneidende Massnahmen keinen Erfolg versprechen (BGer, 5A.23/1999, 27.3.2000, E. 3b).

Die Abwahl ist auch zulässig, wenn sie in der Stiftungsurkunde nicht erwähnt wird. Dennoch empfiehlt es sich, Voraussetzungen und Vorgehen in der Stiftungsurkunde oder in einem Stiftungsreglement zu regeln. Auch das für eine Abwahl erforderliche Quorum ist dabei zu definieren. Das Mitglied, dessen Abwahl zur Diskussion steht, soll sich vor der Abstimmung äussern, dann aber nicht abstimmen dürfen. Seiner Abwahl kann es durch Rücktritt zuvorkommen. Eine mildere und stets zu prüfende Vorgehensweise ist sodann die Nicht-Wiederwahl nach Ablauf der Amtszeit.

10. Entschädigung

Weder das Stiftungsrecht (im ZGB) noch das Steuerrecht (im DBG und StHG) enthalten Vorschriften zur Entschädigung der Stiftungsratsmitglieder. Es liegt demnach beim Stifter, in der Stiftungsurkunde einschlägige Regelungen zu treffen. Soweit dies nicht erfolgt, ist die Festlegung der Entschädigung des Stiftungsrats Sache des Stiftungsrats selbst.

Die Stiftungsaufsichtsbehörden können eine Entschädigung weder vorschreiben noch verbieten. Sie können aber die Angemessenheit von Entschädigungen überprüfen, und zwar unter dem allgemeinen Gesichtspunkt der Rechtskontrolle. Eine sachlich nicht zu rechtfertigende Entschädigung bedeutet im Umfang der Unangemessenheit eine Schädigung der Stiftung.

In der Praxis von Bedeutung ist die Haltung der Steuerbehörden. Mehrere kantonale Steuerbehörden verlangen als Voraussetzung der Steuerbefreiung der Stiftung die Ehrenamtlichkeit der Stiftungsratsmitglieder. Dies ist unter mehreren Gesichtspunkten verfehlt:

- Es gibt dafür keine gesetzliche Grundlage.

- Alle anderen Organe, insbesondere die Revisionsstelle, aber auch die Geschäftsleitung sowie sämtliche Arbeitnehmer der Stiftung dürfen entschädigt werden und werden selbstverständlich entschädigt. Es ist widersinnig, ausgerechnet die Mitglieder jenes Organs, das als oberstes die grösste Verantwortung trägt und unter der grössten Haftung (mit dem ganzen persönlichen Vermögen) steht, von einer Entschädigung auszuschliessen.

- Zwar ist Ehrenamtlichkeit immer noch weitverbreitet und grundsätzlich erfreulich. Sie muss aber freiwillig erfolgen. Eine von der Steuerverwaltung oktroyierte Ehrenamtlichkeit verliert ihre ethischen Qualitäten. Ausserdem geht sie nicht immer mit Professionalität (Fachwissen, Erfahrung und Engagement) einher. Ehrenamtlicher Dilettantismus – im Bereich der Bewirtschaftung des Stiftungsvermögens wie im Bereich der Fördertätigkeit – kostet die Stiftung wesentlich mehr als die Entschädigung kompetenter Stiftungsratsmitglieder.

– Die Frage der Entschädigung von Stiftungsratsmitgliedern hat logisch mit den Voraussetzungen der Steuerbefreiung nichts zu tun. Gemeinnützigkeit ist von der Stiftung zu fordern, nicht von Dritten wie den Stiftungsratsmitgliedern. Ein «Opfer» ist nicht von ihnen zu fordern. Dies hat der Stifter mit der Vermögenswidmung erbracht und erbringen Dritte mit ihren Zuwendungen an die Stiftung.

– Sogar aus fiskalischer Sicht ist diese Praxis unsinnig: Stiftungsratsentschädigungen werden im zu versteuernden Umfang wieder dem Staat zugeführt, während solche Gelder als Förderbeiträge an steuerbefreite Destinatäre dem Staat entgehen.

Bei der Festlegung der Angemessenheit von Entschädigungen anwendbare Kriterien können sein: der Zeitaufwand, die Zahl der Stiftungsratsmitglieder, die Höhe der Förderleistungen, die Schwierigkeit und Komplexität der Stiftungsratstätigkeit, die Funktion innerhalb des Stiftungsrats, Fachkompetenz, Erfahrung, Opportunitätskosten. Es kann auch ein Vergleich mit anderen Stiftungen oder vergleichbaren Organisationen angestellt werden. Die Angemessenheit der Entschädigung muss aber im Einzelfall beurteilt werden, und zwar sowohl in Bezug auf jede Stiftung wie auch auf jedes Stiftungsratsmitglied. So kann die Präsidialfunktion aufgrund ihrer besonderen Anforderungen und zeitlichen Beanspruchung höher entschädigt werden.

Heikel können **Provisionen** für Stiftungsorgane beim **Fundraising** sein. Sie müssen unbedingt schriftlich geregelt werden. Zudem trägt es zur Transparenz und Schaffung klarer Verhältnisse bei, wenn die zuwendenden Personen über die Beteiligung informiert werden.

Sonderaufwände für fachliche Arbeiten, Expertisen, Aufträge zusätzlich zur Stiftungsratstätigkeit können separat honoriert werden.

Die Ausrichtung von Entschädigungen sowie der Ersatz von Spesen sind in einem Reglement oder einer Richtlinie schriftlich festzuhalten. Ferner ist auch zu klären,

- ob **Sozialversicherungsabgaben** und/oder **Quellensteuern** zu leisten sind und

- ob bei Vertretern von juristischen Personen die Entschädigung diesen oder aber den Vertretern zu entrichten ist.

> **Art. 84*b* ZGB**
>
> Das oberste Stiftungsorgan muss der Aufsichtsbehörde jährlich den Gesamtbetrag der ihm und der allfälligen Geschäftsleitung direkt oder indirekt ausgerichteten Vergütungen im Sinne von Artikel 734*a* Absatz 2 des Obligationenrechts gesondert bekannt geben.

Der neue Art. 84*b* ZGB tritt am 1. Januar 2023 in Kraft. Danach muss der Stiftungsrat gegenüber der Aufsichtsbehörde jährlich die Summe der ihm direkt oder indirekt ausgerichteten Vergütungen offenlegen. Existiert eine Geschäftsleitung, sind auch deren Vergütungen der Aufsichtsbehörde gesondert bekanntzugeben. Der ebenfalls neue Art. 734*a* Abs. 2 OR, auf den verwiesen wird, ist sinngemäss anzuwenden.

Diese gesetzliche Offenlegungspflicht ist in der Sache nichts Neues – Aufsichtsbehörden konnten schon bisher die Bekanntgabe von Entschädigungen verlangen. Indem nun aber sämtliche der staatlichen Aufsicht unterstellte Stiftungen die Stiftungsratsentschädigungen mitteilen müssen, wird sich für die Aufsichtsbehörden ein viel besseres Bild über die Entschädigungspraxis der Stiftungen ergeben; bisherige Untersuchungen näherten sich mit Befragung bzw. Auskunft einer beschränkten Zahl von Stiftungen der Empirie lediglich an. Gleichzeitig ist zu erwarten, dass sich eine solidere Praxis entwickeln wird, welche Entschädigungen für welche Konstellationen als angemessen zu betrachten sind.

Ziff. 24 des Swiss GAAP FER 21 verlangt seinerseits, dass der Gesamtbetrag der Entschädigungen, die an Mitglieder des Stiftungsrats ausgerichtet werden, im Anhang der Jahresrechnung offengelegt wird, ebenso der Gesamtbetrag der Entschädigung an Personen, die mit der Geschäftsführung betraut sind.

11. Pflichten

Das ZGB enthält keinen Katalog mit Pflichten (Aufgaben, Befugnissen, Kompetenzen) des Stiftungsrats gewöhnlicher Stiftungen, weder einen abschliessenden noch auch nur einen beispielhaften (vgl. aber Art. 51a BVG für Stiftungsratsmitglieder von Personalvorsorgestiftungen). Lediglich einzelne Pflichten sind im Gesetz da und dort erwähnt. Sofern der Stifter keine andere Regelung vorsieht, hat der Stiftungsrat umfassend das Recht und die Pflicht, die Angelegenheiten der Stiftung zu besorgen. Und da es neben der Revisionsstelle von Gesetzes wegen kein anderes Stiftungsorgan als den Stiftungsrat gibt, sind alle Pflichten, die der Stifter nicht einem anderen Organ zuordnet, **unentziehbar**. Die Mitglieder des Stiftungsrats müssen ihr Amt **persönlich** ausführen.

Dogmatisch können unterschieden werden: übertragbare und unübertragbare Pflichten; Handlungs- und Unterlassungspflichten; Rechtspflichten und moralische Pflichten. Ferner kann man zwischen allgemeinen und spezifischen Pflichten unterscheiden.

a) Allgemeine Pflichten

Aus der Funktion des Stiftungsrats als oberstes Stiftungsorgan ergibt sich die Pflicht der (Ober-)**Leitung der Stiftung**. Er muss im Rahmen der vom Stifter vorgegebenen Anordnungen eine funktionierende Organisation sicherstellen (Art. 83 ZGB), eine Revisionsstelle bestellen (Art. 83b Abs. 1 ZGB), mit der Geschäftsführung betraute Personen beaufsichtigen und die Zeichnungsberechtigung regeln.

Bei ihrer gesamten Tätigkeit haben sie jene Sorgfalt anzuwenden, die ein gewissenhafter und sachkundiger Beauftragter oder Arbeitnehmer (nach der angelsächsischen Terminologie: *prudent man* oder *prudent investor)* in der gleichen Lage bei der Besorgung der ihm übertragenen Geschäfte anzuwenden pflegt. Ihre **Sorgfaltspflicht** bestimmt sich anhand von **objektiven Kriterien.** Dabei wird auf ein gruppenspezifisches Durchschnittsverhalten abgestellt: Der Organträger soll all das tun, was erfahrungsgemäss nach dem gewöhnlichen Lauf der Dinge geeignet und erforderlich ist, um den Erfolg herbeizuführen, und hat das zu unterlassen, was erfahrungsgemäss zum Misserfolg führt. Wer eine Entscheidung sorgfältig vorbereitet und an den Interessen der Stiftung ausrichtet, entspricht der *Business Judgment Rule,* selbst wenn sich die Entscheidung später als für die Stiftung nachteilig erweist.

Den Stiftungsrat trifft sodann eine **Treuepflicht** der Stiftung gegenüber, was bedeutet, dass er ihre Interessen umfassend zu wahren hat und sich nicht von sachfremden Interessen leiten lassen darf. Stiftungsorgane haben nicht fremde oder eigene, sondern als Ausfluss ihrer Treuepflicht die Interessen der Stiftung zu wahren. Auch wenn ein Interessenkonflikt besteht, hat das entsprechende Stiftungsorgan die Interessen der Stiftung zu wahren (BGer, 2C_357/2016, 12.6.2017). Es muss den Interessenkonflikt offenlegen und gegebenenfalls in den Ausstand treten.

Die Stiftungsratsmitglieder müssen schliesslich das **Geschäftsgeheimnis der Stiftung wahren** und vertrauliche Informationen Dritten gegenüber entsprechend behandeln (vgl. Art. 86 BVG für Stiftungsratsmitglieder von Personalvorsorgestiftungen).

b)   Spezifische Pflichten

Die spezifischen Pflichten sind abhängig von der Art der Stiftung, ihrer Form und ihrem Zweck. Daher ist ein umfassender Pflichtenkatalog nicht möglich. Zu den spezifischen Pflichten des Stiftungsrats gehören insbesondere:

im Bereich der Zweckumsetzung:

- Beschluss über die Stiftungszweckumsetzung und die Förder-tätigkeiten;
- zweckgemässe, effiziente, wirksame Mittelverwendung;
- Pflege der Beziehungen zu den Destinatären;
- Beschluss über den Antrag zu einer Zweckänderung;

im Bereich des Vermögensbewirtschaftung:

- Bewirtschaftung des Vermögens;
- finanzielle Führung der Stiftung, inkl. Budgetierung, Liquiditäts-planung und Buchführung (Art. 83*a* ZGB);
- Rechnungslegung, inkl. Jahresbericht und Jahresrechnung;
- Pflicht zu Massnahmen bei drohender Überschuldung und Zah-lungsunfähigkeit (Art. 84*a* Abs. 1 ZGB);

im Bereich der Organisation und Administration:

- (grundsätzlich unbeschränkte) Vertretung der Stiftung;
- Sicherstellung einer funktionierenden Organisation;
- Beschluss über den Antrag zu einer Organisationsänderung;
- Erlass, Änderung und Aufhebung von Stiftungsreglementen;
- Wahl von Mitgliedern der Organe gemäss Stiftungsurkunde;
- Bezeichnung einer Revisionsstelle (Art. 83*b* Abs. 1 ZGB);
- Geschäftsleitung;
- Nachführung der Handelsregistereinträge (Art. 94 ff. HRegV);
- Verkehr mit den Behörden, insbesondere der Aufsichtsbehörde im Rahmen der jährlichen Berichterstattung und den Steuer-behörden.

Weitere Pflichten ergeben sich unter anderem aus den kantonalen Stiftungsaufsichtsverordnungen.

c) Delegation

Soweit das Gesetz oder die Stiftungsurkunde eine Aufgabe nicht zwingend dem Stiftungsrat zuweist, kann dieser sie an ein anderes Organ bzw. die Geschäftsleitung oder auch an Dritte **delegieren.** Formal kann dies in einem Stiftungsreglement, aber – vor allem bei befristeter Delegation – auch in einer Richtlinie oder einem Stiftungsratsbeschluss, bei Dritten in einem Vertrag geschehen.

Bei der Delegation von Aufgaben ist für eine angemessene institutionalisierte Berichterstattung zu sorgen. Auch im Falle zulässiger Delegation bleibt der Stiftungsrat (analog Art. 754 Abs. 2 OR) **für die Auswahl, Instruktion und Überwachung verantwortlich.**

Die Delegation ist grundsätzlich jederzeit widerrufbar. Je nach der vertraglichen Grundlage (Arbeitsvertrag, Auftrag etc.) können nach einem Widerruf aber finanzielle Pflichten noch weiterlaufen oder entstehen.

12. Stiftungsratsausschüsse

Es liegt in der Organisationskompetenz des Stiftungsrats, Ausschüsse zu bilden, zu erneuern, zu ändern oder aufzuheben, auch wenn der Stifter dies nicht vorgeschrieben hat. Dies können **ständige** oder **Ad-hoc-Ausschüsse** sein. Bestimmt der Stiftungsrat ein oder mehrere Mitglieder, die sich um eine ihm obliegende Aufgabe zu kümmern haben, liegt keine Delegation, sondern eine organisatorische Massnahme vor (BGer, 9C_263/2014, 18.12.2014). Insbesondere bei ständigen Ausschüssen ist die Festlegung eines **Reglements** oder einer **Richtlinie** angezeigt.

In der Praxis bewähren sich vor allem folgende Ausschüsse:

- **Präsidialausschuss** (permanent): setzt sich in der Regel zusammen aus Präsident, Vizepräsident und dem Geschäftsführer mit beratender Funktion, bereitet für den Gesamtstiftungsrat die

Geschäfte vor und kann weniger wichtige Geschäfte auch selbst entscheiden;

- **Nominierungsausschuss** (ad hoc): bereitet die Nachfolge im Stiftungsrat, die Wahl von Funktionen im Stiftungsrat und die Besetzung der Geschäftsleitung vor;

- **Fachausschuss** (ad hoc): bereitet einzelne Sachgeschäfte vor, die besonderes Fachwissen oder erhöhten Zeitaufwand erfordern;

- **Förderausschuss** (permanent oder ad hoc): ist zuständig für die Vorberatung von Förderbelangen, etwa betreffend die Definition von Handlungsfeldern, die Vorbereitung von wichtigen Beschlüssen im Förderbereich oder die Evaluation von Fördertätigkeiten;

- **Finanzausschuss** (permanent): zuständig für finanzielle Belange (Budgetvorbereitung, Jahresrechnung, Entschädigungs- und Salärfragen etc.); an seine Stelle können auch ein **Anlageausschuss** (permanent oder ad hoc) sowie ein **Finanzprüfungsausschuss** (permanent) treten.

13. Berater

Es ist dem Stiftungsrat grundsätzlich immer und bei allen seinen Tätigkeiten erlaubt, Berater beizuziehen, und in manchen Fällen – insbesondere, wenn ihm die erforderlichen Kompetenzen abgehen – ist er sogar dazu verpflichtet.

14. Haftung

a) Allgemeines

Die Mitglieder des Stiftungsrats oder anderer Organe können persönlich verantwortlich werden für der Stiftung (oder Dritten) zugefügten Schaden. Sie haften mit ihrem ganzen Vermögen. Für

Personalvorsorgestiftungen vgl. Art. 89*a* Abs. 6 Ziff. 6 ZGB und Art. 52 BVG.

Ihre Haftung ist gesetzlich nicht spezifisch geregelt. Sie ergibt sich nach ständiger Praxis aus den Haftungsregeln des allgemeinen Teils des Obligationenrechts sowie des Arbeitsrechts (Art. 319 ff. OR) und des Auftragsrechts (Art. 394 ff. OR).

Die **Geschäftsführung** haftet in der Regel aus Arbeitsrecht, die **Revisionsstelle** aus Auftragsrecht.

Neben der **Haftung aus Vertrag** können die Organmitglieder gegenüber der Stiftung aufgrund einer Widerrechtlichkeit **aus Delikt** (Art. 41 ff. OR) haften und aus **ungerechtfertigter Bereicherung** (Art. 62 ff. OR).

b) Voraussetzungen der Haftung aus Vertrag

Organmitglieder haften gegenüber der Stiftung aus Vertrag

– für jeden Schaden, den sie ihr

– durch Pflichtverletzung

– schuldhaft (das Verschulden wird vermutet) und

– adäquat kausal verursachen.

Die Sorgfaltspflicht bestimmt sich nicht nach den Fachkenntnissen der Verantwortlichen, sondern nach objektiven Kriterien (BGer, 9C_263/2014, 18.12.2014).

Gegenüber Dritten wie Destinatären haften die Stiftungsratsmitglieder aus unerlaubter Handlung oder aus ungerechtfertigter Bereicherung.

In Stiftungen, die Arbeitnehmer beschäftigen, ist stets die **Arbeitgeberorganhaftung** zu beachten (Art. 52 Abs. 2 AHVG). Die Mitglieder des Stiftungsrats und auch der Geschäftsleitung, die als Arbeitgeberinnen auftreten, werden davon erfasst. Kann die Stiftung die Sozialversicherungsbeiträge nicht leisten, haften dafür die für sie handelnden Personen persönlich, sofern ihnen Absicht oder Grobfahrlässigkeit zur Last gelegt werden kann. Die Gerichtspraxis hat daraus (höchst stossenderweise) praktisch eine Kausalhaftung gemacht.

Die Haftung beginnt gleich mit Amtsantritt. Es gibt keine Karenz- oder Einarbeitungsfrist. Dies bedingt, dass sich angehende Stiftungsratsmitglieder schon **vor der Mandatsübernahme** ein hinreichendes Bild verschaffen (BGer, 9C_263/2014, 18.12.2014). Ihr Ende findet die Haftung mit dem effektiven Ende der Organstellung (Sozialversicherungsgericht ZH, BV.2018.00016, 30.9.2021, E. 3.3.2.1).

c) **Haftungsreduktion**

Eine Haftungsreduktion im Falle von Absicht oder grober Fahrlässigkeit ist unzulässig (vgl. Art. 100 Abs. 1 OR). Nach der Praxis erfolgt auch keine Haftungsmilderung bei ehrenamtlicher Tätigkeit (Sozialversicherungsgericht ZH, BV.2018.00016, 30.9.2021, E. 5.4.2.3). Umstritten ist, ob der Stifter in der Stiftungsurkunde für Fälle leichter Fahrlässigkeit eine Haftungsreduktion vorsehen kann.

d) **Keine Entlastung**

Im Aktienrecht kann die Generalversammlung den Mitgliedern der Organe Décharge oder «Entlastung» erteilen (Art. 698 Abs. 2 Ziff. 5 OR). Dies bedeutet grundsätzlich einen Verzicht der Gesellschaft auf die Geltendmachung von Schadenersatzansprüchen, insbesondere auf Verantwortlichkeitsklagen nach Art. 754 ff. OR. Bei Stiftungen fehlt ein Organ wie die Generalversammlung. Bei ihnen erfolgt deshalb keine Décharge. Weder kann die Aufsichtsbehörde dem Stiftungsrat noch dieser sich selbst Entlastung erteilen.

e)   Mehrere Haftpflichtige

Sind für einen Schaden mehrere Personen ersatzpflichtig, ist jede von ihnen insoweit mit den anderen solidarisch haftbar, als ihr der Schaden aufgrund ihres eigenen Verschuldens und der Umstände persönlich zurechenbar ist (differenzierte Solidarität, Art. 50 Abs. 1, 51, 143 f., 759 Abs. 1 OR). Gestützt auf Art. 44 Abs. 2 OR kann sich eine Reduktion der Schadenersatzpflicht bei einzelnen Beklagten ergeben, die durch die Leistung des Ersatzes in eine Notlage versetzt würden.

f)   Versicherung

Für viele Stiftungsratsmitglieder kann es sich empfehlen, eine Organhaftpflicht-Versicherung abzuschliessen.

g)   Legitimation

Die Geltendmachung von Verantwortlichkeitsansprüchen steht der Stiftung zu. Es versteht sich allerdings leicht, dass der Stiftungsrat, der die Stiftung vertritt, eher selten gegen sich selbst oder einzelne seiner Mitglieder klagt. Wenn das Prozesskostenrisiko als zu hoch eingestuft werden kann, trifft ihn dazu auch keine Pflicht (BGer, 2A.579/2006, 21.3.2007). Die Aufsichtsbehörde ist ihrerseits nicht zur Klage legitimiert. Sie kann aber die Stiftung zur Erhebung von Verantwortlichkeitsklagen gegen ihre (gegenwärtigen oder früheren) Organe anweisen, dafür einen Sachwalter bestellen (Art. 83*d* Abs. 1 Ziff. 2 ZGB) oder neue Stiftungsratsmitglieder (die dann klagen) einsetzen.

§ 5 Revisionsstelle

Art. 83b ZGB

[1] Das oberste Stiftungsorgan bezeichnet eine Revisionsstelle.

[2] Die Aufsichtsbehörde kann eine Stiftung von der Pflicht befreien, eine Revisionsstelle zu bezeichnen. Der Bundesrat legt die Voraussetzungen der Befreiung fest.

[3] Soweit für Stiftungen keine besonderen Vorschriften bestehen, sind die Vorschriften des Obligationenrechts über die Revisionsstelle bei Aktiengesellschaften entsprechend anwendbar.

[4] Ist die Stiftung zu einer eingeschränkten Revision verpflichtet, so kann die Aufsichtsbehörde eine ordentliche Revision verlangen, wenn dies für die zuverlässige Beurteilung der Vermögens- und Ertragslage der Stiftung notwendig ist.

1. Revisionsstellenpflicht

a) Grundsatz

Gewöhnliche Stiftungen müssen eine Revisionsstelle bezeichnen (Art. 83b Abs. 1 ZGB). Gemäss Art. 87 Abs. 1bis ZGB besteht dagegen für Familienstiftungen und kirchliche Stiftungen keine solche Pflicht. Sie können dies jedoch auf freiwilliger Basis tun.

Als formelles Organ wird die Revisionsstelle im Handelsregister eingetragen (Art. 95 Abs. 1 lit. m HRegV).

b) Ausnahmen von der Revisionsstellenpflicht

Gegenüber dem Grundsatz legt Art. 83b Abs. 2 ZGB die Ausnahme fest: Danach kann die Aufsichtsbehörde die Stiftung von der Pflicht zur Bezeichnung einer Revisionsstelle befreien. Diese Befreiung ist unter drei **kumulativen Voraussetzungen** möglich (Art. 1 Abs. 1 der

Verordnung über die Revisionsstelle von Stiftungen vom 24. August 2005):

- wenn die Bilanzsumme der Stiftung in zwei aufeinander folgenden Geschäftsjahren kleiner ist als CHF 200'000 (Abs. 1 lit. a); und

- wenn die Stiftung nicht öffentlich zu Spenden oder sonstigen Zuwendungen aufruft (Abs. 1 lit. b). Das bedeutet auch, dass die Stiftung auf ihrer Website keine Bankverbindung publiziert (BVGer, B-3779/2016, 16.3.2018); und

- wenn die Revision nicht für eine zuverlässige Beurteilung der Vermögens- und Ertragslage der Stiftung notwendig ist (Abs. 1 lit. c).

Die Befreiung der Stiftung von der Revisionspflicht erfolgt nicht von Amtes wegen, sondern auf Antrag des Stiftungsrats. Dieser Antrag kann bereits im Zeitpunkt der Stiftungserrichtung gestellt werden (BVGer, B-1546/2020, 28.6.2021).

Eine Aufsichtsbehörde kann eine Stiftung von der Revisionsstellenpflicht befreien, wenn alle Voraussetzungen erfüllt sind, muss es aber nicht.

Die Befreiung von der Revisionspflicht entbindet die Stiftung nicht von der Pflicht, der Aufsichtsbehörde Rechenschaft abzulegen (BGer, 5A_853/2020, 16.3.2021).

Art. 1 Abs. 2 der genannten Verordnung sieht vor, dass die Aufsichtsbehörde die Befreiung **widerrufen** muss, wenn entweder eine oder mehrere der Befreiungsvoraussetzungen nicht mehr erfüllt sind (VGer ZH, VB.2020.00329, 1.9.2020) oder wenn dies für eine zuverlässige Beurteilung der Vermögens- und Ertragslage der Stiftung notwendig ist. Der Widerruf kann dazu beitragen, dass der Stiftungsrat mithilfe der Revisionsstelle seiner Pflicht zur Dokumentation der Vermögens- und Ertragslage der Stiftung nachkommen kann (BGer, 5A_853/2020, 16.3.2021).

2. Voraussetzungen an die Revisionsstelle

a) Fachliche Qualifikation der Revisionsstelle

Das Stiftungsrecht sieht keine ausdrückliche Regelung betreffend Qualifikation der Revisionsstelle vor, weshalb auch in dieser Hinsicht die aktienrechtlichen Vorschriften sinngemäss zur Anwendung gelangen:

- Das Gesetz unterscheidet zwischen der ordentlichen und der eingeschränkten Revision (vgl. unten S. 89 f.). Publikumsgesellschaften, die zur ordentlichen Revision verpflichtet sind, müssen als Revisionsstelle ein staatlich beaufsichtigtes Revisionsunternehmen nach den Vorschriften des Revisionsaufsichtsgesetzes (RAG) bezeichnen (Art. 727*b* Abs. 1 OR). Unter den Begriff der Publikumsgesellschaft fallen:

- Gesellschaften, die Beteiligungspapiere an einer Börse kotiert (lit. a) oder Anleihensobligationen ausstehend haben (lit. b) oder mindestens 20 Prozent der Aktiven oder des Umsatzes zur Konzernrechnung einer Gesellschaft nach lit. a oder b beitragen (lit. c). Lit. b und c dieser Vorschrift sind auch auf die Stiftungen anwendbar;

- Gesellschaften, die in zwei aufeinanderfolgenden Geschäftsjahren zwei der nachfolgenden Grenzwerte überschreiten (Art. 727 Abs. 1 Ziff. 2 OR): Bilanzsumme von CHF 20 Mio. (lit. a); Umsatzerlös von CHF 40 Mio. (lit. b); 250 Vollzeitstellen im Jahresdurchschnitt (lit. c).

Diese Voraussetzungen erfüllen Stiftungen selten.

- Alle anderen Stiftungen, die zur ordentlichen Revision verpflichtet sind (nach Art. 727 Abs. 1 Ziff. 2 und 3 sowie Abs. 2 OR und Art. 83*b* Abs. 4 ZGB) – nicht jedoch jene, die eine freiwillige ordentliche Revision nach Art. 727 Abs. 3 OR durchführen –, müssen als Revisionsstelle einen zugelassenen Revisionsexperten nach den Vorschriften des RAG bestimmen (Art. 727*b* Abs. 2 OR).

- Stiftungen, die lediglich zur eingeschränkten Revision verpflichtet sind, müssen als Revisionsstelle nur einen zugelassenen Revisor gemäss RAG bezeichnen (Art. 727c OR).
- Wo keine Revisionspflicht besteht (wie bei Familienstiftungen und kirchlichen Stiftungen) und die Stiftung freiwillig eine Revision durchführt, genügt ein einfacher Revisor.

b)   Unabhängigkeit

Auch in Bezug auf die Unabhängigkeit der Revisionsstelle wird auf die aktienrechtlichen Vorschriften verwiesen. Nach Art. 728 Abs. 1 OR muss die Revisionsstelle bei der ordentlichen Revision unabhängig sein und sich ihr Prüfungsurteil objektiv bilden. Diese Unabhängigkeit darf weder tatsächlich noch dem Anschein nach beeinträchtigt sein. Mit der Unabhängigkeit ist bei Stiftungen analog zu Art. 728 Abs. 2 OR insbesondere nicht vereinbar:

- die Mitgliedschaft im Stiftungsrat, eine andere Entscheidungsfunktion in der Stiftung oder ein arbeitsrechtliches Verhältnis zu ihr (Ziff. 1);
- ein Revisor, der Destinatär ist oder eine wesentliche Forderung oder Schuld gegenüber der Stiftung hat (Ziff. 2);
- eine enge Beziehung des leitenden Prüfers zu einem Mitglied des Stiftungsrats oder zu einer anderen Person mit Entscheidungsfunktion oder zu einem bedeutenden Destinatär (Ziff. 3);
- das Mitwirken bei der Buchführung sowie das Erbringen anderer Dienstleistungen, wodurch das Risiko entsteht, als Revisionsstelle die eigene Arbeit überprüfen zu müssen (Ziff. 4);
- die Übernahme eines Auftrags der Stiftung, der zur wirtschaftlichen Abhängigkeit führt (Ziff. 5);
- der Abschluss eines Vertrags zu nicht marktkonformen Bedingungen oder eines Vertrags, der ein Interesse der Revisionsstelle am Prüfungsergebnis begründet (Ziff. 6);
- die Annahme von wertvollen Geschenken oder von besonderen Vorteilen (Ziff. 7).

Auch bei der **eingeschränkten Revision** muss die Revisionsstelle nach Art. 729 Abs. 1 OR unabhängig sein. Die in Art. 728 Abs. 2 OR aufgeführten Ausschlussgründe können dabei als Richtlinie für die Unabhängigkeit verwendet werden. Art. 729 Abs. 2 OR erlaubt die Mitwirkung bei der Buchführung sowie die Erbringung anderer Dienstleistungen für den Revisor. Besteht jedoch das Risiko der Überprüfung eigener Arbeiten, muss durch geeignete organisatorische und personelle Massnahmen eine verlässliche Prüfung sichergestellt werden.

Die Unabhängigkeit der Revisionsstelle muss nicht nur im Moment der Mandatierung gegeben sein, sondern während der ganzen Dauer des Mandats.

c)   **Sitz oder Wohnsitz**

Mindestens ein Mitglied der Revisionsstelle muss seinen Wohnsitz, (bei juristischen Personen) seinen Sitz oder eine eingetragene Zweigniederlassung in der Schweiz haben (Art. 730 Abs. 4 OR i.V.m. Art. 83*b* Abs. 3 ZGB).

3.   Wahl und Amtsdauer

Die Revisionsstelle wird vom Stiftungsrat «bezeichnet», womit eine Wahl gemeint ist. Nimmt sie die Offerte an, entsteht ein organschaftliches Rechtsverhältnis zwischen Stiftung und Revisionsstelle.

Die Amtsdauer beträgt ein bis drei Geschäftsjahre. Wiederwahl ist zulässig. Wo eine ordentliche Revision stattfindet, muss der leitende Revisor spätestens nach sieben Jahren ausgewechselt (Art. 730*a* Abs. 2 OR) und darf erst nach drei Jahren wieder eingesetzt werden. Diese Vorschrift soll einer zunehmenden «Betriebsblindheit» entgegenwirken.

Ein **Rücktritt** ist jederzeit möglich. Da die Revisionsstelle ein zwingendes Organ ist, stellt der Rücktritt wohl eine «wichtige

Mitteilung» i.S.v. Art. 83 ZGB dar, weshalb die Revisionsstelle die Aufsichtsbehörde über ihren Rücktritt und dessen Gründe zu informieren hat.

4. Art der Revision

Soweit für Stiftungen keine besonderen Vorschriften bestehen, sind nach Art. 83*b* Abs. 3 ZGB für die Art der Revision die Vorschriften des Obligationenrechts über die Revisionsstelle bei Aktiengesellschaften entsprechend anwendbar. Durch die Verwendung von «entsprechend» ergibt sich jedoch, dass die Vorschriften grundsätzlich nur **sinngemäss, analog anwendbar** sind. Dies ist hingegen dort ausgeschlossen, wo eine abschliessende gesetzliche Regelung durch das Stiftungsrecht besteht.

Die aktienrechtlichen Vorschriften zur Revisionsstelle sehen zwei Arten der Revision vor: die ordentliche Revision (Art. 727 OR) und die eingeschränkte Revision (Art. 727*a* OR).

a) Ordentliche Revision

Zur ordentlichen Revision sind die Publikumsgesellschaften nach Art. 727 Abs. 1 Ziff. 1 OR verpflichtet. Zudem greift die ordentliche Revision Platz,

- wenn eine konsolidierte Konzernrechnung erstellt werden muss (Art. 727 Abs. 1 Ziff. 3 OR). Das kann bei Unternehmensstiftungen der Fall sein, die ein nach kaufmännischer Art geführtes Gewerbe betreiben;

- wenn gemäss Art. 83*b* Abs. 4 ZGB die Aufsichtsbehörde eine ordentliche Revision verlangt, da dies für die zuverlässige Beurteilung der Vermögens- und Ertragslage notwendig ist;

- wo sie **freiwillig** durchgeführt wird (Art. 727 Abs. 3 OR).

b)   Eingeschränkte Revision

Wenn keine ordentliche Revision durchzuführen ist oder freiwillig durchgeführt wird, muss die Stiftung ihre Jahresrechnung **eingeschränkt** prüfen lassen (Art. 727a OR). Dies ist der **Regelfall.**

5.   Pflichten der Revisionsstelle

Der Auftrag der Revisionsstelle ergibt sich aus dem Gesetz – auch hier sind die aktienrechtlichen Vorschriften analog anwendbar –, allenfalls auch aus der Stiftungsurkunde oder Stiftungsreglementen, und darüber hinaus können der Revisionsstelle auftragsrechtlich weitere Aufgaben übertragen werden.

a)   Bei der ordentlichen Revision

Nach Art. 728a Abs. 1 Ziff. 1 OR hat die Revisionsstelle bei der ordentlichen Revision zu überprüfen, ob die Jahresrechnung und gegebenenfalls die Konzernrechnung den gesetzlichen Vorschriften, den Statuten und dem gewählten Regelwerk entsprechen. An die Stelle der aktienrechtlichen Statuten tritt die Stiftungsurkunde. Nach Art. 728a Abs. 1 Ziff. 2 OR hat die Revisionsstelle zudem zu prüfen, ob der Antrag des Verwaltungsrats an die Generalversammlung über die Verwendung des Bilanzgewinnes den gesetzlichen Vorschriften und den Statuten entspricht. Die Stiftung kennt indes keine Generalversammlung, also auch keinen Antrag an sie. Es fällt deshalb schwer zu sehen, inwiefern eine analoge Anwendung von Ziff. 2 über jene von Ziff. 1 hinausgehen könnte.

b)   Internes Kontrollsystem, Risikobeurteilung

Schliesslich muss die Revisionsstelle bei wirtschaftlich bedeutenden Stiftungen überprüfen, ob ein Internes Kontrollsystem (IKS) existiert (Art. 728a Abs. 1 Ziff. 3 ZGB). Nach einer häufigen Definition versteht man darunter die Gesamtheit der internen Kontrollmassnahmen zur Überwachung und Steuerung der Prozesse von Stiftungen, insbesondere von solchen finanzieller Art. Im Wesentlichen geht es darum, Überwachungsregeln und -abläufe vorzusehen, die für eine ordnungsgemässe Geschäftsleitung und den angemessenen Umgang mit den stiftungsspezifischen Risiken erforderlich sind. Das IKS greift über das blosse Rechnungswesen hinaus und umfasst sämtliche Stiftungsbereiche. Eines seiner wichtigsten Ziele ist es, potentielle Risiken und Schwachstellen frühzeitig zu entdecken und dadurch Schaden zu vermeiden.

Stiftungen, die der ordentlichen Revision unterliegen, müssen jährlich eine **Risikobeurteilung** durchführen und nach Art. 961*c* OR deren Ergebnisse im Lagebericht offenlegen. Swiss GAAP FER 21 empfiehlt auch für die anderen Stiftungen, im Jahresbericht eine Risikobeurteilung wiederzugeben.

c)   **Bericht**

In analoger Anwendung von Art. 728*b* Abs. 1 OR muss die Revisionsstelle das Ergebnis der Prüfung in einem umfassenden Bericht zuhanden des Stiftungsrats mit Feststellungen über die Rechnungslegung, das interne Kontrollsystem sowie die Durchführung und das Ergebnis der Revision festhalten.

Nach Art. 728*b* Abs. 2 OR muss zuhanden der Generalversammlung zusätzlich ein zusammenfassender Bericht ausgestellt werden über das Ergebnis der Revision, mit einer Stellungnahme zum Ergebnis der Prüfung, Angaben zur Unabhängigkeit, Angaben zur Person, welche die Revision vorgenommen hat, sowie einer Empfehlung, ob die Jahresrechnung und die Konzernrechnung mit oder ohne Einschränkung zu genehmigen oder zurückzuweisen sind. Da Stiftungen über keine Generalversammlung verfügen, kann auf diesen zusätzlichen Bericht grundsätzlich verzichtet werden. Davon ausgenommen können **Unternehmensstiftungen** sein: Da sie unter gewissen Bedingungen (Art. 83*a* ZGB i.V.m. Art. 958*e* OR) zur Offenlegung des zusammenfassenden Revisionsberichts verpflichtet werden können, muss dieser gegebenenfalls erstellt werden.

d)   Bei der eingeschränkten Revision

Die eingeschränkte Revision beschränkt sich nach Art. 729*a* Abs. 1 OR auf die Überprüfung, ob Sachverhalte vorliegen, aus denen zu schliessen ist, dass die Jahresrechnung nicht den gesetzlichen Vorschriften und den Statuten (Ziff. 1) oder der Antrag des Verwaltungsrats an die Generalversammlung über die Verwendung des Bilanzgewinnes nicht den gesetzlichen Vorschriften und den Statuten entspricht (Ziff. 2). Anders als bei der ordentlichen Revision ist die Überprüfung nur **summarisch** (Abs. 2).

Nach Art. 729*b* Abs. 1 OR muss lediglich ein zusammenfassender Bericht verfasst werden, der nebst einem Hinweis auf die eingeschränkte Natur der Prüfung (Ziff. 1) eine Stellungnahme zum Ergebnis der Prüfung (Ziff. 2) enthält, Angaben zur Unabhängigkeit und gegebenenfalls zum Mitwirken bei der Buchführung und zu anderen Dienstleistungen, die für die zu prüfende Gesellschaft erbracht wurden (Ziff. 3), sowie Angaben zur Person, welche die Revision geleitet hat, und zu deren fachlicher Befähigung (Ziff. 4).

e)   Pflichten bei Überschuldung

Zusätzliche Pflichten kommen der Revisionsstelle zu, wenn die Stiftung zahlungsunfähig oder überschuldet ist (Art. 84*a* Abs. 2 ZGB; vgl. unten S. 111 ff.).

f)   Keine weiteren Aufgaben

Nicht zu den Pflichten der Revisionsstelle gehört die Überprüfung der Geschäftsleitung (Art. 728*a* Abs. 3 und 729*a* Abs. 3 OR).

Es ist verfehlt, der Revisionsstelle die Aufgabe zuzuweisen, sie habe die Einhaltung der Bestimmungen des Stiftungsstatuts (Stiftungsurkunde und Reglemente) zu überprüfen. Darin würde sich ein bedenkliches Misstrauen dem Stiftungsrat gegenüber manifestieren – das der Gesetzgeber gerade nicht kennt! Die Revisionsstelle ist zu einer solchen «Überwachung» in der Regel mangels Fachkompetenz auch gar nicht in der Lage. Damit die Revisionsstelle ihre Unabhängigkeit nicht verliert und sich auf ihre gesetzlichen Pflichten konzentrieren kann, empfiehlt es sich vielmehr, **der Revisionsstelle keine über das Gesetz hinausgehenden Aufträge zu erteilen** (vgl. Art. 728 Abs. 2 Ziff. 5 OR).

6. Verhältnis zur Aufsichtsbehörde

> **Art. 83c ZGB**
>
> Die Revisionsstelle übermittelt der Aufsichtsbehörde eine Kopie des Revisionsberichts sowie aller wichtigen Mitteilungen an die Stiftung.

Sowohl bei der ordentlichen als auch bei der eingeschränkten Revision muss die Revisionsstelle ihren Bericht und alle anderen wichtigen Mitteilungen an die Stiftung der Aufsichtsbehörde in Kopie übermitteln (Art. 83c ZGB). Diese Anordnung, am 1. Januar 2008 in Kraft getreten, ist keine gesetzgeberische Glanzleistung (das Bezirksgericht Zürich sprach von Rechtsetzungsschwäche, ZR 106 [2007] 280) und sollte aufgehoben oder mindestens modifiziert werden. Sie macht die Revisionsstelle zur Handlangerin der Aufsichtsbehörde, wobei der Stiftungsrat als oberstes Stiftungsorgan übergangen wird. Solche Pflichten sollten nur für den Fall vorgesehen werden, dass der Stiftungsrat diese Meldungen unterlässt.

7. Haftung der Revisionsstelle

Revisoren haften grundsätzlich nach Auftragsrecht (Art. 398 i.V.m. 97 ff. OR) oder aus Delikt (Art. 41 ff. OR).

§ 6   Weitere Elemente

1.   Sitz

a)   Rechtssitz

Eine dem Schweizer Recht und schweizerischen Aufsichtsbehörden unterstellte Stiftung muss ihren Sitz in der Schweiz haben. Innerhalb der Schweiz kann er frei gewählt werden.

Der Sitz der Stiftung ist ausschlaggebend für den Ort der **Handelsregistereintragung.** Ausserdem bestimmt sich der **Betreibungsort** (Art. 46 Abs. 2 SchKG) und unter Umständen der **Gerichtsstand** (Art. 10 Abs. 1 lit. b ZPO) danach. Hingegen ergibt sich nicht notwendigerweise die Zuständigkeit der Aufsichtsbehörde aus dem Sitz. Für die **Steuerpflicht** ist primär der **Ort der tatsächlichen Verwaltung** der Stiftung massgebend (vgl. Art. 50 DBG); in der Regel wird dieser mit dem Sitz übereinstimmen.

Ist der Sitz einer Stiftung in der Stiftungsurkunde enthalten, kann er nur durch eine entsprechende Änderung der Stiftungsurkunde geändert werden, d.h. durch Verfügung der Aufsichtsbehörde, üblicherweise auf Antrag des Stiftungsrats (vgl. Art. 86*b* ZGB). Wird der Sitz jedoch lediglich in einem Stiftungsreglement verankert, kann der Stiftungsrat ihn selbst durch dessen Änderung verlegen. In diesem Fall ist keine Zustimmung der Aufsichtsbehörde erforderlich.

b)   Tatsächliche Verwaltung

Im Handelsregister kann neben dem Sitz auch die Geschäftsadresse eingetragen werden. Möglich sind auch mehrere Geschäftsadressen.

Der Ort der tatsächlichen Verwaltung kann vom Rechtssitz abweichen. Zum Beispiel kann die **Geschäftsadresse** beständig bleiben, während der Sitz dem Wohnsitz des jeweiligen Präsidenten entspricht. Oder umgekehrt bleibt der Sitz fest, aber die tatsächliche

Verwaltung ändert mit dem Wohnsitz des jeweiligen Geschäfts-
führers.

2. Name

Die Stiftung hat keine Firma (wie die Gesellschaften), sondern einen
Namen. Sie **muss** einen Namen und darf nur **einen** Namen haben,
den sie auch zu gebrauchen hat (**Namensgebrauchspflicht**, vgl.
Art. 954a Abs. 1 OR).

Der Stifter kann den Namen der Stiftung grundsätzlich frei wählen.
Die Namensgebung für Stiftungen untersteht dabei dem Namens-
recht des ZGB (Art. 29 f. ZGB). Die firmenrechtlichen Bestimmungen (Art. 944 ff. OR) gelten grundsätzlich nicht.

Der Name der Stiftung kann aus **Phantasiebezeichnungen** wie
aus **Personen- oder Sachbezeichnungen** gebildet werden. Gemäss
Art. 26 HRegV muss er wahr sein (**Wahrheitsgebot**). Er darf sodann nicht täuschen (**Täuschungsverbot**), nicht zu Verwechslun-
gen führen (**Klarheitsgebot**) und keinen öffentlichen Interessen
widersprechen.

Der Rechtsformzusatz «Stiftung» muss im Namen nicht enthalten
sein, sofern Dritte auf das Bestehen einer Stiftung schliessen können (BVGer, B-633/2014, 12.11.2004). Denkbar ist auch eine Bezeichnung wie «Institut» oder «Foundation». Hingegen darf der
Rechtsformzusatz «Gesellschaft» nicht verwendet werden, da er
dem Wahrheitsgebot widerspricht. Anlehnungen an den Staat oder
staatliche Organisationen («eidgenössisch», «kantonal», «kommu-
nal» usw.) sind nicht erlaubt, hingegen nationale, territoriale und
regionale Elemente («schweizerisch», «Zürcher», «international»
etc.), sofern sie insbesondere dem Wahrheits- und dem Klarheitsgebot gerecht werden.

Bei **Kollisionen** mit dem Namen einer schon bestehenden Stiftung
gilt der Grundsatz der zeitlichen Priorität: Wer als Erster einen Na-

men verwendet, wird davor geschützt, dass sich später ein anderer einen Namen gibt, der den ersten in seinen Persönlichkeitsrechten verletzt.

Massgebend ist die in der Stiftungsurkunde verwendete Schreibweise. Wird der Name **in mehreren Sprachen** gefasst, sind alle Fassungen, die inhaltlich übereinstimmen müssen, ins Handelsregister einzutragen (Anleitung und Weisung an die Handelsregisterbehörden für die Bildung und Prüfung von Firmen und Namen vom 1. Juli 2016, N 24).

Wird der Name einer Stiftung in der Stiftungsurkunde verankert, kann er nur (üblicherweise auf Antrag des Stiftungsrats) durch die Aufsichtsbehörde **geändert** werden (vgl. Art. 86b ZGB). Ist er hingegen in einem Stiftungsreglement enthalten, kann der Stiftungsrat ihn durch Änderung des Reglements ändern. Auch kann der Stifter in der Stiftungsurkunde festlegen, dass sich der Name nach Eintritt eines bestimmten Ereignisses ändert, zum Beispiel mit seinem Tod oder nach einem bestimmten Datum.

5. Teil   Das Leben der Stiftung

§ 1   Die Stiftung als Wirkungseinheit

Die Stiftung ist eine Wirkungseinheit. Alle ihre Tätigkeiten gehören zusammen. In allem haben sich die Stiftungsorgane zu bemühen, den in der Stiftungsurkunde festgehaltenen Stifterwillen umzusetzen. Insbesondere besteht zwischen der Fördertätigkeit und der Vermögensbewirtschaftung ein enger Zusammenhang: Die Förderstrategie ist abhängig von den verfügbaren Mitteln, und umgekehrt ist der Finanzbedarf der Förderung in der Anlagestrategie zu berücksichtigen. Das ganze Stiftungshandeln soll im Dienst der Wirkungsoptimierung stehen.

§ 2   Stiftungsreglemente und Richtlinien

Neben der Stiftungsurkunde, auf der die Stiftung basiert, werden regelmässig Stiftungsreglemente und Richtlinien erlassen. Sie können sich inhaltlich auf alle Bereiche der Stiftungstätigkeit beziehen. Stiftungsurkunde und Stiftungsreglemente werden zusammen meist **Stiftungsstatut** genannt.

1.   Stiftungsreglemente

Stiftungsreglemente können bei der Errichtung durch den Stifter erlassen werden. Im Übrigen richtet sich die Zuständigkeit nach der Stiftungsurkunde. In ihr kann die Kompetenz zum Erlass, zur Änderung und Aufhebung von Reglementen bestimmten Stiftungsorganen zugeschrieben werden. Sofern der Stifter in der Stiftungsurkunde dafür nicht andere Organe vorgesehen hat, ist der Stiftungsrat auch ohne förmliche Ermächtigung zuständig.

Die Aufsichtsbehörde muss Stiftungsreglemente nicht genehmigen, sondern Erlass, Änderungen und Aufhebung lediglich **zur Kenntnis nehmen**. Sie übt dabei allerdings, wie in Bezug auf die ganze Tätigkeit der Stiftung, eine Rechtskontrolle aus.

Stiftungsreglemente müssen nicht öffentlich beurkundet werden, einfache **Schriftlichkeit** genügt. Auch bei Erbstiftungen können Reglemente beigegeben werden, wobei nach überwiegender Lehrmeinung die Formvorschriften zur Errichtung von Verfügungen von Todes wegen nicht eingehalten werden müssen.

Reglemente basieren auf der Stiftungsurkunde und dürfen ihr nicht widersprechen; tun sie es doch, geht die Stiftungsurkunde vor. Mit anderen Worten sind der Stiftungsurkunde widersprechende Reglementsbestimmungen nichtig. Es ist umstritten, ob darüber hinaus noch weitere Einschränkungen bestehen, zum Beispiel ein Verbot, in Reglementen Organe (Geschäftsleitung, Beirat) einzuführen, die in der Urkunde nicht genannt sind. Solche Beschränkungen hätten nur dann eine rechtliche Grundlage, wenn sie mit einem qualifizierten Schweigen des Stifters begründet werden könnten. Vom Stifter darf allerdings grundsätzlich erwartet werden, dass er sich in der Stiftungsurkunde klar äussert und nicht unklar schweigt (weshalb sein Schweigen die Folgen von Unklarheit zu vertreten hätte). Ferner liegt es im objektiven Interesse des Stifters und der Stiftung, dass der Stiftungsrat die Stiftung bestmöglich organisiert. Er hat ein Ermessen, wie er den Stiftungszweck optimal umsetzt. Dazu gehört auch die sachlich begründbare Ausgestaltung der Organisation. Deshalb ist in aller Regel von der Gestaltungsfreiheit des Stiftungsrats auszugehen.

In ein Stiftungsreglement gehört, was nicht in der Stiftungsurkunde geregelt werden kann oder soll, aber doch einer langfristigen Regelung zugeführt werden muss.

Während es nur **eine** Stiftungsurkunde gibt, können **beliebig viele Stiftungsreglemente** erlassen werden. In der Praxis kommen vor allem vor:

- Organisationsreglement (Geschäftsreglement);
- Reglement für die Wahl und die Nachfolge von Stiftungsrats-
mitgliedern;
- Förderreglement;
- Vermögensbewirtschaftungsreglement (Anlagereglement);
- Entschädigungs- und Spesenreglement.

Stiftungsreglemente, die vom Stifter erlassen wurden, sind wie die
Stiftungsurkunde nach dem Willensprinzip auszulegen: Es ist nach
dem (historischen) Willen des Stifters zu fragen. Bei vom Stiftungsrat erlassenen Reglementen ist entsprechend nach dem damaligen
Willen des Stiftungsrats zu fragen, wobei **jede Auslegung stiftungs-
urkundenkonform** sein muss. Daher ist bei der Auslegung von
Stiftungsreglementen vorfrageweise meist die Urkunde auszulegen.

2. Richtlinien

Richtlinien werden im Gesetz nicht genannt. Sie werden auch als
Weisungen, Guidelines, Codes etc. bezeichnet und sind normativ
von geringerem Rang als Stiftungsreglemente: Rechtlich haben sie
den Stellenwert von Stiftungsratsbeschlüssen. Sie dürfen weder der
Stiftungsurkunde noch Stiftungsreglementen widersprechen. Durch
sie können mittelfristige und flexibel zu haltende Festlegungen getroffen, periodisch überprüft und angepasst werden. In Frage kommen etwa:

- Anforderungsprofil für Stiftungsratsmitglieder;
- Code of Conduct;
- Regelungen betreffend die Tätigkeit der Geschäftsleitung;
- Kriterien zur Beurteilung von Projekten.

§ 3 Kooperationen

Stiftungen dürfen grundsätzlich beliebige Kooperationen eingehen. Dies kann die ganze Stiftungstätigkeit, Administration, Vermögensbewirtschaftung («Pooling») wie Förderung betreffen. Die Kooperation kann je nach geographischem Wirkungskreis der Stiftung im In- und Ausland erfolgen, wobei sich im internationalen Verhältnis spezifische Rechtsfragen, privatrechtlicher, aber auch steuerlicher Art, stellen können.

Die Frage, ob Kooperationen etwas Gutes seien, lässt sich nicht generell beantworten. Grundsätzlich gehört es zur ständigen strategischen Stiftungsarbeit, mögliche Kooperationspartner und -projekte zu identifizieren, vielleicht sogar zu evaluieren. Auch Stiftungen müssen die Märkte kennen, in denen sie sich bewegen. Dies bedeutet zugleich, dass man die eigene Stiftung **kooperationsfähig** machen und halten muss.

Der **Kooperationspartner** kann eine andere Stiftung sein, aber auch eine andere juristische Person, unabhängig davon, ob sie gemein- oder privatnützig ist, oder auch eine natürliche Person. Die Kooperation kann faktisch erfolgen oder in rechtlich verbindlicher Form und kurz- oder langfristig sein.

Kooperationen sind vor allem dort sinnvoll, wo sie versprechen, mit den eingesetzten Mitteln eine höhere Wirkung zu erzielen, den **Stiftungszweck wirksamer umzusetzen**. In Krisen können erst Kooperationen ermöglichen, dass der Zweck überhaupt noch umgesetzt wird.

Es handelt sich dabei nicht darum, dem Kooperationspartner zu helfen, es sei denn, dessen Unterstützung liege selbst im Stiftungszweck. Dann fiele der Abschluss des Kooperationsvertrags unter die Fördertätigkeit, und der Kooperationspartner wäre nicht nur Mittel zum Zweck, ein Intermediär auf dem Weg zum Destinatär, sondern selbst Destinatär.

Kooperationen können auch multilateral, von **mehreren** Parteien abgeschlossen werden.

§ 4   Stiftungsorganisation

1.   Stiftungsrat

a)   Reglementarische Regelungen

In der Stiftungsurkunde können organisatorische Prinzipien festgelegt werden. Es empfiehlt sich, Einzelheiten der Arbeit des Stiftungsrats in einem Reglement (und nicht in der schwer änderbaren Stiftungsurkunde) zu regeln, etwa:

- Amtsantritt und Amtsdauer;
- Konstituierung;
- Vertretungsbefugnisse und Zeichnungsrecht;
- Entschädigung und Spesenersatz.

b)   Stiftungsratssitzungen

Insbesondere sind die Modalitäten der Stiftungsratssitzungen festzulegen, wie:

- Zuständigkeit zur Einberufung;
- Personen, die eine Stiftungsratssitzung beantragen können;
- Häufigkeit, Rhythmus und Zeitpunkt der Sitzungen;
- Ort der Sitzungen;
- Form der Einberufung;
- minimale Einberufungsfrist;
- Traktandierungspflicht;
- Zulässigkeit der Anwesenheit und Mitwirkung von Dritten;

– Stellvertretung (grundsätzlich besteht die Pflicht, an den Stif-
  tungsratssitzungen persönlich teilzunehmen);
– Beschlussfähigkeit (Anwesenheitsquorum);
– Beschlussfassung: Die Mitglieder sind einander gleichgestellt:
  Jedes hat **eine** Stimme. Aus sachlichen Gründen kann aber einer
  Person – in der Regel dem Präsidenten – in Pattsituationen der
  Stichentscheid gegeben werden. Möglich ist auch, dass der Stifter in der Stiftungsurkunde sich selbst oder einem Dritten eine
  Genehmigung vorbehält. Analog zum Vereinsrecht werden Beschlüsse mit der einfachen Mehrheit der anwesenden Organmitglieder gefasst (vgl. Art. 67 Abs. 2 ZGB). Für wichtige Beschlüsse
  wie die Anträge zur Änderung der Stiftungsurkunde und zur
  Aufhebung der Stiftung werden häufig verschärfte («qualifi-
  zierte») Quoren (drei Viertel, zwei Drittel etc.) vorgesehen. Wird
  vom Stiftungsrat ein Entscheid getroffen, zu dessen Fassung
  nicht alle stimm- oder wahlberechtigten Mitglieder eingeladen
  worden sind, liegt ein blosser Scheinbeschluss ohne Rechtswir-
  kungen vor. Die Pflicht zur gehörigen Traktandierung erfordert
  zudem, dass die stimmberechtigten Mitglieder erkennen können, über welche Gegenstände sie zu beraten und abzustimmen
  haben (BGer, 5A_676/2015, 5.1.2016);
– Ausstandsgründe und -modalitäten, insbesondere bei **Interessenkonflikten.** Ein Interessenkonflikt besteht, wenn ein Stiftungsratsmitglied nicht nur die Interessen der Stiftung, sondern
  auch jene Dritter oder eigene Interessen verfolgt bzw. zu befolgen verpflichtet wäre oder verleitet sein könnte, wenn es etwa
  aufgrund persönlicher Verbindung oder beruflicher Tätigkeit
  aus einer Entscheidung des Stiftungsrats Vorteile für sich oder
  ihm nahestehende Personen und Institutionen ziehen könnte
  oder, anders gewendet, wenn es in einem Sachverhalt seine Aufgabe nicht unabhängig von eigenen Interessen oder jenen seines
  Arbeitgebers wahrnehmen kann. Aufgrund fehlender Kontrolle
  durch Dritte wie Mitglieder oder Gesellschafter besteht bei Stiftungen tendenziell eine erhöhte Gefahr von Interessenkonflik-

ten. Sie können sich in allen Bereichen der Stiftungstätigkeit ergeben. Soweit sie nicht vermieden werden können, sind (schon potentielle) Interessenkonflikte **offenzulegen,** und es sind ihre **Konsequenzen** zu regeln: Ausstand bei Abstimmungen oder schon bei der vorgängigen Diskussion; bei permanenten Interessenkonflikten auch der Ausschluss eines Mitglieds;

– offene oder geheime Wahlen;

– Zirkularbeschlüsse: Beschlüsse können auch schriftlich (auf dem Zirkularweg) gefasst werden (vgl. Art. 66 Abs. 2 ZGB), sofern nicht ein Mitglied eine Sitzung mit Diskussion verlangt. Mit der Durchführung von Zirkularbeschlüssen müssen demnach alle stimmberechtigten Mitglieder einverstanden sein Der Zirkularbeschluss selbst untersteht dann dem üblichen Quorum (und nicht der Einstimmigkeit, wie es manche Aufsichtsbehörden verlangen);

– Vertraulichkeit;

– Protokollierung.

2. Geschäftsleitung

Die Geschäftsleitung übernimmt die operative Tätigkeit der Stiftung. Sie bereitet die Entscheidungen des Stiftungsrats vor und führt seine Beschlüsse aus. Es geht um das **Tagesgeschäft**, also etwa um:

– das Bearbeiten von Gesuchen und den Verkehr mit den Destinatären;

– die Buchführung;

– den Zahlungsverkehr;

– das Personalwesen;

– die Öffentlichkeitsarbeit.

Der Stiftungsrat kann die Geschäftsleitung selber wahrnehmen oder – vorzugsweise, da sich eine klare Aufgabenteilung nach strategischen und operativen Managementaufgaben empfiehlt – eine separate Geschäftsleitung einsetzen. Wo dies, wie bei vielen kleinen Stiftungen, nicht möglich bzw. nicht sinnvoll ist, sollte sich der Stiftungsrat doch so organisieren, dass jene Mitglieder – gemäss dem Stiftungsreport 2022 kennen lediglich 14,6 % aller Stiftungen eine eigene Geschäftsleitung –, welche die Geschäftsleitung wahrnehmen, von den anderen kontrolliert werden.

3. Buchführung, Rechnungslegung

> **Art. 83a ZGB**
>
> Das oberste Stiftungsorgan führt die Geschäftsbücher der Stiftung. Die Vorschriften des Obligationenrechts über die kaufmännische Buchführung und Rechnungslegung gelten sinngemäss.

Alle Stiftungen, auch von der Revisionspflicht entbundene, trifft die **Buchführungspflicht**. Dabei sollen die Bestimmungen des Obligationenrechts über die kaufmännische Buchführung (Art. 957 ff. OR) angewendet werden (Art. 83a ZGB), und zwar, da sie kaum stiftungsspezifische Bestimmungen enthalten, lediglich sinngemäss.

a) Rechnungslegungsrecht

Das Rechnungslegungsrecht ist rechtsformunabhängig. Es gilt für alle Stiftungen mit Ausnahme jener, die von der Bezeichnung einer Revisionsstelle befreit sind. Für sie wird die «eingeschränkte Buchführung» verlangt, d.h., sie müssen lediglich über Einnahmen und Ausgaben Buch führen.

Das Rechnungslegungsrecht enthält **Mindestgliederungsvorgaben** für die Bilanz und die Erfolgsrechnung. Stiftungen haben zudem einen **Anhang** zur Jahresrechnung zu erstellen, in dem die Jahresrechnung ergänzt und erläutert wird. Der Inhalt ist gesetzlich festgelegt.

Der Geschäftsbericht mit Bilanz, Erfolgsrechnung und Anhang muss innert sechs Monaten nach Abschluss des Geschäftsjahrs vom Stiftungsrat genehmigt werden (vgl. Art. 958 Abs. 3 OR).

Stiftungen, die zu einer **ordentlichen Revision** verpflichtet sind, müssen einen **erweiterten Anhang,** eine **Geldflussrechnung** und einen **Lagebericht** erstellen. Ihr Abschluss muss nach einem **anerkannten Standard** erstellt werden.

Dafür bietet sich vor allem **Swiss GAAP FER 21** an, die branchenspezifischen Fachempfehlungen zur Rechnungslegung für gemeinnützige Non-Profit-Organisationen. Sie schränken die Ermessensspielräume des Obligationenrechts ein und verfolgen das Ziel der Vermittlung eines den tatsächlichen Verhältnissen entsprechenden Bildes der Vermögens-, Finanz- und Ertragslage. Ein solcher Abschluss wird meist für die Vergabe von privatrechtlichen «Gütesiegeln» verlangt, manchmal auch von Geldgebern, ferner von kantonalen Verordnungen (vgl. die am 1. Januar 2022 in Kraft getretene Verordnung des Kantons Bern über die sozialen Leistungsangebote, SLV).

Eine von Nationalrat Lukas Reimann am 5. Mai 2021 eingereichte Motion «Angemessene Cheflöhne und Transparenz für gemeinnützige Organisationen, Verbindlichkeit des Rechnungsstandards Swiss GAAP FER, inkl. FER 21» strebt an, dass für gemeinnützige Organisationen, die von der öffentlichen Hand unterstützt werden oder steuerbefreit sind, die Rechnungslegungsstandards Swiss GAAP FER inkl. FER 21 eine zwingende Voraussetzung für die Unterstützung bzw. die Steuerbefreiung werden. Der Bundesrat beantragte am 30. Juni 2021 die Ablehnung der Motion.

Für Stiftungen, die sowohl nach Swiss GAAP FER 21 als auch nach Obligationenrecht abschliessen, empfiehlt sich ein dualer Abschluss, der Anforderungen beider Rechnungslegungsnormen entspricht, so dass nicht zwei gesonderte Jahresrechnungen erstellt werden müssen.

b)   Konsolidierungspflicht bei kontrollierten Stiftungen

Nach Art. 963 Abs. 1 und 2 OR muss eine rechnungspflichtige juristische Person eine **Konzernrechnung** erstellen, wenn sie ein anderes Unternehmen (oder auch eine Stiftung) **kontrolliert**. Dies ist dann der Fall,

- wenn das kontrollierende Unternehmen direkt oder indirekt (zum Beispiel mittels treuhänderisch eingesetzter Stiftungsratsmitglieder) über die **Mehrheit** der Stimmen im Stiftungsrat der kontrollierten Stiftung verfügt; oder

- wenn sie direkt oder indirekt über das Recht verfügt, die Mehrheit der Mitglieder des Stiftungsrats zu wählen oder abzuwählen; oder

- wenn sie aufgrund der Stiftungsurkunde, eines Vertrags oder auf andere Weise einen beherrschenden Einfluss ausüben kann.

In diesen Fällen erwächst ihr die **Konsolidierungspflicht,** d.h., sie muss in ihre Rechnungslegung die Stiftung als kontrolliertes Unternehmen einbeziehen. Von der Pflicht zur Erstellung einer Konzernrechnung befreit sind unter anderem Unternehmen, die zusammen mit den kontrollierten Unternehmen (hier der Stiftung) zwei der nachstehenden Kriterien in zwei aufeinanderfolgenden Geschäftsjahren nicht überschreiten (Art. 963a Abs. 1 Ziff. 1 OR): Bilanzsumme von CHF 20 Mio.; Umsatzerlös von CHF 40 Mio.; 250 Vollzeitstellen im Jahresdurchschnitt.

c)   Aufbewahrung der Geschäftsbücher

Geschäftsbücher und Buchungsbelege sowie der Geschäftsbericht und der Revisionsbericht müssen während zehn Jahren aufbewahrt werden (Art. 958f OR). Als Buchungsbelege gelten alle schriftlichen Aufzeichnungen auf Papier oder in vergleichbarer Form, die notwendig sind, um den einer Buchung zugrundeliegenden Geschäftsvorfall oder Sachverhalt nachvollziehen zu können (Art. 957a Abs. 3 OR), also Rechnungen, Verträge, Korrespondenz, Aktennotizen etc.

Darüber hinausgehende Akten müssen hingegen nicht mehr aufbewahrt werden. Bei dieser Frage sind allerdings nicht nur die gesetzlichen Vorschriften zur Rechnungslegung zu beachten, sondern auch der Aspekt, dass sich eine Stiftung im Hinblick auf etwaige Klagen (oder Steuerforderungen) aus Beweisgründen bis zu deren Verjährung dokumentiert halten muss. Ausserdem bestehen für Stiftungen, die mehrwertsteuerpflichtig sind, weitergehende Aufbewahrungspflichten; die Frist beträgt hier zum Teil 20 Jahre (Art. 70 Abs. 3 MWSTG). Schliesslich sollten Stiftungen auch prüfen, ob ihre Akten, vor allem in Bezug auf ihre Fördertätigkeit, von zeitgeschichtlicher Bedeutung sind und ob sie einem solche Akten sammelnden Institut (staatliche oder private Archive) übergeben könnten.

4. Handelsregisterrecht

Alle handelsregisterrechtlich relevanten Mutationen müssen dem Handelsregisteramt gemeldet werden, zum Beispiel:

- Änderung des Namens;
- Änderung des Sitzes;
- Änderung der oder zusätzliche Geschäftsadressen;
- Änderung der Stiftungsratsmitglieder (Ausscheiden, Neuwahl, Veränderung des Namens, der Funktion oder des Wohnorts etc.);
- Änderung der Zeichnungsberechtigung.

Erfolgt ein überkantonaler Sitzwechsel, ist die Stiftung aus dem bisherigen Register zu löschen und ins Register des Kantons des neuen Sitzes einzutragen.

5. Massnahmen bei ungenügender Organisation

Art. 83d ZGB

[1] Ist die vorgesehene Organisation nicht genügend, fehlt der Stiftung eines der vorgeschriebenen Organe oder ist eines dieser Organe nicht rechtmässig zusammengesetzt oder verfügt die Stiftung über kein Rechtsdomizil an ihrem Sitz mehr, so muss die Aufsichtsbehörde die erforderlichen Massnahmen ergreifen. Sie kann insbesondere:
1. der Stiftung eine Frist ansetzen, binnen derer der rechtmässige Zustand wieder herzustellen ist; oder
2. das fehlende Organ oder einen Sachwalter ernennen.
...

[3] Die Stiftung trägt die Kosten der Massnahmen. Die Aufsichtsbehörde kann die Stiftung verpflichten, den ernannten Personen einen Vorschuss zu leisten.

[4] Liegt ein wichtiger Grund vor, so kann die Stiftung von der Aufsichtsbehörde die Abberufung von Personen verlangen, die diese eingesetzt hat.

a)   Ungenügende Organisation

Die Organisation der Stiftung kann mit verschiedenen Mängeln behaftet sein, zum Beispiel:

- Fehlen einer Organisation überhaupt;
- Fehlen eines Stiftungsrats;
- Fehlen von Personen, welche die Stiftung vertreten können;
- urkundenwidrige Besetzung des Stiftungsrats;
- Fehlen einer Revisionsstelle;
- Missachten der Unabhängigkeitsvorschriften der Revisionsstelle.

b)   Behebung

Bei lebzeitigen Stiftungserrichtungen sowie bei mit öffentlichem
Testament oder in Erbverträgen errichteten Stiftungen sorgt in der
Regel schon die **Urkundsperson** dafür, dass solche Mängel bei der
Beurkundung behoben werden, weshalb sie vor allem bei in Form
von (handschriftlichen) Testamenten errichteten Erbstiftungen auf-
treten.

Stellt der **Handelsregisterführer** Mängel in der gesetzlich zwingenden Organisation fest, muss er der zuständigen Aufsichtsbehörde
Mitteilung machen (Art. 941*a* Abs. 2 OR). Es ist dann deren Sache,
die Mängel zu beheben bzw. beheben zu lassen.

Bei später entstehenden Mängeln liegt es am Stiftungsrat, diese zu
beheben. Soweit er es unterlässt, muss die Aufsichtsbehörde eingreifen.

c)   Massnahmen der Aufsichtsbehörde

Das Gesetz beschränkt sich auf die Festlegung, dass die Aufsichtsbehörde «die erforderlichen Massnahmen» zu ergreifen habe (Art. 83*d*
Abs. 1 ZGB). In erster Linie hat sie, aufgrund des Subsidiaritätsprin-
zips, der Stiftung eine Frist anzusetzen, binnen derer der rechtmässige Zustand (wieder-)herzustellen ist. Nur wenn die Stiftung dem
nicht nachkommt oder in dringlichen Fällen oder wo die Stiftung
zu den erforderlichen Massnahmen gar nicht in der Lage ist, hat
sie selbst das Nötige anzuordnen. Die Massnahmen können bestehen in:

–   der Einsetzung des fehlenden Organs;

–   der ordnungsgemässen Besetzung des Organs;

–   der Ernennung eines **Sachwalters** (amtliche bzw. kommissari-
    sche Verwaltung) als provisorisches Organ, unter Zuweisung
    von Kompetenzen;

–   der Anpassung der Stiftungsurkunde oder eines Reglements.

Diese Massnahmen müssen nicht nur erforderlich, sondern auch **geeignet** und **verhältnismässig** sein. Bevor die Aufsicht sie trifft, hat sie, wenn möglich, die Stiftung anzuhören. Diese trägt nach Art. 83*d* Abs. 3 ZGB auch die Kosten der Massnahmen.

> **Art. 83*d* ZGB**
>
> ...
>
> [2] Kann eine zweckdienliche Organisation nicht gewährleistet werden, so hat die Aufsichtsbehörde das Vermögen einer anderen Stiftung mit möglichst gleichartigem Zweck zuzuwenden.
>
> ...

In den Fällen, in denen eine zweckdienliche Organisation der Stiftung schlechthin nicht gewährleistet werden kann, hat die Aufsichtsbehörde das Vermögen einer anderen Stiftung mit möglichst gleichartigem Zweck zuzuwenden (Art. 83*d* Abs. 2 ZGB). Diese gesetzliche Bestimmung geht abweichenden Bestimmungen in der Stiftungsurkunde oder abweichenden Willensbekundungen des Stifters oder des Stiftungsrats vor. Es lässt sich allerdings kaum ein Fall denken, bei dem eine zweckdienliche Organisation nicht gewährleistet werden könnte – ausser wenn das Stiftungsvermögen zu gering ist.

d)   Mängel bei Familien- und kirchlichen Stiftungen

Familien- und kirchliche Stiftungen sind mangels staatlicher Aufsicht nach dem Wortlaut nicht von Art. 83*d* ZGB betroffen. Gemäss Bundesgericht gilt Art. 83*d* ZGB aber auch für sie (BGer, 5A_401/2010, 11.8.2010). Stellt das Handelsregisteramt einen Mangel in der gesetzlich als zwingend vorgeschriebenen Organisation fest, hat es die Stiftung aufzufordern, ihn zu beheben. Nach wohl überwiegender Ansicht können Familienstiftungen den Mangel selbst beheben und müssen dazu nicht das Gericht anrufen; so wird es meist auch in der Praxis gehalten. Bei Stiftungen, die gemäss Kollektivanlagengesetz vom 23. Juni 2006 der Aufsicht unterstellt sind, wird die Angelegenheit der Aufsichtsbehörde überwiesen (Art. 939 OR).

6. Massnahmen bei Überschuldung und Zahlungsunfähigkeit

Art. 84*a* ZGB

[1] Bei drohender Zahlungsunfähigkeit oder Überschuldung muss das oberste Stiftungsorgan umgehend die Aufsichtsbehörde benachrichtigen.

[2] Stellt die Revisionsstelle fest, dass die Stiftung zahlungsunfähig oder überschuldet ist, so benachrichtigt sie die Aufsichtsbehörde.

[3] Die Aufsichtsbehörde hält das oberste Stiftungsorgan zur Einleitung der erforderlichen Massnahmen an. …

[4] Die Bestimmungen des Aktienrechts zur Ermittlung der Überschuldung sowie zur Aufwertung von Grundstücken und Beteiligungen sind entsprechend anwendbar.

Art. 84*a* ZGB regelt die Folgen von Zahlungsunfähigkeit und Überschuldung der Stiftung. Er ist eine der Normen, die spezifische Pflichten des Stiftungsrats, der Revisionsstelle und der Aufsichtsbehörde festlegt. Die Beachtung von Art. 84*a* ZGB, der dem Schutz der Gläubiger, aber auch der Allgemeinheit dient, gehört zu den elementaren Pflichten des Stiftungsrats. Der Stiftungsrat muss die finanzielle Lage der Stiftung und damit auch ihre Zahlungsfähigkeit kontinuierlich überwachen und daher auch rechtzeitig eine drohende Schieflage erkennen können. Sie muss dauerhaft über eine adäquate **Liquiditätsplanung** verfügen (vgl. Art. 725 Abs. 1 OR), die in Krisenzeiten zu detaillieren ist und zum Beispiel monatlich oder sogar wöchentlich die jeweils für die folgenden drei Monate zu erwartenden Zahlungsströme abbildet.

a)   Voraussetzungen

Voraussetzung für die Anwendung von Art. 84a ZGB sind die drohende Zahlungsunfähigkeit und/oder die drohende Überschuldung. Darunter fällt natürlich auch, wenn die Zahlungsunfähigkeit
bzw. Überschuldung nicht nur droht, sondern bereits eingetreten
ist.

Zahlungsunfähig ist eine Stiftung, wenn sie ihre Verbindlichkeiten längerfristig nicht mehr erfüllen kann. Das Gesetz sagt nicht,
wann eine Zahlungsunfähigkeit **droht**. Es stellt sich hier die in die
Zukunft gerichtete Frage, innert welcher Frist eine Zahlungsunfähigkeit eintreten muss, und ferner, bei welcher Eintretenswahr-
scheinlichkeit eine Drohung im Sinne des Gesetzes anzunehmen
ist. In Analogie zu Art. 958a Abs. 2 OR kann man von einem Zeitraum von zwölf Monaten ausgehen. Es muss wahrscheinlich sein,
dass die Stiftung innerhalb der kommenden zwölf Monate ihre
voraussichtlichen fälligen finanziellen Verpflichtungen nicht mehr
erfüllen kann, unter Berücksichtigung der für diesen Zeitraum zu
erwartenden Eingänge.

Eine «Überschuldung» liegt vor, wenn die Verbindlichkeiten der
Stiftung durch die Aktiven zu Veräusserungswerten nicht mehr gedeckt sind. In Abs. 4 wird auf die aktienrechtlichen Bestimmungen
zur Ermittlung der Überschuldung (Art. 725b OR) und zur Aufwertung von Grundstücken (Art. 725c OR) verwiesen. Danach dürfen
Grundstücke, deren wirklicher Wert über die Anschaffungs- oder
Herstellungskosten gestiegen ist, zur Behebung einer Überschuldung bis höchstens zu diesem Wert aufgewertet werden. Bei einer
Aufwertung muss die Revisionsstelle schriftlich bestätigen, dass die
gesetzlichen Bestimmungen eingehalten sind.

Für die Beurteilung, ob eine Überschuldung vorliegt, ist der Einzel-
abschluss nach Obligationenrecht massgebend.

b) Vorgehen

Sind eine oder gar beide der Voraussetzungen gegeben, muss der Stiftungsrat umgehend die Aufsichtsbehörde benachrichtigen.

Nicht schon bei der blossen Drohung, sondern erst, wenn die Zahlungsunfähigkeit und/oder Überschuldung eingetreten und von der Revisionsstelle festgestellt worden ist, muss diese ihrerseits die Aufsichtsbehörde benachrichtigen. Eine solche Benachrichtigung erübrigt sich wohl, wenn schon der Stiftungsrat die entsprechende Feststellung der Revisionsstelle der Aufsicht übermittelt hat.

c) Sanierungsmassnahmen

In beiden Fällen hat die Aufsicht den Stiftungsrat zur Einleitung der «erforderlichen Massnahmen» anzuhalten. Was damit gemeint ist, sagt das Gesetz nicht. Sie beziehen sich wohl nicht nur auf die Beseitigung der drohenden bzw. eingetretenen Zahlungsunfähigkeit oder der drohenden bzw. eingetretenen Überschuldung. Vielmehr muss versucht werden, die Stiftung finanziell so aufzustellen, dass ihr mittel- und langfristiges Überleben gesichert ist. Es handelt sich demnach um Sanierungsmassnahmen. Diese können bestehen in:

– der Auflösung ausgewiesener und stiller Reserven;
– der (temporären) Einschränkung des Stiftungszwecks bzw. von dessen Umsetzung;
– der (temporären) Reduktion der Verwaltungskosten;
– dem (intensivierten) Versuch, durch Zuwendungen zu neuem Stiftungsvermögen und neuer Liquidität zu gelangen;
– dem Versuch, zu Stundungen, Forderungsreduktionen oder gar -verzichten zu gelangen;
– der Befriedigung von Gläubigern durch Übertragung von Aktiven;
– einer Sanierungsfusion (Art. 6 FusG);
– allenfalls auch einem qualifizierten Rangrücktritt (Art. 725 Abs. 2 OR).

Hingegen ist die zivilrechtliche Aufhebung der Stiftung nach Art. 88 ZGB keine Sanierungsmassnahme und darf im Zeitpunkt der Zahlungsfähigkeit oder Überschuldung jedenfalls gegen den Willen der Gläubiger nicht mehr erfolgen. Eine solche Aufhebung ist:

– nur möglich, wenn die Forderungen der Gläubiger befriedigt werden können, so dass kein Zwangsvollstreckungsverfahren eingeleitet werden muss, die Stiftung in der Folge aber über zu wenig Mittel verfügt, um ihren Zweck verfolgen zu können;

– erst wieder möglich, wenn das zwangsvollstreckungsrechtliche Verfahren abgeschlossen ist und ein Überschuss verbleibt (der indes nicht so hoch ist, dass die Stiftung weiterexistieren könnte).

– Die Stiftungsaufsicht hat den Stiftungsrat zur gebotenen **Eile** anzuhalten (vgl. Art. 725a Abs. 4 OR).

d) Zwangsvollstreckungsrechtliche Massnahmen

> **Art. 84a ZGB**
>
> ...
>
> [3] ... Bleibt dieses [das oberste Stiftungsorgan] untätig, so trifft die Aufsichtsbehörde die nötigen Massnahmen oder benachrichtigt das Gericht.
>
> ...

Bleibt der Stiftungsrat untätig, so leitet die Aufsichtsbehörde entweder selbst die «erforderlichen Massnahmen» ein oder benachrichtigt das zuständige Gericht. Mit anderen Worten beantragt sie vollstreckungsrechtliche Massnahmen gemäss SchKG, wenn sie der Ansicht ist, dass Sanierungsmassnahmen nicht oder nicht rechtzeitig zur Verbesserung der Finanzlage führen, oder auch, wenn für Sanierungsmassnahmen von vornherein kein Raum mehr besteht.

Das Gericht kann den Konkurs aufschieben, falls Aussicht auf Sanierung besteht, und Massnahmen zur Erhaltung des Vermögens treffen (Art. 725*a* Abs. 1 OR analog). Da es an der Aufsicht liegt, vollstreckungsrechtliche Massnahmen zu beantragen, muss es auch in ihrer Kompetenz liegen, den Konkursaufschub zu beantragen.

§ 5 Vermögensbewirtschaftung

1. Allgemeines

Zur finanziellen Führung der Stiftung gehören insbesondere die Vermögensbewirtschaftung, die Budgetplanung und die Rechnungslegung. Die Vermögensbewirtschaftung ist ein Teil der gesamten Tätigkeit der Stiftung und insbesondere mit ihrer Fördertätigkeit in Einklang zu bringen.

2. Kompetenz

Vorbehältlich anderslautender Festlegungen des Stifters ist für die finanzielle Führung der Stiftung, und damit auch der Vermögensbewirtschaftung, der **Stiftungsrat** verantwortlich, unabhängig von seinen einschlägigen Kenntnissen und Interessen. Im Rahmen des Anlageprozesses kann er manche Bereiche **delegieren,** insbesondere an einen Anlageausschuss. Verfügt er nicht über die erforderliche Sachkenntnis, hat er Fachleute beizuziehen. Wie bei jeder Delegation bleiben ihm die Rechtspflichten der sorgfältigen Auswahl, Instruktion und Überwachung der herangezogenen Personen.

Wird die Durchführung der Anlagestrategie an ein einzelnes **Mitglied** übertragen, handelt es sich nicht um eine Delegation, sondern um eine Massnahme organisatorischer Natur, und die anderen Mitglieder müssen die Kontrolle der Anlageziele und -grundsätze weiterhin vornehmen (BGer, 9C_263/2014, 18.12.2014).

3. Pflichten des Stiftungsrats

Stiftungen sind nicht frei, zu investieren wie eine Privatperson. Vielmehr haben sie stiftungs- und stiftungssteuerrechtliche Pflichten und Einschränkungen zu beachten. Im Einzelnen bestehen dazu verschiedene rechtliche Grundlagen:

- Das **ZGB** enthält keine ausdrücklichen Vorschriften über die Vermögensbewirtschaftung gewöhnlicher Stiftungen.

- Der Stifter ist demnach grundsätzlich frei, in der Stiftungsurkunde **Vorschriften zur Vermögensbewirtschaftung** zu machen, und wird darin allein durch die allgemeinen Verbote der Rechtswidrigkeit und der Unsittlichkeit (sowie der Unmöglichkeit) beschränkt. Seine Festlegungen müssen sich nicht auf das **ganze** (Widmungs-)Vermögen beziehen. Sodann kann er in Bezug auf verschiedenes Vermögen **verschiedene Vorschriften** machen. Er kann etwa vorsehen, dass die Stiftung **nur** Aktien oder **keine** Aktien oder **bestimmte** Aktien halten soll. Die Stifterfreiheit lässt es selbstverständlich auch zu, dass der Stifter gar **keine einschlägigen Vorgaben** macht und so dem Stiftungsrat grösstmögliche Freiheit einräumt. Dies ist in der Praxis meistens der Fall und auch sinnvoll, da der Stiftungsrat so die Vermögensbewirtschaftung auf die aktuellen Umstände ausrichten kann. Der Stifter kann auch Festlegungen treffen in Bezug auf der Stiftung erst nach ihrer Errichtung von Dritten zufliessendes Vermögen. Tut er dies, darf die Stiftung Zuwendungen nur annehmen, wenn diese nicht mit anderslautenden Auflagen oder Bedingungen verbunden sind.

- Denn wer der Stiftung **Zuwendungen** (Schenkungen, Vermächtnisse, Subventionen etc.) macht, kann sie unter die **Auflage** oder **Bedingung** bestimmter Bewirtschaftungsvorschriften stellen. Nimmt die Stiftung die Zuwendungen an, ist sie nach dem der Zuwendung zugrundeliegenden Rechtsgeschäft daran gebunden. Je nachdem muss sie dann unterschiedliche Vorgaben des Stifters und von zuwendenden Personen befolgen und die davon betroffenen Vermögen getrennt voneinander bewirtschaften.

– Weil das ZGB keine expliziten Vorschriften zur Vermögensbewirtschaftung gewöhnlicher Stiftungen aufstellt, sahen sich viele **kantonale Aufsichtsbehörden** aufgerufen, selbst Regeln vorzusehen. Ihr Stellenwert ist ungeklärt. Sicher ist, dass sie in Bezug auf Bewirtschaftungsvorschriften des Stifters in der Stiftungsurkunde (wie auch in Bezug auf Auflagen und Bedingungen von Dritten, die der Stiftung Zuwendungen machen) höchstens subsidiär gelten. Darüber hinaus kann eine kantonale Anlageregel auch nicht das bundesrechtlich eingeräumte Ermessen des Stiftungsrats einschränken. Mit anderen Worten: Einschlägige kantonale «Regeln» können grundsätzlich **keine Rechtsverbindlichkeit** beanspruchen. Wo sie dem Bundesrecht entsprechen, kommen sie über den Stellenwert einer **Orientierungshilfe** nicht hinaus; wo sie ihm widersprechen, sind sie unbeachtlich.

– Für **Personalvorsorgestiftungen** bestehen verschiedene Vorschriften zur Vermögensbewirtschaftung. Gestützt auf das BVG legt insbesondere die Verordnung über die berufliche Alters-, Hinterlassenen- und Invalidenvorsorge (BVV 2) vom 18. April 1984 Grundsätze fest, so in Bezug auf Sicherheit und Risikoverteilung (Art. 50), Ertrag (Art. 51) und Liquidität (Art. 52). Sie definiert die zulässigen Anlagen (Art. 53), begrenzt die Schuldner (Art. 54) und Gesellschaftsbeteiligungen (Art. 54*a*) oder ordnet Begrenzungen bei der Anlage in einzelne Immobilien an (Art. 54*b*).

– Einschlägige höchstrichterliche **Gerichtsentscheide** liegen nur wenige vor. In BGE 108 II 352 machte das Bundesgericht folgende Aussagen: Das Stiftungsvermögen ist nach Massgabe der Stiftungsurkunde so zu bewirtschaften, dass es **erhalten** bleibt. Die Vermögensbewirtschaftung darf **nicht spekulativ** oder **allzu risikoreich** sein. Es sind die Grundsätze der **Liquidität**, der **Rendite**, der **Sicherheit**, der **Risikoverteilung** und der **Substanzerhaltung** zu beachten, und dabei auch der **Grundsatz der Verhältnismäs-**

sigkeit. In BGE 124 III 97 (und in anderen Entscheiden) wiederholte und bestätigte das Bundesgericht dies und bezeichnete die **Anlagevorschriften der BVV 2** als **Orientierungshilfe**. Es anerkannte zugleich, dass die genannten Grundsätze nicht immer miteinander vereinbar sind. Sie müssen vielmehr in Berücksichtigung der gesamten Umstände in einer Weise angewendet werden, dass dem Stiftungszweck «für dauernd Nachachtung verschafft werden kann» (BGE 108 II 352).

Diese schon etwas älteren Entscheide lassen die Frage offen, wie weit sie unter wesentlich anderen Umständen gelten können. In Zeiten ohne Zinsen oder sogar mit «Minuszinsen» kann eine hinreichende Rendite kaum mehr erzielt werden, wenn gleichzeitig auf Sicherheit zu achten ist. Ferner ist unklar, auf welche «Substanz», d.h. auf welches Vermögen, sich das Postulat der Substanzerhaltung bezieht (vgl. zur Verbrauchsstiftung unten S. 165 ff.). Das Bundesgericht hat sich einzig zur Vermögensbewirtschaftung geäussert – hier muss der Stiftungsrat selbstverständlich versuchen, das für die Zweckverfolgung zur Verfügung stehende Stiftungsvermögen möglichst hoch zu halten –, nicht jedoch zur Frage, welches Vermögen zur **Zweckumsetzung** verwendet werden darf.

Die **Verpfändung** von Stiftungsvermögen ist nicht zweckkonform (BGer, 4A_228/2008, 27.3.2009), was auch für andere Belastungen gilt.

Die Bewirtschaftung des Stiftungsvermögens hat im Rahmen eines geregelten **Anlageprozesses** zu erfolgen. Der Stiftungsrat setzt dabei eine der Grösse und den Zielen der Stiftung angemessene Anlageorganisation ein, bei der Interessenkonflikte möglichst vermieden werden sollen. Die BVG- und Stiftungsaufsicht des Kantons Zürich verlangt ab einem Finanzanlagevermögen von CHF 5 Mio. die Erstellung eines **Anlagereglements**, was Zustimmung verdient.

Zu den allgemeinen Grundsätzen ordnungsgemässer Bewirtschaftung des Stiftungsvermögens gehört genügende Transparenz. Rechnungswesen, Finanzplanung und Finanzkontrolle sollen die aktuellen Zahlen und Entwicklungen laufend nachvollziehbar machen und damit dem Stiftungsrat ein Führungsmittel in die Hand geben.

4. Besondere Investitionen

Zwei besondere Formen von Investitionen seien hervorgehoben.

a) Zweckbezogene Investitionen

Unter **zweckbezogenen Investitionen** (engl. meist **Mission Investing** genannt) versteht man eine stiftungsspezifische Strategie der Vermögensbewirtschaftung, bei der Investitionen vorgenommen werden, die zur Verwirklichung des Stiftungszwecks beitragen. Zum Beispiel kauft eine Stiftung mit dem Zweck, Bildung zu fördern, eine Liegenschaft und vermietet sie einer Institution, die darin eine Schule betreibt. Das Vermögen wird also im Sinne des Stiftungszwecks eingesetzt. Dieser wird nicht nur durch die Erträge aus dem Vermögen, sondern auch durch dieses selbst gefördert. So wird mit den vorhandenen Mitteln eine höhere Wirkung erreicht. Positiv an dieser Bewegung ist ganz allgemein, dass die Verwirklichung des Stiftungszwecks und die Vermögensbewirtschaftung nicht als zwei getrennte Bereiche betrachtet und behandelt werden.

b) Nachhaltige Investitionen

Nachhaltige Investitionen sind Investitionen, bei denen nebst den konventionellen Kriterien (Rentabilität, Liquidität, Sicherheit, Risikoverteilung) auch ökologische, soziale, ethische oder Governance-Kriterien angewendet werden. Im Englischen spricht man von *Environmental, social and governance (ESG),* also den drei Hauptbereichen, die man als zentrale Faktoren bei der Messung von Nachhaltigkeit von Investitionen betrachtet.

Für die nachhaltige Vermögensbewirtschaftung stehen verschiedene Mittel zur Verfügung. Die Stiftung kann kriteriengeleitet investieren, nämlich **Ausschlusskriterien** für ihre Investitionen definieren (keine Investitionen in Unternehmen, die auf Kinderarbeit basieren etc.) oder **Positivkriterien** für die Anlage suchen. Dabei werden **marktübliche Renditen** und **Risikoprofile** angestrebt. Mit **Shareholder Engagement** wird sodann ein Ansatz bezeichnet, bei dem aktiv Einfluss genommen wird auf die Unternehmen, in welche investiert wird, mit dem Ziel, sie zu einer nachhaltigeren Geschäftspraxis zu bewegen.

5. Massnahmen der Stiftung bei dauerhaften Mindererträgen

Reichen die Erträge aus dem Stiftungsvermögen (und die übrigen Eingänge) zur wirksamen Umsetzung des Stiftungszwecks nicht dauerhaft aus, ist der Stiftungsrat gefordert, eine Lösung zu finden. Dabei ist zunächst danach zu fragen, ob den Stiftungsrat eine Vermögenserhaltungspflicht trifft. Dies ist nur dann der Fall, wenn eine solche Pflicht dem Stifterwillen entspricht, wenn der Stifter also vorgegeben hat, dass das Stiftungsvermögen, genauer: **das gewidmete Vermögen** (bzw. wohl sein Äquivalent, das die Kaufkraft wahrt), zu erhalten ist.

Ausserdem ist Vermögen zu erhalten, das auf dem Wege einer **späteren Zuwendung** zur Stiftung gelangt ist, wenn die zuwendenden Personen und die Stiftung im Zuwendungsgeschäft dies so vereinbart haben. Wo das, wie meist, nicht der Fall ist, kann, ja muss eine Stiftung, wenn die Erträge nicht reichen, ihr sämtliches über das Widmungsvermögen hinausgehende Vermögen grundsätzlich zur Zweckverwendung benutzen. Und selbst das Widmungsvermögen muss angegriffen werden können, wenn – wie dies manche deutschen Landesstiftungsgesetze ausdrücklich vorsehen – der Stifterwille anders nicht zu verwirklichen, der Stiftungszweck also anders nicht umzusetzen ist. Dies hat unter anderem zur Voraussetzung, dass sich keine zusätzlichen Mittel beschaffen lassen und dass etwa auch eine (faktische) Zweckeinschränkung nicht weiterhilft. Die teilweise oder vollständige Verwendung des Widmungsvermögens für Förderleistungen setzt allenfalls eine entsprechende Änderung der Stiftungsurkunde (Umwandlung in eine Verbrauchsstiftung) voraus. Weitere Umstrukturierungen können sein:

- eine Zweckänderung;
- die Fusion mit einer Stiftung vergleichbarer Ausrichtung;
- die Liquidation der Stiftung und Übertragung des verbleibenden Vermögens an eine andere Organisation, insbesondere an eine Dachstiftung.

§ 6 Fördertätigkeit

1. Allgemeines

Die Umsetzung des Stiftungszwecks besteht in Leistungen der Stiftung zugunsten ihrer Destinatäre. Man subsumiert alle einschlägigen Aktivitäten unter «Fördertätigkeiten».

Zur Fördertätigkeit sind auch die administrativen Aufwendungen der Stiftung zu zählen, die mit der Zweckumsetzung direkt zusammenhängen, etwa die Aufwendungen für die Begleitung eines Projekts und die Wirkungsmessung.

2. Förderformen

a) Allgemeines

Die Förderung kann durch Einsatz von Kapital, von Gütern oder von personellen Kapazitäten (Zeit, Arbeit, Know-how) erfolgen. Der Einsatz von Geld steht im Vordergrund. Es hat sich eingebürgert, hier (etwas lieblos) von «Ausschüttung» oder von «Verwendung» zu sprechen.

Zu den Förderformen gehören auch Förderprojekte, welche die Stiftung selbst verfolgt, sowie Kooperationen. Sofern die Stiftungsurkunde dies nicht untersagt, darf die Stiftung im Rahmen der Fördertätigkeit juristische Personen errichten, insbesondere auch Stiftungen.

b) Unternehmerische Förderformen

Das traditionelle Fördermodell gemeinnütziger Stiftungen besteht in *A-fonds-perdu*-Zahlungen. In jüngerer Zeit spielen hingegen zunehmend unternehmerische Förderformen eine Rolle. So hat sich unter dem Begriff *Venture Philanthropy* eine Form der Förderung entwickelt, die beim Verfolgen des Stiftungszwecks auch unternehmerische Kriterien berücksichtigt. Eine Stiftung kann bei ihrer Fördertätigkeit wie ein *Venture Capitalist* Risiken eingehen unter Inkaufnahme, dass ein gefördertes Projekt nicht das erhoffte Resultat erbringt. Andererseits tut sich die Aussicht auf, dass Erträge aus den geförderten Projekten in die Stiftung zurückfliessen. Dies ist beispielsweise der Fall, wenn sich eine Stiftung im Rahmen der Förderung an einem Destinatär beteiligt und diese Beteiligung mit Gewinn veräussert. Sie kann (und muss) diesen wiederum zur Zweckverfolgung einsetzen, wodurch sie eine Multiplikation ihrer Förderwirkung erreicht («derselbe Franken wird mehrmals ausgegeben»). Diesen Fördermodellen eignet demnach die Chance, die Gesamtwirkung der Stiftung zu erhöhen.

Leider begegnen sie aber immer noch steueramtlicher Skepsis. Wo Erträge aus einer solchen Investition an die Stiftung zurückfliessen, kann das nach der Praxis verschiedener kantonaler Steuerämter im Hinblick auf die Steuerbefreiung problematisch sein, obwohl diese Rückflüsse uneingeschränkt wieder für den gemeinnützigen Stiftungszweck eingesetzt werden müssen.

3. Rahmenbedingungen

Bei ihrer Fördertätigkeit hat die Stiftung allfällige Vorgaben des Stifters zu beachten.

a) Ausschüttungsklauseln

In den USA gibt es für private Stiftungen die *5 % payout rule*. Bundesgesetze verlangen, dass sie jedes Jahr einen Betrag für ihre Förderleistungen und administrative Tätigkeit einsetzen, der 5 % des Wertes ihres liquiden Vermögens entspricht. Wenn eine Stiftung im Jahr 2023 USD 10 Mio. an solchem Vermögen hat, muss sie bis Ende 2024 mindestens USD 500'000 verwenden; setzt sie darüber hinaus weitere Mittel ein, wird ihr dies in den Folgejahren gutgeschrieben.

Die Schweiz kennt hingegen **kein allgemeines «Ausschüttungsgebot»**. Ohnehin sind schematische Quoten insofern fragwürdig, als sie der besonderen Situation der einzelnen Stiftungen nicht gerecht werden. Ausserdem hängt die Frage, wie viel eine Stiftung ausschütten **müsste,** realiter davon ab, wie viel sie überhaupt ausschütten **könnte.** So erscheint eine (nachhaltige) Quote von 5 % in Zeiten von Negativzinsen als wirklichkeitsfremd.

b) Inaktive Stiftungen

Dessen ungeachtet soll der Stiftungsrat verfügbare Mittel auch wirklich für die Förderung einsetzen. Inaktive, «schlafende» Stiftungen oder solche, deren Förderverhalten diesem Zustand nahekommt, sind zu bekämpfen. Stiftungen befinden sich, wie Radfahrer, nur im Gleichgewicht, solange sie sich bewegen. Bewegung heisst Zweckumsetzung. Dabei ist die Aktivität oder Inaktivität einer Stiftung nicht an ihrem Vermögen, sondern an den zur Fördertätigkeit zur Verfügung stehenden Mitteln (nach Bundesgericht: am Gewinn, BGer, 2C_484/2015, 10.12.2015, E. 5.5) zu messen. Ohne oder mit zu geringer Fördertätigkeit bleiben Stiftungen hinter ihren Möglichkeiten zurück und verfehlen damit regelmässig den Stifterwillen.

Auch ohne «Ausschüttungsgebot» hat die Aufsichtsbehörde die Möglichkeit, Stiftungen von ihrer Passivität zu befreien und hinreichende Förderaktivitäten durchzusetzen. Hinzu kommt, dass eine solche auch eine Voraussetzung für die Steuerbefreiung ist. Lebt eine steuerbefreite Stiftung ihrem Zweck nicht oder nicht gehörig nach, riskiert sie daher, die Steuerbefreiung zu verlieren.

Nicht zu den inaktiven Stiftungen im genannten Sinn zu zählen sind hingegen jene, deren (vorübergehender) Verzicht auf Förderaktivitäten auf **sachlichen Gründen** beruht, zum Beispiel:

- Stiftungen, die über **keine Mittel** zur Fördertätigkeit verfügen. Bei ihnen ist eine Umstrukturierung (Umwandlung in eine Verbrauchsstiftung oder eine unselbständige Stiftung, Fusion, Vermögensübertragung) oder die Aufhebung zu prüfen;

- Stiftungen, die für eine beschränkte Zeit, zum Beispiel zwei bis vier Jahre, auf Förderaktivitäten verzichten oder diese einschränken, weil sie nur so zu freien Mitteln gelangen, die ihnen die **Umsetzung eines grossen Projekts** erlauben;

- Stiftungen, die **nach ihrer Errichtung** noch nicht gleich mit der Förderung beginnen, sondern während einiger Jahre ein Vermögen aufbauen wollen, das ihre spätere Leistungsfähigkeit erhöht.

c)   Äufnungsklauseln

Äufnungsklauseln in der Stiftungsurkunde legen fest, dass das Stiftungsvermögen zunächst (aus den Erträgen oder weiteren Zuwendungen) aufgestockt werden soll, bevor die Stiftung beginnt, ihre freien Mittel für Fördertätigkeiten einzusetzen. Eine solche Äufnung kann auch von den Aufsichtsbehörden verlangt werden, wenn das Anfangsvermögen für die Zweckverwirklichung zu klein ist.

Äufnungsklauseln entsprechen in der Wirkung einer Suspensivbedingung: Rechtlich tritt die Stiftung schon ins Leben, aber faktisch lebt sie noch nicht. Dieser Fall ergibt sich etwa dort, wo ein Stifter zu Lebzeiten eine Stiftung errichtet, sie als Erbin oder Vermächtnisnehmerin einsetzt und in der Stiftungsurkunde bestimmt, dass sie erst nach seinem Ableben und der Vermehrung ihres Vermögens durch das Erbe oder Vermächtnis aktiv werden soll.

Als Variante davon kann der Verbrauch **beschränkt** werden, bis ein bestimmtes Vermögen erreicht worden ist.

Mit einer Äufnungsklausel kann die Stiftung keine sofortige Wirkung erzielen. Sie strebt aber die Erhöhung ihrer Leistungsfähigkeit an – ein höheres Vermögen verspricht höheren Ertrag und damit eine grössere Fördertätigkeit. Äufnungsklauseln sind indes nur sinnvoll, wo hinreichende Aussicht besteht, dass die Stiftung zu namhaften weiteren Mitteln gelangt.

Zu beachten ist dabei das **Thesaurierungsverbot**: Stiftungen, die über längere Zeit ohne hinreichende Begründung ihre freien Mittel äufnen, statt sie für Förderaktivitäten zu verwenden, werden zu stiftungsrechtlich unzulässigen Selbstzweckstiftungen. Ausserdem können sie wie erwähnt ihre Steuerbefreiung verlieren.

d)   «Zeitnahe Mittelverwendung»

Aus anderen Jurisdiktionen stammt auch die Formel «zeitnahe Mittelverwendung». Sie bezieht sich nicht auf das Widmungsvermögen, sondern auf Mittel, die der Stiftung nach ihrer Errichtung zugehen, wie insbesondere Erträge aus dem Stiftungsvermögen und Zuwendungen. Das Postulat fordert, dass solche zur Förderung freien Mittel «zeitnah», d.h. bald nach Eingang, verwendet werden. Das Schweizer Stiftungsrecht enthält kein solches Gebot. Der Grundsatz der **wirksamen Zweckumsetzung** gebietet aber, dass verfügbare Mittel ohne grundlose Verzögerung eingesetzt werden.

4. Wirkungsmessung

Stiftungen zielen auf Wirkung. Wenn eine Stiftung keine Wirkung erzielt, hat sie ihren Zweck nicht umgesetzt. Jede Fördertätigkeit erfüllt sich also erst durch ihre Wirkung. Idealerweise erzielt eine Förderaktivität eine höhere Wirkung als jede andere, die auch in Frage gekommen wäre, wurde also das beste Projekt ausgewählt und bestmöglich umgesetzt. Dabei sind, wie bei Medikamenten, auch **Nebenwirkungen** einzubeziehen. Zu beurteilen ist die **Gesamtwirkung**. Auch unterscheidet man die **unmittelbare Wirkung** bei den Destinatären *(outcome)* von den **mittelbaren Wirkungen** *(impact),* die bei der Gesellschaft ausgelöst werden.

In einer *Audit society* sehen sich Stiftungen zunehmend dem Verlangen nach Rechenschaft ausgesetzt. Es ist daher heute zum Standard geworden, dass sie zusammen mit den Destinatären Ziele setzen und schon während des Projekts, sicher aber nach dessen Abschluss, **seine Wirkungen messen.** Im Gegensatz zu profitorientierten Personen lässt sich die Wirkung einer nichtprofitorientierten Stiftung allerdings nicht am Profit fassen. Es sind meist **nichtökonomische Werte** und Wirkungen, die angestrebt werden. Daraus ergibt sich die Schwierigkeit, sie zu erfassen. Die Erkenntnisse, die aus der Wirkungsmessung gewonnen werden, dienen als eine Grundlage für die folgenden Förderentscheidungen.

5. Destinatär

a) Allgemeines

Unter «Destinatär» (vom französischen *destinataire,* dieses wiederum von *destiner* bzw. von lat. *destinare,* bestimmen) wird der durch die Stiftungstätigkeit zu Begünstigende bzw. Begünstigte verstanden. Er entspricht sprachlich, wenn auch nicht rechtlich, dem *beneficiary.*

b)   Bestimmung der Destinatäre

Der Kreis der möglichen Destinatäre ergibt sich aus dem Zweck der Stiftung, oder anders gesagt bildet die Umschreibung des Destinatärskreises einen Teil der Zweckbestimmung. Das Vorhandensein bestimmter Destinatäre ist allerdings **kein notwendiges Element** der Stiftung. Der Stifter kann sich bei der Gestaltung der Stiftungsurkunde darauf beschränken, die Stiftung auf die Verfolgung von Zwecken auszurichten, die nur **mittelbar** einem bestimmten oder unbestimmten Personenkreis dienen. Auch kann sich die Stiftung auf **einen einzigen Destinatär** (zum Beispiel eine Universität) beschränken.

Grundsätzlich kann (bei den natürlichen Personen) **jedermann** Destinatär sein, natürliche wie juristische, mündige wie unmündige Personen, unabhängig von Geschlecht, Rasse, Alter, Nationalität, Beruf, Konfession etc., ferner rechtliche Sachen wie Tiere, Bauten etc.

Sind Destinatäre im Zweck nicht namentlich genannt, spricht man meist von **potentiellen** Destinatären: Personen, die zu einem im Zweck umschriebenen oder sich aus diesem indirekt ergebenden Destinatärskreis (bedürftige Kinder, urbane Velofahrer, Altersforscher etc.) gehören.

Schliesslich wird zwischen **unmittelbaren** und **mittelbaren** Destinatären unterschieden. So kann der Zweck die Unterstützung von bestimmten Hilfswerken als unmittelbaren Destinatären vorsehen, wobei deren Destinatäre dann zu mittelbaren Destinatären werden.

c)   Rechtsstellung

Im Schweizer Stiftungsrecht findet sich keine Bestimmung, die sich mit den Destinatären befasst; insbesondere gibt es keine Destinatärsversammlung. Die Rechtsstellung der Destinatäre bestimmt sich deshalb vorwiegend nach der Stiftungsurkunde. Üblicherweise sehen diese jedoch nur einen allgemein formulierten Zweck vor und räumen den Stiftungsorganen erheblichen Ermessensspielraum ein, so dass allein aus der Stiftungsurkunde einzelne Personen meist **keine Rechtsansprüche** für sich ableiten können.

Ausgenommen sind die Begünstigten von Personalvorsorgestiftungen, welche reglementarische Ansprüche haben und deshalb auch Versicherte genannt werden.

Nach den allgemeinen obligationenrechtlichen Grundsätzen entsteht ein Rechtsanspruch des Destinatärs auf Leistung erst, wenn ihm die Stiftung eine **Leistungszusage** gemacht hat, d.h. mit einem Entscheid des dafür zuständigen Stiftungsorgans und seiner Mitteilung. Wenn der Stifter in der Stiftungsurkunde Dritten (einklagbare) Leistungsansprüche einräumen will, muss er sie genau bestimmen oder jedenfalls eindeutig bestimmbar machen. Ebenso müssen der Umfang des Anspruchs und die Fälligkeit so genau bestimmt sein, dass dem Stiftungsrat kein Ermessensspielraum mehr verbleibt. Während Destinatäre mit Rechtsansprüchen bei gewöhnlichen Stiftungen selten sind, finden sich bei **Familienstiftungen** häufig ausdrückliche Regelungen. Zu den Destinatären mit Rechtsansprüchen bei Fusionen vgl. insbesondere Art. 78 Abs. 2 und 82 FusG.

d) Partner

Nach heutigem Verständnis sind Destinatäre keine Almosenempfänger, sondern auf Augenhöhe agierende Partner. Mit ihnen wird ein Fördervertrag geschlossen, in dem definiert wird, welche Leistung sie ihrerseits erbringen müssen. Das Besondere daran ist, dass der Destinatär die Leistung in aller Regel nicht zugunsten seiner Vertragspartnerin, der Stiftung, erbringt, sondern für Dritte, zum Beispiel, wenn es um die Förderung der Wissenschaft geht, für die Allgemeinheit. Insofern sind Förderverträge Verträge zugunsten Dritter (Art. 112 OR).

6. Fördertätigkeit im Ausland

Die Schweiz ist ein sehr guter Standort für **international tätige Stiftungen.** Viele auswärtige Stifter machen sich die Liberalität des Stiftungsrechts, die Reputation des Schweizer Stiftungswesens, manchmal auch die politische Neutralität der Schweiz zunutze.

Ob eine Stiftung ihre **Fördertätigkeit im Ausland** entfalten darf, hängt davon ab, ob die Stiftungsurkunde dies zulässt oder sogar vorschreibt. Dabei ist als grösste Problematik zu betrachten, dass nicht alle Förderaktivitäten ausserhalb der Schweiz den Bedingungen der Steuerbefreiung der Stiftung genügen. Erschwerend fällt ins Gewicht, dass diese Bedingungen kantonal unterschiedlich bestimmt werden und darüber wenig Transparenz besteht. Davon abgesehen können Fördertätigkeiten im Ausland MWST-Fragen aufwerfen.

§ 7 Rechtsmittel

Gegen Handlungen und Unterlassungen von Stiftungsorganen stehen verschiedene Rechtsmittel zur Verfügung.

1. Anzeige

Es steht **jedermann** frei, der Stiftungsaufsicht einen behaupteten Missstand anzuzeigen. Die Aufsichtsbehörde ist verpflichtet, Anzeigen zu behandeln, gegebenenfalls Untersuchungen aufzunehmen und Massnahmen zu verfügen. Der Anzeigeerstatter hat dabei keine Parteistellung und auch keinen Anspruch darauf, über die Handlungen und etwaige Massnahmen der Aufsicht informiert zu werden. Auch kann er gegen Verfügungen (oder eine Inaktivität) der Aufsicht kein Rechtsmittel ergreifen, sondern lediglich ihr Verhalten der übergeordneten Behörde anzeigen.

2.   Stiftungsaufsichtsbeschwerde

Art. 84 ZGB

...

[3] Begünstigte oder Gläubiger der Stiftung, der Stifter, Zustifter und ehemalige und aktuelle Stiftungsratsmitglieder, welche ein Interesse daran haben, dass die Verwaltung der Stiftung mit Gesetz und Stiftungsurkunde in Einklang steht, können gegen Handlungen und Unterlassungen der Stiftungsorgane Beschwerde bei der Aufsichtsbehörde erheben.

a)   Allgemeines

Das Stiftungsrecht legte lange keine Handhabe fest, mit der man gegen Handlungen oder Unterlassungen der Stiftungsorgane vorgehen konnte. Lehre und Praxis haben deshalb aus Art. 84 Abs. 2 ZGB ein solches Beschwerderecht abgeleitet. Die Beschwerde, ein Rechtsmittel *sui generis*, wird gemeinhin **Stiftungsaufsichtsbeschwerde** genannt. Im Zuge der Parlamentarischen Initiative Luginbühl wurde sie nun in Art. 84 Abs. 3 ZGB explizit geregelt.

b)   Beschwerdegrund

Beschwerdegrund ist primär die Verletzung der anwendbaren Gesetze, der Stiftungsurkunde und von Stiftungsreglementen. Die Verletzung kann durch Beschluss, aber auch durch andere Handlungen und durch Unterlassungen geschehen. Die Beschwerde kann sich demnach nicht nur gegen förmliche Beschlüsse richten.

Künftige Beschlüsse sollen nicht angefochten werden können (BVGer, B-1932/2017, 6.11.2018). Diese Rechtsprechung wurde in der Lehre zu Recht stark kritisiert. Es ist unklar, ob sie durch Art. 84 Abs. 3 ZGB korrigiert wird; dazu müssten unter «Handlungen und Unterlassungen» auch künftige Handlungen und Unterlassungen verstanden werden.

c)   Frist

Art. 84 Abs. 3 ZGB sieht keine Frist vor. Nach dem Bundesgericht müssen Beschwerden bei Familienstiftungen innert eines Monats ab Kenntnis des beanstandeten Sachverhalts eingereicht werden (BGer, 5A_612/2008, 22.10.2008). Gemäss dem Bundesverwaltungsgericht ist die Stiftungsaufsichtsbeschwerde analog Art. 50 VwVG innert 30 Tagen einzureichen (BVGer, B-5449/2016, 21.11.2017; vgl. BGer, 9C_15/2019, 21.5.2019). Verspätet eingereichte Beschwerden sind als Anzeige entgegenzunehmen und können immer noch die beantragten Massnahmen auslösen, wenn die Aufsichtsbehörde von Amtes wegen eingreifen muss.

d)   Aktivlegitimation

Die Beschwerde ist **keine Popularbeschwerde.** Diese an sich unbestrittene Aussage wurde von der Gerichtspraxis benutzt, um die Aktivlegitimation immer stärker einzuschränken. Abgesehen davon übernahm vor allem das Bundesgericht wiederholt unsachgemäss die Optik der Personalvorsorgestiftung auch für die gewöhnliche Stiftung und argumentierte fast ausschliesslich mit Blick auf den Destinatär. Tatsächlich geht es bei der gewöhnlichen Stiftung aber in der Regel um den Schutz der Stiftung selbst, nicht um den Schutz von Destinatären. Die Lehre hat deshalb den Begriff des «berechtigten Kontrollinteresses» als Voraussetzung für die Aktivlegitimation erarbeitet. Die Eidgenössischen Räte haben dies nicht verstanden und das berechtigte Kontrollinteresse durch ein persönliches Interesse ersetzt. Nach Art. 84 Abs. 3 ZGB sind nun aktivlegitimiert «Begünstigte oder Gläubiger der Stiftung, der Stifter, Zustifter und ehemalige und aktuelle Stiftungsratsmitglieder, welche ein Interesse daran haben, dass die Verwaltung der Stiftung mit Gesetz und Stiftungsurkunde in Einklang steht». Es bleibt abzuwarten, wie die Gerichtspraxis dieses «Interesse» näher bestimmen und ob sie fortan endlich eine weniger restriktive Prägung erhalten wird.

In BGE 144 III 433 verlangte das Bundesgericht, dass der Grundsatz der Ausschöpfung des vereinsinternen Instanzenzugs gelte. Ein Stiftungsratsmitglied müsse folglich, bevor es Stiftungsaufsichtsbeschwerde erheben dürfe, einen Beschluss zu den entsprechenden Anträgen herbeiführen. Das Urteil wurde in Wissenschaft und Praxis zu Recht stark kritisiert. Die Analogie zum Vereinsrecht ist verfehlt: Es geht bei der Beschwerde nicht um die Rechte eines Vereinsmitglieds, sondern um den Schutz der Stiftung.

Nicht beschwerdelegitimiert ist (im Verfahren vor Bundesgericht) die Aufsichtsbehörde (BGer, 5A_484/2016, 5.8.2016).

e) Passivlegitimation

Die Beschwerde kann sich gegen die Stiftung oder einzelne Organe richten, nicht aber gegen Personen, die der Stiftungsaufsicht nicht unterstellt sind (Stifter, Destinatäre, Handelsregisteramt, Steuerbehörden etc.), es sei denn, diese Dritten seien als Stiftungsorgan zu betrachten und es stehe eine in die Kompetenz dieses Organs fallende Handlung oder Unterlassung zur Frage.

f) Zuständigkeit

Zuständig ist die Aufsichtsbehörde der entsprechenden Stiftung.

g) Beschwerdeverfahren

Der Beschwerdeführer ist Partei eines förmlichen Verwaltungsverfahrens, welches das rechtmässige Funktionieren der Stiftung zum Ziel hat. Er hat Parteirechte und Anspruch auf einen Entscheid (BVGer, B-383/2009, 29.9.2009).

Im öffentlichen Prozessrecht findet der **Untersuchungsgrundsatz** Anwendung. Deshalb gibt es keine subjektive Beweislast im Sinne einer Beweisführungslast. Es liegt an der verfügenden Behörde, das Beweismaterial zusammenzutragen. Die Parteien haben allerdings ein Interesse an der Einreichung von Beweismitteln, denn bei Beweislosigkeit fällt der Entscheid zu Ungunsten jener Partei aus, die aus dem unbewiesen gebliebenen Sachverhalt Rechte ableiten wollte (BGE 138 V 218 E. 6).

h) Entscheid

Der Entscheid ist, wenn ein Beschluss angefochten wird, grundsätzlich **kassatorischer** Natur: Die Aufsichtsbehörde hebt einen unrechtmässigen Beschluss eines Stiftungsorgans auf und weist dieses zu einer neuen Entscheidung im Sinne der Erwägungen, aber auch im Rahmen des Ermessens des Stiftungsorgans an. Ist dies nicht möglich, weil sich zum Beispiel der ganze Stiftungsrat in einem Interessenkonflikt befindet oder aus anderen Gründen ausfällt, hat die Aufsichtsbehörde einen Sachwalter einzusetzen, der dann anstelle des Stiftungsrats entscheidet. Nur wo ein Ermessen der Stiftungsorgane ausgeschlossen ist oder in Fällen aussergewöhnlicher Dringlichkeit darf die Aufsicht reformatorisch entscheiden.

Die Aufsichtsbehörde kann **vorsorgliche Massnahmen,** auch superprovisorisch, d.h. ohne Anhörung der Gegenpartei(en), erlassen (Art. 56 VwVG).

i) Weiterzug

Gegen Entscheidungen der Eidg. Stiftungsaufsicht steht die **Beschwerde an das Bundesverwaltungsgericht** offen (Art. 31 und 33 lit. d VGG). Dessen Entscheide können an das **Bundesgericht** weitergezogen werden (Art. 75 Abs. 1 BGG). Das Bundesgericht wendet das Recht mit freier Kognition an. Hingegen ist es an den von der Vorinstanz festgestellten Sachverhalt gebunden (Art. 105 Abs. 1 BGG), ausser wenn er offensichtlich unrichtig und dies auch gerügt worden ist (BGer, 5A_274/2008, 19.1.2009).

Gegen Entscheidungen einer kommunalen oder kantonalen Aufsicht stehen kantonale Rechtsmittel zur Verfügung, wobei ein Weiterzug an das Bundesverwaltungsgericht und das Bundesgericht vorbehalten bleibt.

3. Zivilrechtliche Klage

Für die Durchsetzung subjektiver Rechte sind die Zivilgerichte zuständig. Sie können etwa angerufen werden:

– zur Feststellung der **Nichtigkeit** von Beschlüssen von Stiftungsorganen;

– bei **Familienstiftungen** gemäss Art. 87 Abs. 2 ZGB;

– zur Geltendmachung von **Forderungen gegen die Stiftung** (oder Forderungen der Stiftung gegen Dritte). Hier verhält sich die Stiftung im Aussenverhältnis wie jede andere zivilprozessuale Partei, die klagt oder beklagt wird.

Im **Innenverhältnis** kommt es bei Aktivklagen zu Besonderheiten. Der Entscheid, Dritte einzuklagen, liegt beim Stiftungsrat. Auch kann die Aufsichtsbehörde den Stiftungsrat dazu anweisen. Nun ist jede Klage mit Risiken verbunden. Dringt ein Kläger nicht durch, erwachsen ihm Kostenfolgen, er muss nicht nur den eigenen Prozessaufwand, sondern auch die Gerichtskosten und jene der Gegenpartei(en) übernehmen, wobei deren Höhe massgeblich vom Streitwert abhängt. Eine erfolglose Klage ist daher aus finanzieller Sicht schlechter als eine unterbliebene. Nach Massgabe seiner Treuepflicht darf der Stiftungsrat deshalb eine Klage grundsätzlich nur dann einleiten, wenn der Stiftung eine vernünftige Chance auf ein Obsiegen bzw. auf einen die gesamten Kosten übersteigenden Prozesserfolg zukommt.

4. Abgrenzung von Beschwerde und Klage

Die zivilrechtliche Klage gegen Stiftungen aktualisiert sich vor allem dort, wo Dritte der Ansicht sind, als Destinatär Anspruch auf Stiftungsleistungen zu haben. Nach BGE 111 II 97 und BGE 108 II 497 sollen offensichtliche Ansprüche auch durch Aufsichtsbeschwerde eingefordert werden können, was aber unter anderem wegen der **Kompetenzenabgrenzung** abzulehnen ist. ZivilrechtlicheАнсprüche sollten grundsätzlich in zivilrechtlichen Verfahren beurteilt werden. Im Zivilverfahren ist über das Bestehen von Ansprüchen Dritter (Destinatäre, Arbeitnehmer, Auftragnehmer, Vermieter etc.) gegen die Stiftung zu entscheiden. Im Beschwerdeverfahren geht es dagegen um die Frage, ob Stiftungsorgane ihre Pflichten oder, allgemeiner gesprochen, anwendbare stiftungsrechtliche Bestimmungen verletzt haben. Kurz: Rechtsansprüche müssen vor dem Zivilgericht geltend gemacht werden, Ermessensleistungen im Stiftungsaufsichtsbeschwerdeverfahren (BGer, 5A_15/2020, 6.5.2020).

Dies schliesst eine konkurrenzierende Zuständigkeit nicht aus. Zum Beispiel kann die unberechtigte Verweigerung von Leistungen an Destinatäre zugleich eine Pflichtverletzung des Stiftungsrats darstellen (BGE 112 II 97 E. 3), oder umgekehrt kann es eine Pflichtverletzung sein, wenn die Stiftung Leistungen ausrichtet, ohne dass dafür ein Rechtsgrund (rechtmässiger Stiftungsratsbeschluss) vorliegt. In solchen Fällen kann oder muss auch die Aufsichtsbehörde einschreiten (BGE 112 II 97). Dabei bleibt es allerdings dem Zivilgericht überlassen, über strittige Ansprüche zu entscheiden (BGE 111 II 97). Die Aufsichtsbehörde kann eine Stiftung auch dazu anhalten, einen ihr gegenüber geltend gemachten Anspruch ohne gerichtlichen Entscheid anzuerkennen (BGer, 5A_827/2020, 26.2.2021). Bestehen hingegen Zweifel am Anspruch, muss der Entscheid dem Zivilgericht überlassen werden (BGE 108 II 497 E. 6).

An rechtskräftige zivilrechtliche Entscheide ist die Aufsichtsbehörde gebunden. Sind sowohl ein Beschwerde- wie auch ein zivilgerichtliches Verfahren hängig, empfiehlt es sich, eines der Verfahren bis zum Entscheid des andern zu sistieren.

5. Strafanzeige

Steht ein strafrechtliches Verhalten von Stiftungsorganen zur Diskussion, kommt eine Strafanzeige gegen die betroffenen Personen in Frage (Art. 301 Abs. 1 StPO), die anstelle einer Beschwerde oder Klage oder parallel zu ihnen eingereicht werden kann. In Frage kommen vor allem Delikte des Vermögensstrafrechts (Veruntreuung, Art. 138 StGB; Ungetreue Geschäftsbesorgung, Art. 158 StGB; Betrug, Art. 146 StGB), Unterlassung der Buchführung (Art. 166 StGB), Urkundenfälschung (Art. 251 StGB; vgl. BGer, 6B_85/2017, 16.10.2017), Geldwäscherei (Art. 305bis StGB), Terrorismusfinanzierung (Art. 260[quinquies] StGB), Insolvenzstrafrecht (inkl. Misswirtschaft, Art. 165 StGB), Steuerstrafrecht. Die Stiftung kann auch selbst strafbar werden (Art. 102 StGB).

6. Teil   Gesetzliche Sonderformen

Die **gesetzlichen Sonderformen** der Stiftung sind die **Familienstiftung**, die **kirchliche Stiftung** und die **Personalvorsorgestiftung**. Bei der Qualifikation der Sonderformen kommt es nicht allein auf ihren Namen oder die Bezeichnung des Stifters an, sondern auf den ganzen Inhalt der Stiftungsurkunde (BGE 93 II 439).

Soweit das Gesetz keine Spezialregeln vorsieht, unterstehen die Sonderformen grundsätzlich den Regeln über gewöhnliche Stiftungen. Allerdings sind dabei die Besonderheiten der Sonderformen zu beachten.

§ 1   Familienstiftung

Art. 87 ZGB

[1] Die Familienstiftungen [...] sind unter Vorbehalt des öffentlichen Rechtes der Aufsichtsbehörde nicht unterstellt.

[1bis] Sie sind von der Pflicht befreit, eine Revisionsstelle zu bezeichnen.

[2] Über Anstände privatrechtlicher Natur entscheidet das Gericht.

Art. 335 ZGB

[1] Ein Vermögen kann mit einer Familie dadurch verbunden werden, dass zur Bestreitung der Kosten der Erziehung, Ausstattung oder Unterstützung von Familienangehörigen oder zu ähnlichen Zwecken eine Familienstiftung nach den Regeln des Personenrechts oder des Erbrechts errichtet wird.

[2] Die Errichtung von Familienfideikommissen ist nicht mehr gestattet.

1. Destinatäre

Eine Besonderheit der Familienstiftung liegt, wie der Name nahelegt, in der **Bindung des Stiftungsvermögens an eine Familie.** Ihre Destinatäre sind ausschliesslich die Angehörigen dieser Familie (BGE 75 II 81). Dabei gilt:

- Es muss sich bei der Familie **nicht um jene des Stifters** handeln.
- Es ist möglich, für eine Familie **mehrere** Familienstiftungen einzurichten.
- Es ist ferner möglich, den Kreis der Destinatäre innerhalb einer Familie **einzuschränken** (zum Beispiel personell auf einen bestimmten **Stamm** oder zeitlich auf eine oder zwei Generationen), sofern die Einschränkung nicht widerrechtlich oder unsittlich ist (BGE 133 III 167). Es darf nicht lediglich **ein** Nachfahre (der Erst- oder der Letztgeborene etc.) pro Generation einziger Destinatär sein (BGE 93 II 439).
- Umstritten ist, ob eine Familienstiftung mehr als eine Familie, also **zwei oder mehr Familien,** einbeziehen und gleichzeitig begünstigen darf.
- Recht häufig findet sich bei Familienstiftungen die Bestimmung, dass im Falle des Aussterbens der Familie **gemeinnützige Zwecke** zu verfolgen seien (BGE 93 III 439). Das macht eine Familienstiftung mit dem Aussterben der Familie zur gewöhnlichen Stiftung. Sind diese Zwecke hingegen **gleichzeitig** zu verfolgen, liegt eine **gemischte Stiftung** vor.

Mit einer Familie verbunden sind Personen durch Blutsverwandtschaft, Adoption, Kindesanerkennung, Ehe, eingetragene Partnerschaft. Es ist umstritten,

- ob auch **weitere** mit der Familie verbundene **Personen** wie Hausgenossen oder Pflegekinder und vor allem Konkubinatspartner einbezogen werden können;
- ob der **Stifter** selbst Destinatär sein darf.

Von Gesetzes wegen kommen den Destinatären bei Familienstiftungen keine Einsichts-, Informations- oder Auskunftsrechte zu. Es liegt ausschliesslich am Stifter, solche vorzusehen bzw., wo dies nicht erfolgt, am Stiftungsrat, solche nach seinem Ermessen zu gewähren.

2.   Einschränkung des Zwecks

Die zweite Besonderheit betrifft die Einschränkung ihres Zwecks: Eine Familienstiftung darf lediglich der **Unterstützung** von Familienangehörigen **bei Bedürftigkeit, für die Ausbildung, Ausstattung oder für ähnliche Zwecke** dienen (Art. 335 Abs. 1 ZGB). Diese Aufzählung ist abschliessend. Die Einschränkung hat zu einer ganzen Anzahl von Gerichtsentscheiden geführt, in welchen dargelegt wird, was unter diese Zwecke subsumiert werden darf. Unter «Ausstattung» wird verstanden, was der Begründung, Verbesserung und Sicherung der Existenz bei Heirat bzw. bei der Aufnahme einer selbständigen Geschäftstätigkeit dient. Auch «ähnliche Zwecke» setzen eine Bedürfnislage voraus.

«Unterhaltsstiftungen», d.h. Stiftungen, die einen höheren Lebensstandard oder ein höheres Ansehen einer Familie bewirken wollen, sind unzulässig und nichtig, sofern sie nicht durch Konversion gerettet werden können (BGE 93 II 439). Bemerkenswert ist dabei, dass der Wortlaut von Art. 335 Abs. 1 ZGB kein ausdrückliches Verbot von Unterhaltsstiftungen enthält. Bis in die 1940er Jahre wurden denn auch Unterhaltsstiftungen errichtet und toleriert. In der schweren Zeit des Zweiten Weltkriegs kamen rechtspolitische Bedenken auf. 1945 fällte das Bundesgericht, gestützt auf eine neue Literaturmeinung, einen Leitentscheid, in dem es festhielt, Unterhaltsstiftungen seien unzulässig (BGE 71 I 265). Seither hielt es daran fest (BGer, 2C_157/2010, 12.12.2010), obwohl die weit überwiegende Lehre dieses nicht mehr zeitgemässe und nicht dem Wortlaut des Gesetzes entsprechende Verbot ablehnt.

Im Jahr 2021 hat das Bundesverwaltungsgericht mehreren Familienstiftungen die Eintragung im Handelsregister verweigert, weil sie als unzulässige Unterhaltsstiftungen zu qualifizieren seien (BVGer, B-1749/2020, 16.8.2021; B-951/2020, 16.8.2021; B-5100/2020, 23.11.2021). Hintergrund dieser (weiteren) Fehlentwicklung war eine fragwürdige, rigide und im Übrigen inkonsistente Haltung des zur Auslegung von Art. 335 ZGB gar nicht kompetenten Eidg. Handelsregisteramts.

Familienfideikommisse sind nicht mehr gestattet (Art. 335 Abs. 2 ZGB). Es handelt sich dabei um keine Stiftungen, sondern um ein Sondervermögen, nämlich einen Vermögenskomplex, der durch Privatdisposition unveräusserlich mit einer Familie verbunden und zum Genuss der Familienmitglieder nach festgesetzter Sukzessionsordnung bestimmt ist (BGer, 2P.168/2002, 25.11.2002). Dieses Verbot beruht wie jenes von Unterhaltsstiftungen auf sittlichen Erwägungen, die heute als überholt empfunden werden. Die Einschränkung von Art. 335 Abs. 2 ZGB befriedigt auch deshalb nicht, weil sie, internationalprivatrechtlich betrachtet, keine *loi d'application immédiate* i.S.v. Art. 18 IPRG darstellt, weshalb in der Schweiz ausländische Stiftungen mit Unterhaltscharakter anerkannt werden (BGE 135 III 614). Dies bedeutet eine **Inländerdiskriminierung**: In der Schweiz Ansässige müssen zu ausländischen Rechtsinstituten greifen, um zu Gestaltungsmöglichkeiten zu gelangen, die ihnen in der Schweiz selbst verwehrt werden, zum Beispiel zu der **Privatstiftung**, wie sie Österreich (nach dem Privatstiftungsgesetz, PSG) kennt.

Möglich sind hingegen, wie bei der gewöhnlichen Stiftung,

- Auflagen und Bedingungen;
- Sonderrechte zugunsten einzelner bezeichneter Personen (hier ausserhalb der Familie);
- die bloss gelegentliche, nebenhergehende, unbedeutende Verwendung von Stiftungsvermögen für andere Zwecke (BGer, 5C_68/2006, 30.11.2006, E. 5).

3. Buchführung

Eine «Milchbüchleinrechnung», d.h. die Buchführung lediglich über Einnahmen und Ausgaben und über die Vermögenslage, reicht nicht aus. Vielmehr ist eine Buchführung nach Art. 957 ff. OR erforderlich.

4. Konkursbetreibung

Dass seit dem 1. Januar 2016 auch Familienstiftungen im Handelsregister eingetragen werden müssen, hat zur Konsequenz, dass auch Familienstiftungen der Konkursbetreibung unterliegen (Art. 39 Abs. 1 Ziff. 12 SchKG).

5. Keine Revisionsstelle

Familienstiftungen müssen keine Revisionsstelle bezeichnen (Art. 87 Abs. 1bis ZGB). Dies gilt nicht für Familienstiftungen, die auch Merkmale, insbesondere den Teilzweck einer gewöhnlichen Stiftung aufweisen und daher gemischte Stiftungen darstellen.

6. Aufsicht

Familienstiftungen unterstehen keiner staatlichen Aufsicht (Art. 87 Abs. 1 ZGB). Grundsätzlich haben die Stiftungsorgane dieselben Pflichten wie bei einer gewöhnlichen Stiftung, aber sie müssen sich nicht gegenüber einer Aufsicht rechtfertigen. Gründe dafür sind der intime Charakter dieser Stiftungsform sowie der Umstand, dass Aussenstehende mit ihr kaum in Kontakt kommen. Es besteht insofern ein geringes öffentliches Interesse, zumal Familienstiftungen auch nicht steuerbefreit sind. Man nimmt an, dass sich die Destinatäre bei Missständen selbst zu helfen wissen. Teilweise üben die ordentlichen Gerichte Aufsichtsfunktionen aus. Sie ersetzen die

Funktionen der Stiftungsaufsichtsbeschwerde durch Leistungs-, Unterlassungs-, Feststellungs- und Gestaltungsklagen (VGer ZH, VB.2021.00057, 20.5.2021) und sind auch zuständig, Stiftungsratsmitglieder ihres Amtes zu entheben (BGer, 5A_401/2010, 11.8.2010).

Für **Umgestaltungen** der Stiftung, insbesondere Änderung der Stiftungsurkunde (Zweck- und Organisationsänderungen), Fusion oder Vermögensübertragung, ist der Stiftungsrat bzw. das gemäss Stiftungsurkunde dazu vorgesehene Stiftungsorgan zuständig, was in Lehre und Gerichtspraxis allerdings teilweise bestritten wird (BVGer, B-1749/2020, 16.8.2021). Gegen solche Beschlüsse können Destinatäre das Gericht anrufen.

Die **Aufhebung** der Stiftung fällt in die Kompetenz des Gerichts (Art. 88 Abs. 2 ZGB). Dies gilt natürlich auch für die **Nichtigerklärung**.

Es ist umstritten, ob als Gericht i.S.v. Art. 87 Abs. 2 ZGB auch ein **Schiedsgericht** verstanden werden darf. Nach der Lehre sollen für Klagen auf Nichtigerklärung oder Aufhebung der Stiftung einzig die staatlichen Gerichte zuständig sein, ausser wenn keine Rechte Dritter betroffen sind und sämtliche Destinatäre am Verfahren teilnehmen.

7. Praxis

Funktional sind Familienstiftungen zum Teil durch das staatliche Sozialversicherungs- und Vorsorgewesen abgelöst worden. Hinzu kommt, dass die Errichtung von Familienstiftungen mit **negativen Steuerfolgen** verbunden ist. Die Einbringung von Vermögen in eine Familienstiftung wird in der Regel mit kantonalen Erbschafts- und Schenkungssteuern zu dem auf Nichtverwandte anwendbaren **Maximalsteuersatz** besteuert. In verschiedenen Kantonen gilt dies auch für die von der Stiftung ausgerichteten Leistungen, welche Einkommenssteuern auslösen. Dies alles, der durch die Sozialversicherungen reduzierte Bedarf, vor allem aber die stark negativen Steuerfolgen sowie die vom Gesetzgeber eingeschränkte und von der Gerichtspraxis noch weiter verengte Zwecksetzung, hat dazu geführt, dass heute nur noch wenige Familienstiftungen errichtet werden. So wird der Gebrauch eines an sich sinnvollen und nachgefragten Rechtsinstituts aus fiskalischen und überholten moralischen Gründen mehr oder weniger vereitelt.

§ 2   Kirchliche Stiftung

Art. 87 ZGB

[1] Die [...] kirchlichen Stiftungen sind unter Vorbehalt des öffentlichen Rechtes der Aufsichtsbehörde nicht unterstellt.

[1bis] Sie sind von der Pflicht befreit, eine Revisionsstelle zu bezeichnen.

[2] Über Anstände privatrechtlicher Natur entscheidet das Gericht.

1.   Allgemeines

Kirchliche Stiftungen sind oft Träger kirchlicher Einrichtungen (Kirchengebäude, Priesterseminare usw.) und kommen vorwiegend bei der katholischen Kirche vor, wo sie von grosser Bedeutung sind. An ihr hat sich der Gesetzgeber auch orientiert. Dessen ungeachtet beschränken sich kirchliche Stiftungen nicht auf bestimmte Konfessionen oder Glaubensgemeinschaften christlicher Natur (so gibt es auch kirchliche Stiftungen muslimischer Ausrichtung). Ferner ist der rechtliche Status der Kirche nicht von Bedeutung.

Über den Umfang ihres Vermögens ist bislang wenig bekannt. Im Zeitalter verstärkter Bekämpfung von Geldwäscherei und Terrorismus-Finanzierung wird ihnen deshalb zunehmend das Fehlen von Transparenz vorgeworfen.

2. Voraussetzungen

Das ZGB enthält keine Legaldefinition der kirchlichen Stiftungen. Nach Lehre und Praxis setzen sie eine kirchliche Zwecksetzung und eine organisatorische Verbindung zu einer Religionsgemeinschaft voraus (VGer SG, B 2016/105, 22.3.2018; BGer, 5A_462/2018, 12.11.2018). Danach müssen zwei Voraussetzungen kumulativ erfüllt sein (BGE 106 II 106):

- Es muss ein **kirchlicher Zweck** gegeben sein, d.h. ein Zweck, der – mittelbar oder unmittelbar – dem Glauben an einen Gott dient. Soziale oder karitative Zwecke sind keine kirchlichen Zwecke, auch wenn sie von einer Kirche wahrgenommen werden; kirchlich ist aber die Unterstützung Hilfsbedürftiger, wenn die Seelsorge im Vordergrund steht. Aus praktischer Sicht lassen sich die kirchlichen Zwecke in die drei Fallgruppen der kirchlichen **Ämter,** der kirchlichen **Lehre** bzw. des kirchlichen **Glaubens** und schliesslich der kirchlichen **Einrichtungen** unterteilen.

- Gefordert ist ferner die «**organische Verbindung» mit einer Religionsgemeinschaft;** sie muss so stark sein, dass die Religionsgemeinschaft die Aufgaben der staatlichen Aufsicht wahrnehmen und die stiftungszweckgemässe Verwendung und richtige Verwaltung des Stiftungsvermögens sicherstellen kann.

3. Aufsicht

Dass kirchliche Stiftungen **keiner staatlichen Aufsicht** unterstehen (Art. 87 Abs. 1 ZGB), hat seinen Grund im Respekt des Gesetzgebers vor der Autonomie der Kirche und ihren eigenen Kontrollmechanismen. Er ging also von einer eigenen, autonomen Aufsicht der betreffenden Religionsgemeinschaft aus. Die Einbindung der

Stiftung in die kirchliche oder religiöse Organisation soll die staatliche Aufsicht ersetzen. Im Gegensatz zur Familienstiftung hat die kirchliche Stiftung demnach funktionell eine (ständige) Aufsicht. Dieser obliegen denn auch die nicht strittigen Aufsichtsaufgaben wie die Änderung der Stiftungsurkunde. Soweit sich aber die kirchliche Aufsicht nicht damit befasst, ist mit einem Teil der Lehre von der entsprechenden Kompetenz des Stiftungsrats auszugehen. In strittigen Fällen ist wie bei den Familienstiftungen das Zivilgericht zuständig (Art. 87 Abs. 2 ZGB).

4. Handelsregister

Seit dem 1. Januar 2016 müssen auch kirchliche Stiftungen im Handelsregister eingetragen werden. Dabei sind sie gegenüber den Familienstiftungen privilegiert, indem der Bundesrat nach Art. 6b Abs. 2bis Satz 3 SchlT ZGB die besonderen Verhältnisse bei den kirchlichen Stiftungen zu berücksichtigen hat. Dies sollte die Eintragung auch bei sehr alten kirchlichen Stiftungen ermöglichen, die nicht mehr alle notwendigen Belege für die Handelsregisteranmeldung zu finden vermochten. Die HRegV wurde entsprechend angepasst (vgl. Art. 95 Abs. 1 lit. e Ziff. 3 und 181a HRegV).

§ 3 Personalvorsorgestiftung

Art. 89a ZGB

[1] Für Personalfürsorgeeinrichtungen, die gemäss Artikel 331 des Obligationenrechts in Form der Stiftung errichtet worden sind, gelten überdies noch folgende Bestimmungen.

[2] Die Stiftungsorgane haben den Begünstigten über die Organisation, die Tätigkeit und die Vermögenslage der Stiftung den erforderlichen Aufschluss zu erteilen.

[3] Leisten die Arbeitnehmer Beiträge an die Stiftung, so sind sie an der Verwaltung wenigstens nach Massgabe dieser Beiträge zu beteiligen; soweit möglich haben die Arbeitnehmer ihre Vertretung aus dem Personal des Arbeitgebers zu wählen.

[4] …

[5] Die Begünstigten können auf Ausrichtung von Leistungen der Stiftung klagen, wenn sie Beiträge an diese entrichtet haben oder wenn ihnen nach den Stiftungsbestimmungen ein Rechtsanspruch auf Leistungen zusteht.

[6] Für Personalfürsorgestiftungen, die auf dem Gebiet der Alters-, Hinterlassenen- und Invalidenvorsorge tätig sind und die dem Freizügigkeitsgesetz vom 17. Dezember 1993 (FZG) unterstellt sind, gelten überdies die folgenden Bestimmungen des Bundesgesetzes vom 25. Juni 1982 über die berufliche Alters-, Hinterlassenen- und Invalidenvorsorge (BVG) über:

1. die Definition und Grundsätze der beruflichen Vorsorge sowie des versicherbaren Lohnes oder des versicherbaren Einkommens (Art. 1, 33a und 33b),

2. die Unterstellung der Personen unter die AHV (Art. 5 Abs. 1),

3. die Begünstigten bei Hinterlassenenleistungen (Art. 20a),

3a. die Anpassung der Invalidenrente nach dem Vorsorgeausgleich (Art. 24 Abs. 5),

3b. die provisorische Weiterversicherung und Aufrechterhaltung des Leistungsanspruchs bei Herabsetzung oder Aufhebung der Rente der Invalidenversicherung (Art. 26a),

4. die Anpassung der reglementarischen Leistungen an die Preisentwicklung (Art. 36 Abs. 2–4),

4*a.* die Zustimmung bei Kapitalabfindung (Art. 37*a*),

4*b.* die Massnahmen bei Vernachlässigung der Unterhaltspflicht (Art. 40),

5. die Verjährung von Ansprüchen und die Aufbewahrung von Vorsorgeunterlagen (Art. 41),

5*a.*die Verwendung, Bearbeitung und Bekanntgabe der AHV-Nummer (Art. 48 Abs. 4, Art. 85*a* Bst. f und Art. 86*a* Abs. 2 Bst. b^bis),

6. die Verantwortlichkeit (Art. 52),

7. die Zulassung und die Aufgaben der Kontrollorgane (Art. 52*a*–52*e*),

8. die Integrität und Loyalität der Verantwortlichen, die Rechtsgeschäfte mit Nahestehenden und die Interessenkonflikte (Art. 51*b*, 51*c* und 53*a*),

9. die Teil- oder Gesamtliquidation (Art. 53*b*–53*d*),

10. die Auflösung von Verträgen (Art. 53*e* und 53*f*),

11. den Sicherheitsfonds (Art. 56 Abs. 1 Bst. c und Abs. 2–5, Art. 56*a*, 57 und 59),

12. die Aufsicht und die Oberaufsicht (Art. 61–62*a* und 64–64*c*),

13. ...

14. die finanzielle Sicherheit (Art. 65 Abs. 1, 3 und 4, Art. 66 Abs. 4, Art. 67 und Art. 72*a*–72*g*),

15. die Transparenz (Art. 65*a*),

16. die Rückstellungen (Art. 65*b*),

17. die Versicherungsverträge zwischen Vorsorgeeinrichtungen und Versicherungseinrichtungen (Art. 68 Abs. 3 und 4),

18. die Vermögensverwaltung (Art. 71) und die Stimmpflicht als Aktionärin (Art. 71*a* und 71*b*),

19. die Rechtspflege (Art. 73 und 74),

20. die Strafbestimmungen (Art. 75–79),

21. den Einkauf (Art. 79*b*),

22. den versicherbaren Lohn und das versicherbare Einkommen (Art. 79*c*),

23. die Information der Versicherten (Art. 86*b*).

...

1. Allgemeines

Aufgrund des BVG wird jeder Arbeitgeber, der obligatorisch zu versichernde Arbeitnehmer beschäftigt, verpflichtet, eine eigene berufliche Vorsorgeeinrichtung zu errichten oder sich an eine bestehende anzuschliessen. Als Rechtsform für eine Vorsorgeeinrichtung kommen neben der Stiftung auch eine Genossenschaft oder eine Einrichtung des öffentlichen Rechts in Frage. In der Praxis hat sich aber die Stiftung durchgesetzt.

Art. 89a ZGB spricht aus historischen Gründen von Personal**fürsorge**stiftungen; sie betreiben aber Personal**vorsorge** – ein Begriff, der auch im FGZ verwendet wird, weshalb es dieses Buch ebenso hält.

Art. 89a ZGB bezweckt eine **Verstärkung der Stellung der Destinatäre** (BBl 1956 II 833 f.). Er kann nicht zu ihren Ungunsten geändert werden, nicht einmal mit ihrem Willen.

In Ergänzung zu den generellen Stiftungsregeln finden sich die besonderen rechtlichen Grundlagen für Personalvorsorgestiftungen:

- im Arbeitsvertragsrecht (Art. 331, 331a–c OR; Vorschriften über die Beitragspflicht von Arbeitgeber und Arbeitnehmer und über die Pflichten der Personalvorsorgeeinrichtung) sowie
- im BVG und in den dazugehörenden Ausführungsbestimmungen (ergänzende Spezialvorschriften über die Organisation von Stiftungen, die auf dem Gebiet der Personalvorsorge tätig sind; es handelt sich um rund 25 Durchführungsverordnungen und Reglemente). Je nach Umfang der Leistungen der Stiftungen sind alle oder nur einzelne Bestimmungen des BVG anwendbar. Die im ZGB und im OR enthaltenen Bestimmungen gelten trotz der BVG-Erlasse grundsätzlich weiter. Bei inhaltlichen Widersprüchen gehen aber die zusätzlichen Normen als *lex specialis* vor.

Die Personalvorsorgestiftung zeigt gegenüber den übrigen Stiftungen ein Doppelgesicht: Einerseits handelt es sich beim Personalvorsorgerecht um ein eigenes Rechtsgebiet, und eine Legiferierung ausserhalb des Stiftungsrechts liesse sich daher rechtfertigen. Andererseits hat die Personalvorsorgestiftung zahlreiche Gerichtsentscheide mit Bedeutung für das ganze Stiftungswesen provoziert. Gerade solche Entscheide sind aber sorgfältig daraufhin zu prüfen, ob sie über die Besonderheiten der Personalvorsorgestiftung hinaus auch auf andere Stiftungsformen anwendbar sind.

2.　Besonderheiten

Personalvorsorgestiftungen unterscheiden sich von den gewöhnlichen Stiftungen

- durch ihren **Zweck:** Sie bezwecken, bei bestimmten Wechselfällen des Lebens (vor allem zur Linderung der wirtschaftlichen Folgen beim Ausscheiden aus dem Erwerbsleben, Arbeitslosigkeit, Invalidität, Tod etc.) geldwerte Leistungen zu erbringen;

- durch ihren **Destinatärskreis:** Es handelt sich um Personal, um Arbeitnehmer des Stifterunternehmens oder um mehrere Arbeitgeber und ihre Angehörigen, wobei die Leistungen an sie nach versicherungstechnischen Grundsätzen erbracht werden;

- durch ihre **Aufsicht:** Die Aufsicht über Personalvorsorgestiftungen (und andere Formen der Pensionskassen) wird dezentral durch die Kantone bzw. die Aufsichtsregionen der Kantone wahrgenommen. Hinzu kommt die Oberaufsichtskommission Berufliche Vorsorge OAK BV. Sie ist als unabhängige Behördenkommission den Aufsichtsbehörden übergeordnet und hat für Qualitätssicherung und Rechtssicherheit zu sorgen.

§ 4 Gemischte Stiftung

Stiftungen, die in sich Merkmale der gewöhnlichen Stiftung wie auch einer gesetzlichen Sonderform (Familienstiftung, kirchliche Stiftung oder Personalvorsorgestiftung), oder von zwei Sonderformen, aufnehmen, nennt man gemischte Stiftungen. Die Frage, ob eine «reine» oder eine gemischte Stiftung vorliegt, ist in Bezug auf ihre **Aufsicht** relevant: Gemischte Stiftungen mit Elementen einer gewöhnlichen Stiftung werden in der Regel von den staatlichen Aufsichtsbehörden beaufsichtigt. Nach einer Lehrmeinung, der zuzustimmen ist, sollten aber gemischte Stiftungen insgesamt dem Typus zugerechnet werden, dem sie nach ihrem Zweck am nächsten kommen. Dies würde etwa dazu führen, dass eine gemischte Stiftung, die überwiegend eine Familienstiftung ist, keiner staatlichen Aufsicht untersteht.

Ferner ist die Qualifikation von Bedeutung für die Frage der **Zuständigkeit**: Für eine gemischte Stiftung, die Elemente der gewöhnlichen Stiftung und einer Familienstiftung (oder einer anderen gesetzlichen Sonderform) aufweist, sind – im Rahmen ihrer sachlichen Kompetenz – die Aufsichtsbehörden, für «reine» Familienstiftungen aber die Gerichte zuständig (BGer, 5A_602/2008, 25.11.2008).

§ 5 Sammelstiftung

Die Zahl der Vorsorgeeinrichtungen sinkt seit langer Zeit. Gemäss der OAK BV ist sie zwischen 2014 und 2021 um rund einen Viertel auf 1'500 zurückgegangen. Davon profitieren vor allem Sammel- und Gemeinschaftseinrichtungen (SGE). Laut der OAK BV machen sie lediglich 18 % der Vorsorgeeinrichtungen aus, versichern aber 72 % der aktiven Versicherten. Dies liegt daran, dass sich vor allem kleinere und mittlere Unternehmen, die keine eigene Personalvorsorgeeinrichtung errichten wollen, sich einer Sammelstiftung anschliessen (vgl. Art. 51 Abs. 3, 68*a* BVG). Sammelstiftungen werden meist von Banken, Versicherungen, Arbeitgeberverbänden oder Treuhandfirmen geführt. Für die Aufsicht über die Vorsorgeeinrichtungen der zweiten Säule sind primär die kantonalen Aufsichtsbehörden und das Bundesamt für Sozialversicherungen (BSV) zuständig.

§ 6 Patronaler Wohlfahrtsfonds

Art. 89*a* ZGB

...

[7] Für Personalfürsorgestiftungen, die auf dem Gebiet der Alters-, Hinterlassenen- und Invalidenvorsorge tätig sind, aber nicht dem FZG unterstellt sind, wie sogenannte patronale Wohlfahrtsfonds mit Ermessensleistungen [...], gelten von den Bestimmungen des BVG nur die folgenden:

1. die Unterstellung der Personen unter die AHV (Art. 5 Abs. 1);
2. die Verwendung, Bearbeitung und Bekanntgabe der AHV-Nummer (Art. 48 Abs. 4, 85*a* Bst. f und 86*a* Abs. 2 Bst. b[bis]);
3. die Verantwortlichkeit (Art. 52);
4. die Zulassung und die Aufgaben der Revisionsstelle (Art. 52*a*, 52*b* und 52*c* Abs. 1 Bst. a–d und g, 2 und 3);
5. die Integrität und Loyalität der Verantwortlichen, die Rechtsgeschäfte mit Nahestehenden und die Interessenkonflikte (Art. 51*b*, 51*c* und 53*a*);
6. die Gesamtliquidation (Art. 53*c*);
7. die Aufsicht und die Oberaufsicht (Art. 61–62*a* und 64–64*b*);
8. die Rechtspflege (Art. 73 und 74);
9. die Strafbestimmungen (Art. 75–79);
10. die steuerliche Behandlung (Art. 80, 81 Abs. 1 und 83)

[8] Für Personalfürsorgestiftungen nach Absatz 7 gelten zudem die folgenden Bestimmungen:

1. Sie verwalten ihr Vermögen so, dass Sicherheit, genügender Ertrag auf den Anlagen und die für ihre Aufgaben benötigten flüssigen Mittel gewährleistet sind.

2. Über Teilliquidationssachverhalte von patronalen Wohlfahrtsfonds mit Ermessensleistungen verfügt die Aufsichtsbehörde auf Antrag des Stiftungsrats.

3. Sie beachten die Grundsätze der Gleichbehandlung und der Angemessenheit sinngemäss.

Patronale Wohlfahrtsfonds stehen am Anfang der beruflichen Vorsorge in der Schweiz. Sie wurden häufig durch einen «Patron» zu Gunsten der Beschäftigten seiner Gesellschaft gegründet, und zwar für Notlagen, wie Krankheit, Tod, Invalidität oder Arbeitslosigkeit. Sie dienten als finanzielle Reserve für freiwillige Leistungen an die Arbeitnehmer in Bedürftigkeitssituationen. «Patronal» sind sie auch, weil ihre Leistungen **Ermessensleistungen** sind. Die Begünstigten haben keinen Anspruch auf sie, d.h., der «Patron» bzw. der Stiftungsrat entscheidet über die Leistungen. Nach Inkrafttreten des BVG wandelten sich viele Wohlfahrtsfonds in eine BVG-Vorsorgeeinrichtung um.

Im Laufe der Zeit wurden die Bestimmungen für Wohlfahrtsfonds immer unverhältnismässiger. Am 1. April 2016 wurden die rechtlichen Rahmenbedingungen wieder vereinfacht. Als patronale Wohlfahrtsfonds gelten seither jene Einrichtungen, die auf dem Gebiet der Alters-, Hinterlassenen- und Invalidenvorsorge tätig sind, nicht dem Freizügigkeitsgesetz unterstehen und deren Finanzierung nicht (auch) durch den Arbeitnehmer erfolgt (Weisungen OAK BV – W-02/2016 – Wohlfahrtsfonds gemäss Art. 89*a* Abs. 7 ZGB, Bern 2016, Abs. 1).

Wohlfahrtsfonds gelten als Stiftungen der beruflichen Vorsorge, sind aber lediglich einzelnen Bestimmungen des BVG unterstellt (Art. 89*a* Abs. 7 ZGB). Verschiedene Merkmale sprechen dafür, die

BVG-Normen nur analog anzuwenden, wenn und soweit sie mit der Einrichtung vereinbar sind (vgl. BVGer, A-2588/2013, 4.2.2016), und sie grundsätzlich als gewöhnliche Stiftungen gemäss Art. 80 ff. ZGB zu behandeln. Sie werden freiwillig gegründet, nicht aufgrund eines gesetzlichen Zwangs, sondern aufgrund eines Stifterwillens, der vollumfänglich zu beachten bleibt. Wohlfahrtsfonds sehen **keine reglementarischen Leistungen** vor und haben deshalb auch **keine Versicherten**, sondern Destinatäre. Der Kreis der Destinatäre ist weiter als jener der Versicherten in der Vorsorgeeinrichtung mit reglementarischen Leistungen. Er kann auch Arbeitnehmer des Stifterunternehmens umfassen, die aus Altersgründen oder wegen Unterschreitens des Mindesteinkommens nicht in der registrierten Vorsorgeeinrichtung des Arbeitgebers versichert werden können, oder ehemalige Arbeitnehmer im Ruhestand, Hinterbliebene von ehemaligen Arbeitnehmern etc. Mit anderen Worten gehören zu den Destinatären auch Personen, die keine Versicherten von Pensionskassen sein könnten. Ermessensleistungen an sie erfolgen im Grunde auch nicht «überobligatorisch», vielmehr vollkommen freiwillig. Sie dürfen nur ausgerichtet werden, wenn damit der Zweck umgesetzt wird. Dazu muss eine Bedürfnislage vorliegen. Auch die Äufnung von Wohlfahrtsfonds erfolgt so freiwillig wie ihre Errichtung überhaupt. Sie geschieht sodann nicht «paritätisch»; die Destinatäre sind nicht notwendigerweise Arbeitnehmer des Stifterunternehmens oder angeschlossener Unternehmen.

Art. 89*a* Abs. 8 ZGB enthält einige weitere auf Wohlfahrtsfonds anwendbare Bestimmungen: 1. Sie haben ihr Vermögen so zu verwalten, dass Sicherheit, genügender Ertrag auf den Anlagen und die für ihre Aufgaben benötigten flüssigen Mittel gewährleistet sind. 2. Über Teilliquidationssachverhalte verfügt die Aufsichtsbehörde auf Antrag des Stiftungsrats. 3. Wohlfahrtsfonds haben die Grundsätze der Gleichbehandlung und der Angemessenheit sinngemäss zu beachten.

§ 7   Anlagestiftung

Art. 53*g* BVG   Zweck und anwendbares Recht

[1] Zur gemeinsamen Anlage und Verwaltung von Vorsorgegeldern können Stiftungen nach den Artikeln 80–89*a* ZGB gegründet werden.

[2] Anlagestiftungen sind Einrichtungen, die der beruflichen Vorsorge dienen. Sie unterstehen diesem Gesetz. Soweit dieses Gesetz und seine Ausführungsbestimmungen keine auf die Anlagestiftung anwendbare Regelung vorsehen, sind auf sie subsidiär die allgemeinen Bestimmungen des Stiftungsrechts anwendbar.

Art. 53*h* BVG   Organisation

[1] Das oberste Organ der Anlagestiftung ist die Anlegerversammlung.

[2] Der Stiftungsrat ist das geschäftsführende Organ. Mit Ausnahme der Aufgaben, die unmittelbar mit der obersten Leitung der Anlagestiftung verbunden sind, kann er die Geschäftsleitung an Dritte delegieren.

[3] Die Anlegerversammlung erlässt Bestimmungen über die Organisation, die Verwaltung und die Kontrolle der Anlagestiftung.

Art. 53*i* BVG   Vermögen

[1] Das Gesamtvermögen der Anlagestiftung umfasst das Stammvermögen und das Anlagevermögen. Die Anlegerversammlung erlässt Bestimmungen über die Anlagen dieser Vermögen. Die Statuten können bestimmen, dass diese Befugnis durch den Stiftungsrat ausgeübt wird.

[2] Das Anlagevermögen besteht aus den von Anlegern zum Zwecke der gemeinsamen Vermögensanlage eingebrachten Geldern. Es bildet eine Anlagegruppe oder gliedert sich in mehrere Anlagegruppen. Die Anlagegruppen werden rechnerisch selbständig geführt und sind wirtschaftlich voneinander unabhängig.

³ Eine Anlagegruppe besteht aus gleichen und nennwertlosen Ansprüchen eines oder mehrerer Anleger.

⁴ Sachen und Rechte, die zu einer Anlagegruppe gehören, werden im Konkurs der Anlagestiftung zugunsten von deren Anlegern abgesondert. Dasselbe gilt sinngemäss für den Nachlassvertrag mit Vermögensabtretung. Vorbehalten bleibt ein Anspruch der Anlagestiftung auf:
a. die vertraglich vorgesehenen Vergütungen;
b. Befreiung von den Verbindlichkeiten, die sie in richtiger Erfüllung ihrer Aufgaben für eine Anlagegruppe eingegangen ist;
c. Ersatz der Aufwendungen, die sie zur Erfüllung dieser Verbindlichkeiten gemacht hat.

⁵ Die Verrechnung ist nur zulässig bei Forderungen innerhalb der gleichen Anlagegruppe oder bei Forderungen innerhalb des Stammvermögens.

Art. 53j BVG   Haftung

¹ Die Haftung der Anlagestiftung für Verbindlichkeiten einer Anlagegruppe ist auf das Vermögen dieser Anlagegruppe beschränkt.

² Jede Anlagegruppe haftet nur für eigene Verbindlichkeiten.

³ Die Haftung der Anleger ist ausgeschlossen.

Art. 53k BVG   Ausführungsbestimmungen

Der Bundesrat erlässt Bestimmungen über:
a. den Anlegerkreis;
b. die Äufnung und Verwendung des Stammvermögens;
c. die Gründung, Organisation und Aufhebung;
d. die Anlage, Buchführung, Rechnungslegung und Revision;
e. die Anlegerrechte.

Anlagestiftungen sind vor rund 50 Jahren in der Praxis entstanden und haben seitdem zunehmende Bedeutung erlangt. Lange wurden sie indes nicht eigenständig kodifiziert. Am 1. Januar 2012 sind erstmals Bestimmungen über diesen Stiftungstyp in Kraft getreten, nicht im ZGB, sondern im BVG (Art. 53g–53k BVG). Ausserdem sind mehrere Verordnungen angepasst und die Verordnung über Anlagestiftungen (ASV) erlassen worden. Am 1. August 2019 ist eine Revision dieser Verordnung in Kraft getreten. Sie stärkt die Anlegerversammlung als oberstes Organ der Anlagestiftung. Die Anlegerversammlung ist neu allein für die Wahl des Stiftungsrats zuständig, was mit Blick auf die damit einhergehende Begrenzung der Stifterfreiheit problematisch ist. Zudem werden die Anlagemöglichkeiten und die Flexibilität der Anlagestiftungen erweitert. Anlagestiftungen sind der OAK BV unterstellt.

Sie sind keine Personalvorsorgestiftungen, sondern dienen der kollektiven Anlage und Verwaltung von Geldern beruflicher Vorsorgeeinrichtungen. Dogmatisch weichen sie in mehrfacher Hinsicht von den gewöhnlichen Stiftungen ab. Sie enthalten korporative Elemente, insbesondere eine **Anlegerversammlung** als oberstes Organ, und verfügen über eine in einem Reglement festgelegte gesellschaftsrechtliche Organisation.

§ 8 Öffentlich-rechtliche Stiftung

Öffentlich-rechtliche Stiftungen unterstehen kraft Verweisung in Art. 59 Abs. 1 ZGB grundsätzlich, insbesondere hinsichtlich ihrer Entstehung und Organisation, dem öffentlichen Recht. Sie können dem eidgenössischen öffentlichen Recht oder dem öffentlichen Recht eines Kantons oder einer Gemeinde unterliegen. Wie im Privatrecht gibt es selbständige und unselbständige öffentlich-rechtliche Stiftungen.

Die Abgrenzung von privatrechtlichen und öffentlich-rechtlichen Stiftungen begegnet dogmatischen Schwierigkeiten. In Lehre und Praxis werden zahlreiche Kriterien dafür herangezogen. Relevant ist insbesondere die **Entstehung durch öffentliches Recht**, durch einen staatlichen Errichtungsakt in Form eines Gesetzes oder einer auf ein Gesetz gestützten Verfügung. Öffentlich-rechtliche Stiftungen:

- erfüllen nach Massgabe ihres Zwecks eine Verwaltungsaufgabe bzw. Bedürfnisse im allgemeinen Interesse (BGE 147 II 264);
- unterstehen der Organisationsaufsicht ihres Trägergemeinwesens;
- sind dem Gesetz, mit dem sie errichtet wurden, und den allgemeinen verwaltungsrechtlichen Normen über öffentlich-rechtliche juristische Personen unterworfen. Wo eine öffentlich-rechtliche Stiftung ursprünglich auf einem privaten Rechtsgeschäft beruht, zum Beispiel einem Testament, wird allerdings teilweise analog auf das Privatrecht abgestellt;
- können durch Gesetze oder Verwaltungsakte jederzeit geändert oder aufgehoben werden;
- werden in der Regel von der öffentlichen Hand alimentiert (zum Beispiel Schweizer Kulturstiftung Pro Helvetia, Schweizerischer Nationalfonds zur Förderung der Wissenschaftlichen Forschung).

§ 9   Unselbständige Stiftung

Unselbständige (oder «fiduziarische») Stiftungen sind **Sondervermögen ohne Rechtspersönlichkeit.** Sie kommen häufig vor. Namentlich zahlreiche «Fonds» fallen darunter, zum Beispiel zweckgebundene Zuwendungen an Einrichtungen der öffentlichen Hand oder an Dachstiftungen.

Eine unselbständige Stiftung entsteht nicht durch das Stiftungsgeschäft nach Art. 80 ff. ZGB, sondern durch ein **privatrechtliches Rechtsgeschäft,** das mit einer Auflage verbunden wird, insbesondere durch eine unentgeltliche Zuwendung in Form einer **Schenkung** mit Auflage i.S.v. Art. 245 Abs. 1 OR, eine **Erbeinsetzung** mit Auflage oder ein **Vermächtnis** mit Auflage (Art. 482 Abs. 1 ZGB).

Auf die unselbständige Stiftung ist grundsätzlich das Recht des ihrer Entstehung zugrundeliegenden Geschäfts anzuwenden (Vertragsrecht, Erbrecht etc.). Soweit im konkreten Fall Ähnlichkeit mit einer selbständigen Stiftung besteht, können Bestimmungen des Stiftungsrechts analog anwendbar sein.

Insbesondere bei Dachstiftungen ist eine selbständige Stiftung Partei des Rechtsgeschäfts, das die unselbständige Stiftung begründet: Ein Dritter macht der Dachstiftung eine Zuwendung mit der Auflage, die Zuwendung für eine unselbständige Stiftung zu benutzen. Hier kommt Stiftungsrecht insofern zur Anwendung, als es festlegt, unter welchen Umständen die Dachstiftung die Zuwendung annehmen darf.

§ 10 Exkurs: Trust

Von Stiftungen abzuheben ist der Trust. Er ist ein ursprünglich vor allem in den angelsächsischen *Common-Law*-Staaten bekanntes Rechtsinstitut und bezeichnet ein Rechtsverhältnis, bei dem ein Treugeber (**Settlor**) das Eigentum an bestimmten Vermögenswerten auf einen oder mehrere Treunehmer (**Trustees**) überträgt, die das Vermögen zugunsten von bestimmten Begünstigten (**Beneficiaries**) zu verwalten und verwenden haben. Das Eigentum liegt demnach – im Unterschied zur Stiftung – beim Trustee. Der Trust hat grundsätzlich keine Rechtspersönlichkeit.

Gemäss dem in der Schweiz anwendbaren Haager Übereinkommen vom 1. Juli 1985 über das auf Trusts anzuwendende Recht und über ihre Anerkennung (HTÜ) beurteilt sich jeder Trust nach dem Trust-Statut, d.h. nach dem Recht, das nach dem HTÜ für ihn massgeblich ist.

Die Schweiz kennt bisher kein eigenes Trustrecht. Damit die Akteure in der Schweiz nicht auf ausländische Trusts ausweichen müssen, hat das Parlament den Bundesrat beauftragt, einen Schweizer Trust zu schaffen (Motion 18.3383), mit der Begründung, ein solcher werde zugleich neue Anwendungs- und Geschäftsmöglichkeiten eröffnen und so den Wirtschaftsstandort Schweiz stärken. Eine Expertengruppe erarbeitete ab Juni 2018 entsprechende Regelungsvorschläge. Am 12. Januar 2022 veröffentlichte der Bundesrat den Vorentwurf samt erläuterndem Bericht für die Einführung eines Schweizer Trusts im Obligationenrecht. Die Vernehmlassung dauerte bis 30. April 2022. Der Vorentwurf stiess überwiegend auf Kritik, insbesondere aus steuerlicher Sicht. Es erscheint als unwahrscheinlich, dass ein Schweizer Trust, wie ihn der Vorentwurf konzipiert, eingeführt wird. Näherliegend wäre die überfällige Liberalisierung der Familienstiftung.

7. Teil   In der Praxis geschaffene Formen

In der Praxis sind immer wieder neue Formen von Stiftungen geschaffen worden, die sich dort, dogmatischen Schwierigkeiten zum Trotz, wacker behaupten.

§ 1   Unternehmensstiftung

1.   Allgemeines

Es war länger umstritten, ob Stiftungen auf ideelle Zwecke beschränkt sind oder ob sie auch «wirtschaftliche Zwecke» verfolgen dürfen. Im Jahr 2021 hat das Bundesgericht wirtschaftliche Zwecke für rechtmässig erklärt (BGE 127 III 337). Damit wurde auch die Zulässigkeit von Unternehmensstiftungen bejaht.

2.   Definition und Formen

Unternehmensstiftungen können als gewöhnliche Stiftungen oder aber als eine der gesetzlichen Sonderformen vorkommen. Was sie nun aber genau als Unternehmensstiftungen qualifiziert, wird unterschiedlich bestimmt:

- unternehmerische Betätigung (diese Bestimmung ist in ihrer Allgemeinheit nicht brauchbar);
- die Stiftung hat eine spezielle Beziehung zu einem Unternehmen (dito);
- das unmittelbare oder mittelbare Betreiben eines Unternehmens;
- das Vermögen besteht ganz oder zum grossen Teil aus einem Unternehmen;
- die Stiftung hält eine massgebende Beteiligung an einem oder mehreren Unternehmen.

In der Lehre wird meist die Definition verwendet, dass Unternehmensstiftungen entweder selbst ein Unternehmen betreiben oder aber an einem solchen massgeblich beteiligt sind. Demgemäss werden zwei Formen unterschieden:

– Unternehmensstiftungen, die ein Unternehmen **unmittelbar selbst** betreiben, werden **Unternehmensträgerstiftungen** genannt. Häufig führen sie Schulen, Spitäler und Heime aller Art oder Museen und Theater.

– Unternehmensstiftungen, die ein Unternehmen **mittelbar** betreiben, indem sie eine massgebliche Beteiligung an einer Aktiengesellschaft oder anderen juristischen Person halten, die ein Unternehmen führt, werden als **Holdingstiftungen** bezeichnet. Es muss ein unternehmerischer Einfluss (Stimmrechte) möglich sein, so dass das Unternehmen mittelbar (mit-)betrieben wird.

Nicht als Unternehmensstiftung bezeichnet werden sollten demgegenüber Stiftungen, die **nur die Vermögens-, nicht aber die Stimmrechte** an Unternehmen halten, da sie dadurch keinerlei unternehmerischen Einfluss haben.

Der Stiftungszweck von Unternehmensstiftungen ist dann wirtschaftlicher Natur, wenn er darauf abzielt, ein **Unternehmen zu erhalten**, oder allgemeiner wenn die Förderung des Unternehmens zum Stiftungszweck gehört. Er kann aber auch (ganz oder teilweise) gemeinnützig sein. Dann wird das Unternehmen einzig im Rahmen der Vermögensbewirtschaftung betrieben.

Der Unternehmensstiftung ist wiederholt vorgeworfen worden, sie sei ein Widerspruch in sich, die Starrheit der Stiftungsform vertrage sich nicht mit der von der Wirtschaft geforderten Dynamik. Ferner werden die Staatsaufsicht und die mangelnden Dritteigentümer bzw. die mangelnde Dritteigentümerkontrolle ins Feld geführt. Trotz dieser dogmatischen Bedenken haben sich die Unternehmensstiftungen gehalten. Bei Stiftungen, die von vornherein als Unternehmensträgerstiftungen konzipiert werden, muss allerdings darauf geachtet werden, dass den Stiftungsorganen und dann der Unternehmensführung jene Freiheit eingeräumt wird, die sie für unternehmerisches Handeln brauchen.

3. Gründe für Errichtung

Die Motivation, eine Unternehmensstiftung (mit wirtschaftlichem Zweck) zu errichten, kann so vielfältig sein wie bei allen anderen Stiftungsformen. Manchmal steht die Stiftung im Zusammenhang mit der Nachfolge, soll sie der Unternehmenskontinuität dienen oder soll das Unternehmen nicht einzelnen natürlichen Personen zufallen. In vielen Fällen wird eine Stiftung indes nicht als Unternehmensstiftung konzipiert, sondern erst im Laufe ihres Bestehens zu einer solchen. Weil in diesen Fällen die Förderung des Unternehmens nicht zum Stiftungszweck gehört, kann die Stiftung das Unternehmen liquidieren oder veräussern und so die Qualifikation als Unternehmensstiftung wieder verlieren.

4. Die Unternehmensstiftung als faktisches Organ

Wenn ein Aktionär einen über die blosse Ausübung von Aktionärsrechten hinausgehenden Einfluss auf eine Aktiengesellschaft nimmt, erwächst ihm auch eine entsprechende Verantwortung. Dies ist bei einer Allein- oder Mehrheitsaktionärin häufig der Fall und kann es also auch bei einer Unternehmensstiftung sein, insbesondere wenn sie sich den Entscheid über wichtige Sachgeschäfte der Gesellschaft vorbehält. Die Stiftung kann dann als **faktisches Organ** der Aktiengesellschaft gelten und wie die Mitglieder des Verwaltungsrates gegenüber Dritten verantwortlich werden. Dieselbe Verantwortlichkeit trifft allenfalls auch Mitglieder des Stiftungsrats, wenn sie die Willensbildung der Gesellschaft massgebend mitbestimmen.

5. Steuerbefreiung

Unternehmensstiftungen mit wirtschaftlichem Zweck haben keinen Anspruch auf Steuerbefreiung. Bei Unternehmensstiftungen mit ideellem Zweck ist eine Steuerbefreiung möglich und im Einzelfall zu prüfen. Art. 56 lit. g letzter Satz DBG verlangt für die subjektive Steuerbefreiung, dass das Interesse an der Unternehmenserhaltung dem gemeinnützigen Zweck untergeordnet sein muss und keine geschäftsleitenden Tätigkeiten ausgeübt werden. In BGE 147 II 287 hielt das Bundesgericht fest, das Interesse an der Erhaltung des Unternehmens sei nicht mehr untergeordnet, wenn der Grossteil des Stiftungsvermögens in das Unternehmen investiert sei. Das Kriterium der «Unterordnung» wurde neu im Sinne eines Gebots der «hinreichenden Diversifizierung» ausgelegt.

§ 2 Stiftung auf Zeit

Traditionellerweise sind gewöhnliche Stiftungen auf unbefristete Dauer angelegt. **Dauerhaftigkeit** ist aber **kein konstitutives Merkmal** der Stiftung. Der Gesetzgeber hat bei Stiftungen so wenig eine Minimaldauer festgelegt wie bei Körperschaften. Daher kann der Stifter im Rahmen seiner Stifterfreiheit eine **Befristung** der Stiftung vorsehen, indem er eine **Stiftung auf Zeit** errichtet. Die Stiftung ist dann beim Eintritt **objektiv bestimmter** Voraussetzungen (zum Beispiel ein bestimmtes Datum, «nach Ablauf von fünf Jahren seit Errichtung der Stiftung») oder **bestimmbarer** Voraussetzungen («nach Ableben des Stifters») aufzuheben. Die Voraussetzungen dürfen dabei nicht so festgelegt werden, dass ihre Erfüllung vom Entscheid der Stiftungsorgane abhängt.

Die **minimale Dauer** der Stiftung sollte so bemessen sein, dass die rechtliche Verselbständigung in einer juristischen Person **wirtschaftlich,** aber auch in Bezug auf die **Zweckerfüllung sinnvoll** bleibt. Andernfalls wäre eine unselbständige Stiftung vorzuziehen.

§ 3 Verbrauchsstiftung

1. Allgemeines

«Verbrauchen» im Begriff der Verbrauchsstiftung bezieht sich nicht auf den Zweck, sondern auf das Vermögen. Zu unterscheiden sind hier das Widmungsvermögen und das der errichteten Stiftung zufliessende Vermögen. Letzteres darf, wenn bei der Übertragung nichts Abweichendes vereinbart wurde, jederzeit zur Förderung eingesetzt werden. Wie aber steht es mit dem Widmungsvermögen? Das ZGB äussert sich dazu nicht. In Lehre und Praxis spricht man von einem «Vermögensbewahrungsgrundsatz» und tritt dafür ein, dass das Widmungsvermögen bewahrt werden müsse. Auch hier aber kommt es tatsächlich auf den Stifterwillen an: Es liegt am Stifter, in der Stiftungsurkunde festzulegen, ob das Widmungsvermögen bewahrt werden muss oder aber verbraucht werden darf oder muss (vgl. oben S. 120). Eine Verbrauchsstiftung ist demgemäss eine Stiftung, deren Widmungsvermögen nicht erhalten werden muss, sondern gemäss Bestimmung des Stifters in der Stiftungsurkunde (oder Verfügung der Aufsichtsbehörde) ganz oder teilweise zur Zweckumsetzung verbraucht werden darf oder muss.

2. Formen

Verbrauchsstiftungen können schon bei ihrer Errichtung als solche konzipiert werden. Dabei bestehen die folgenden Varianten:

- «**Muss-Verbrauchsstiftung**»: Stiftung, bei welcher der Stifter dem Stiftungsrat **vorschreibt**, das Vermögen innert einer gewissen Zeit für die Zweckerfüllung zu verwenden;

- «**Darf-Verbrauchsstiftung**»: Stiftung, bei welcher der Stifter dem Stiftungsrat **erlaubt**, nach seinem Ermessen das Vermögen für die Zweckerfüllung zu verwenden. Dies wird meistens so gehandhabt, wenn die Stiftung über zu wenig freie Mittel (durch

Erträge und andere Zuflüsse) verfügt. Sprudeln sie wieder, muss auf das Widmungsvermögen nicht weiter zugegriffen werden. Die Darf-Verbrauchsstiftung erlaubt aber auch, zwischendurch ungewöhnlich grosse, aus den Erträgen allein nicht finanzierbare Projekte durchzuführen.

Möglich sind auch Kombinationen dieser Formen.

Eine Verbrauchsstiftung kann auch durch **Änderung der Stiftungsurkunde** geschaffen werden. Führt der Verbrauch des Vermögens zur Aufhebung der Stiftung, darf die Umwandlung auf Antrag des Stiftungsrats (oder auch *ex officio*) durch die Aufsichtsbehörde nur vorgenommen werden, wenn alle anderen Möglichkeiten ausgeschöpft wurden und insbesondere keine Aussicht besteht, dass die Stiftung zu neuem Vermögen gelangt.

3. Gründe für eine Verbrauchsstiftung

Die Verbrauchsstiftung ist in den Zeiten niedriger bzw. ausbleibender Zinsen und auch anderer Erträge in den Vordergrund getreten. Die Grundfrage lautet: Soll die Stiftung ihr Vermögen bewahren und dadurch gezwungen sein, ihre Fördertätigkeit zu reduzieren oder sogar auszusetzen, oder soll sie diese mit Hilfe des Vermögens weiterführen, aber in Kauf nehmen, dass ihre Existenz nach gänzlichem Verbrauch des Vermögens endet? Es geht im Kern um die Frage: Wirkung oder Existenz? Eine Verbrauchsstiftung setzt auf Wirkung und riskiert oder opfert ihre Existenz, eine Nichtverbrauchsstiftung wahrt ihre Existenz und riskiert Wirkungslosigkeit. Verschiedene Argumente sprechen für die Wirkung:

- Eine Stiftung, die keine Wirkung entfaltet, nimmt sich aus dem Spiel. Sie verkümmert zu einer formalen Existenz und lebenden Leiche.

- Das Ziel jeder Stiftung ist die Erfüllung des Stiftungszwecks. Kein Ziel ist hingegen die blosse Wahrung des Stiftungsvermögens.

Es ist besser, den Stiftungszweck nur für beschränkte Zeit als gar nicht umzusetzen.

– Indem Verbrauchsstiftungen mehr Mittel zur Verfügung stehen, haben sie mehr strategische Möglichkeiten und können daher tendenziell bessere Projekte verfolgen.

– Stiftungen müssen nicht in ferner Zukunft, sondern primär in ihrer Zeit wirken. Spätere Generationen werden sich selbst zu helfen wissen und philanthropische Aktivitäten für sich selbst entfalten. Sie sind auf den Komfort philanthropischer Erbschaften nicht angewiesen. Ausserdem ist die **Wirkung heute** der Wirkung morgen meist vorzuziehen, weil von einem **philanthropischen Zinseszinseffekt** auszugehen ist. Beispielsweise entlässt eine von Stiftungen finanzierte Schule schon heute besser Ausgebildete, die wiederum positive gesellschaftliche Wirkungen zu erzeugen vermögen.

Vor diesem Hintergrund verhält es sich keineswegs zwingend so, dass mit der Umwandlung in eine Verbrauchsstiftung der Stifterwille missachtet würde. In vielen Fällen hat der Stifter hierzu bei der Stiftungserrichtung gar keinen Willen gebildet, hätte aber, wäre er gefragt worden, für eine Verbrauchsstiftung votiert. Denn steht die Stiftung vor den harten Alternativen «Zweckumsetzung» oder «über unabsehbare Zeit hinweg blosse Vermögenswahrung», ist anzunehmen, dass er der Zweckumsetzung den Vorzug geben würde. Diese Vermutung ist kaum widerlegbar, weil der Stifter im Grunde gar nichts anderes wollen kann als eine Stiftung, die ihren Zweck umsetzt, und eben keine stiftungs- und steuerrechtlich verpönte Thesaurusstiftung.

§ 4 Dachstiftung

Die Dachstiftung ist dogmatisch nicht einfach einzuordnen. Dabei ist «Dachstiftung» auch noch eine Sammelbezeichnung – hinter dem Begriff verbirgt sich *in praxi* eine Vielzahl verschiedenartiger Formen.

Charakteristisch ist – wie der bildhafte Name sagt – die Übernahme von administrativen sowie organisatorischen Aufgaben durch eine selbständige (privatrechtliche) Stiftung für von ihr betreute «Unterstiftungen», auch «Substiftungen» oder «**Fonds**» genannt. Verbreitet ist auch das Pooling von Unterstiftungen im Bereich Vermögensbewirtschaftung wie bei der Fördertätigkeit.

Besonders bei kleineren Vermögen ist die unselbständige Stiftung eine attraktive Alternative. Sie bietet sich auch dort an, wo der Stifter zuerst erproben will, ob sich ein Stiftungskonzept in der Praxis bewährt und ob es tatsächlich seinem Willen entspricht.

Es gibt derzeit etwa 40–50 Dachstiftungen. Zu ihnen gehören zahlreiche bankennahe Stiftungen und sodann die von Finanzdienstleistern unabhängige Fondation des Fondateurs, die Stiftung Corymbo oder die Limmatstiftung.

§ 5 Corporate Foundation

Wie der Name erkennen lässt, stammt das Konzept der Corporate Foundation aus dem anglo-amerikanischen Bereich. Als solche (oder «Firmenstiftungen») werden Stiftungen bezeichnet, die **von einem Unternehmen errichtet** wurden und einen ideellen Zweck verfolgen. Sie gehören zu den Mitteln der **Corporate Social Responsibility** (CSR) von Unternehmen. Damit wird, begrifflich nicht ganz scharf, ein «verantwortliches unternehmerisches Handeln» verstanden, ein freiwilliger Beitrag an die Gesellschaft zu ihrer nachhaltigen Entwicklung, der sich auf ökologische oder soziale Belange beziehen kann (nachhaltige Produktionsbedingungen und Produkte, Pro-bono-Leistungen oder eben Errichtung einer Stiftung).

Corporate Foundations lassen manchmal in ihrem Namen das Stifterunternehmen erkennen (Swiss Re Foundation, Novo Nordisk Hämophilie Stiftung etc.).

Rechtlich handelt es sich zwar um **unabhängige** Stiftungen. Hingegen bestehen meist **wirtschaftliche** und/oder **personelle** Abhängigkeiten. Oft:

- wird die Stiftung laufend vom Stifterunternehmen alimentiert;
- nehmen *Ex-officio*-Vertreter des Stifterunternehmens Einsitz im Stiftungsrat;
- werden Mitarbeitende der Stiftung vom Stifterunternehmen bezahlt und geführt.

Manchmal gehören sie zur «instrumentellen Philanthropie», indem zum Beispiel der Stiftungszweck dem Kernbereich des Stifterunternehmens entspricht und die Stiftung eine Art externe Marketing-Abteilung darstellt. Es gibt aber auch Corporate Foundations ohne diese Merkmale.

§ 6 Freizügigkeitsstiftung

Freizügigkeitsstiftungen von Banken und Versicherungen sind gewöhnliche Stiftungen (Art. 80 ZGB i.V.m. Art. 331 OR). Sie bieten für Arbeitnehmerinnen und Arbeitnehmer, die aus einem Arbeitsverhältnis und einer Vorsorgeeinrichtung ausscheiden und in der Folge nicht sogleich einer anderen Vorsorgeeinrichtung angeschlossen sind, Freizügigkeitskonten an, bei welchen die Altersguthaben angelegt werden können (vgl. Art. 4 FZG).

§ 7 Bankenstiftung

Unter einer Bankenstiftung versteht man eine gewöhnliche Stiftung, die als Sonderform der Firmenstiftung in einem besonders engen personellen, organisatorischen oder institutionellen **Bezug zu einer Bank** steht (Stiftungserrichtung, Namensgebung, Mittelherkunft, Stiftungsführung, Vermögensbewirtschaftung, Mittelakquisition, Kommunikation etc.). In der Praxis haben sich zwei Typen herausgeschält, die sich meist überschneiden:

– **Bankeigentümerstiftung:** eine von einer Bank errichtete und aus ihrem Vermögen alimentierte Förderstiftung. Rechtlich ist die Bank Stifterin, wirtschaftlich sind die Eigentümer der Bank die Stifter.

– **Bankkundenstiftung:** Förderstiftung, die im Wesentlichen mit Mitteln von Bankkunden alimentiert wird. Einige Banken bieten ihren Kunden individuelle oder kollektive Gefässe an, mit denen sie ihre Anliegen umsetzen lassen können. Es handelt sich grundsätzlich zugleich um Corporate Foundations und um Dachstiftungen.

Bei beiden Typen stellen sich Fragen zur Regelung der unterschiedlichen Interessen von Stiftung und Bank.

Davon zu unterscheiden ist die **Banquierstiftung,** eine von einer philanthropisch orientierten Banquierpersönlichkeit privat errichtete und mit Teilen ihres Privatvermögens ausgestattete Förderstiftung.

§ 8 Bürgerstiftung

Unter einer Bürgerstiftung versteht man eine privatrechtliche gemeinnützige Stiftung, die soziale, kulturelle oder ökologische Belange fördert, wobei ihr Tätigkeitsfeld meist regional begrenzt ist. Ihr Konzept stammt aus den USA; die erste *community foundation* soll 1914 in Ohio errichtet worden sein. Das Besondere daran ist, dass meist eine Vielzahl von Personen an ihrer Entstehung beteiligt und dass sie auch darauf ausgerichtet ist, möglichst viele Personen («Bürger») als Spender für ihr Anliegen zu gewinnen. Manche Bürgerstiftungen sind zugleich auch Dachstiftungen. Die Bürgerstiftung hat in Deutschland guten, in der Schweiz bislang kargeren Boden gefunden.

Die Bürgerstiftung dient der Finanzierung und Unterstützung von gemeinnützigen Organisationen und Projekten in einem definierten geographischen Raum (zum Beispiel Stadt oder Region). Dazu werden Spenden von Einwohnern und lokalen Unternehmen gesammelt. Organisatorisch besteht über dem Stiftungsrat oft eine **Stifterversammlung,** ein korporatives Element, in der alle Spender ein Mitspracherecht haben. In einigen wenigen Fällen bestehen Bürgerstiftungen als Ergänzung zu kommunalen Institutionen, und der Stifterversammlung gehören grundsätzlich alle Bürger der Gemeinde an.

Dem Konzept der Bürgerstiftung nahe kommen «**Spendenparlamente**»: So ist das «Zürcher Spendenparlament» ein Verein.

§ 9 Kryptostiftung

2014 wurde mit der Stiftung Ethereum die erste Kryptostiftung mit
Sitz in Zug gegründet. Ether weist nach dem Bitcoin die zweitgrösste
Kapitalisierung auf. Bis 2019 sind rund 60 weitere Kryptostiftungen
entstanden. Kryptostiftungen unterstehen nicht nur der Eidg. Stiftungsaufsicht, sondern auch der Eidg. Finanzmarktaufsicht.

8. Teil Änderungen und Umstrukturierungen

§ 1 Änderung der Stiftungsurkunde

1. Übersicht

Das ZGB regelt vier Formen der Änderung der Stiftungsurkunde:

- Änderung des Zwecks auf Antrag des Stiftungsrats (Art. 86 ZGB);
- Änderung des Zwecks und/oder der Organisation auf Antrag des Stifters (Art. 86a ZGB);
- Änderung der Organisation (Art. 85 ZGB);
- unwesentliche Änderungen (Art. 86b ZGB).

Die vier Artikel 85–86b haben als gemeinsames Marginale «Umwandlung der Stiftung» und betreffen alle die **Stiftungsurkunde;** nicht darunter fällt hingegen die **Änderung von Reglementen,** die durch den Stiftungsrat autonom vorgenommen werden kann.

Es gibt **keine schlechthin unveränderlichen** Urkundenbestimmungen. Der Stifter kann zwar in der Stiftungsurkunde bestimmte Festlegungen für unveränderlich erklären. Dies bedeutet aber nicht, dass sie es auch sind, sondern nur (aber immerhin), dass im Hinblick auf solche Änderungen sein Wille soweit möglich zu respektieren ist.

Diese **nachträglichen** Änderungen der Stiftungsurkunde sind abzugrenzen von jenen,

- die aufgrund mangelhafter (oder fehlender) Anordnungen des Stifters gleich **bei der Errichtung** vorgenommen werden müssen;
- die von der Aufsichtsbehörde **aufsichtsrechtlich** verfügt werden (Art. 83d und 84 Abs. 2 ZGB).

Zu Zweckänderungen (Art. 78 Abs. 2, 86 Abs. 2 FusG) sowie zu Organisationsänderungen kann es auch bei **Fusionen** und **Vermögensübertragungen** nach Fusionsgesetz kommen.

Der Stifter hat es in der Hand, den Anwendungsbereich der gesetzlich vorgesehenen Änderungsmöglichkeiten stark einzuschränken:

- Auf eine Änderung gemäss Art. 86a ZGB kann er selbst verzichten, indem er den Vorbehalt einer Änderung nicht in die Stiftungsurkunde aufnimmt oder dann auf eine Änderung verzichtet.

- Ferner kann er den Zweck so zu formulieren versuchen, dass die Voraussetzungen für seine Änderung nach Art. 86 ZGB kaum je gegeben sind.

- Und er kann die gesamte Organisation auf der Ebene von Stiftungsreglementen regeln, die vom Stiftungsrat in eigener Kompetenz (im Rahmen des Gesetzes und der Stiftungsurkunde) geändert werden können.

2.　Verfahren

a)　Allgemeines

Die Verfahren zur Änderung des Zwecks oder der Organisation sind unter sich leicht unterschiedlich, ohne dass dafür sachliche Gründe vorliegen. Verlangt wird grundsätzlich ein entsprechender Antrag der Aufsichtsbehörde an die zuständige Bundes- oder Kantonsbehörde. Eine Zweckänderung kann auch der Stiftungsrat beantragen (während er bei organisatorischen Änderungen und bei unwesentlichen Änderungen lediglich **anzuhören** ist).

In der Praxis geht die Initiative allerdings, mit Ausnahme des Falls von Art. 86a ZGB, fast immer vom Stiftungsrat aus, der entsprechende Anträge an die Aufsichtsbehörde stellt. Dabei ist eine **informelle Vorprüfung** durch die zuständige Behörde zu empfehlen.

Auch eine **Anzeige** oder **Beschwerde** an die Aufsichtsbehörde (zum Beispiel von überstimmten Stiftungsratsmitgliedern, anderen Organträgern der Stiftung, des Stifters, von Destinatären oder Dritten) kann ein entsprechendes Verfahren auslösen.

b)   Antrag

Viele Stiftungsurkunden enthalten eine Bestimmung, wonach der Stiftungsrat bei der Aufsichtsbehörde Änderungen der Stiftungsurkunde gemäss Art. 85, 86 und 86*b* ZGB beantragen darf. Diese Bestimmung ist nur **deklaratorisch**. Es handelt sich nicht um ein Recht, das der Stifter dem Stiftungsrat einräumt. Vielmehr besteht es auch dann, wenn sich die Stiftungsurkunde dazu nicht äussert.

Bei einer Zweckänderung oder Organisationsänderung nach Art. 86*a* ZGB kann einzig der Stifter einen Antrag stellen.

Das Gesetz sieht **keine Formvorschriften** vor. Nach der Praxis erfolgt der Antrag in aller Regel schriftlich. Ausserdem darf erwartet werden, dass er **begründet** wird: Es soll dargetan werden, dass die gesetzlichen Voraussetzungen für eine Änderung vorliegen. Sodann sind, falls erforderlich, **Belege** (zum Beispiel Stiftungsratsbeschlüsse) einzureichen.

c)   Zuständigkeit

Bei Organisationsänderungen nach Art. 85 ZGB ist für die Antragstellung die Aufsichtsbehörde nach Anhörung des Stiftungsrats zuständig (wobei wie erwähnt in der Praxis die Initiative in der Regel vom Stiftungsrat ausgeht).

Für die Stiftungen unter Bundesaufsicht ist die Eidg. Stiftungsaufsicht nicht nur Aufsichts-, sondern auch «**Umwandlungsbehörde**». Dieser seit 2006 geltenden Lösung sind auch die Kantone gefolgt. Gemeint damit ist je nach zuständiger Aufsichtsbehörde das Folgende:

- Wird die Stiftung im Kt. Zürich **auf Gemeinde- oder Bezirks-
  ebene** beaufsichtigt, ist die BVG- und Stiftungsaufsicht des Kantons Zürich (BVS) zuständig.
- Bei einer im Kt. Zürich **auf Kantonsebene** beaufsichtigten Stiftung ist ebenfalls die kantonale Aufsicht zuständig.
- Wird die Stiftung vom Bund beaufsichtigt, ist die Eidg. Stiftungsaufsicht zuständig.

Somit fallen auf Kantons- wie auf Bundesebene Stiftungsaufsicht
und Entscheidinstanz betreffend Umwandlungen i.S.v. Art. 85, 86
und 86*a* ZGB zusammen.

Betreffend die **unwesentlichen Urkundenänderungen** gemäss
Art. 86*b* ZGB kann die Aufsichtsbehörde die Änderung selbst vornehmen und ist somit ebenfalls Entscheidinstanz. Zuständig ist je
nachdem der Gemeinderat, der Bezirksrat, im Kt. Zürich die BVG-
und Stiftungsaufsicht oder die Eidg. Stiftungsaufsicht.

d)   Entscheid

> **Art. 86c ZGB**
>
> Änderungen der Stiftungsurkunde nach den Artikeln 85–86*b* wer-
> den von der zuständigen Bundes- oder Kantonsbehörde oder von
> der Aufsichtsbehörde verfügt. Eine öffentliche Beurkundung der
> Änderungen ist nicht erforderlich.

Die zuständige Behörde erlässt eine Änderungsverfügung, welche
die öffentliche Beurkundung ersetzt. Sie eröffnet sie dem Stiftungsrat und meldet sie von Amtes wegen auch beim zuständigen Handelsregisteramt an. Gegenüber Dritten ist die Umwandlung erst
wirksam, wenn sie im Handelsregister eingetragen ist und im SHAB
veröffentlicht wurde (Art. 932 Abs. 2 OR).

	Art. 85 ZGB	Art. 86 ZGB	Art. 86a ZGB	Art. 86b ZGB
Zuständig-keit zur An-tragstellung	Aufsichts-behörde (nach Anhörung des Stiftungsrats)	Aufsichts-behörde Stiftungsrat	Stifter (bei lebzeitig errich-teter Stiftung) Mitteilung durch eröffnende Be-hörde (bei Verfü-gung von Todes wegen)	keine gesetzliche Grundlage, in der Regel Stiftungs-rat, evtl. Auf-sichtsbehörde mit vorgängiger Anhörung des Stiftungsrats
Entscheid-instanz	«zuständige Bundes- oder Kantonsbehörde» = «Um-wandlungsbehörde»: Gemeinde und Bezirk (Kt. ZH): BVG- und Stiftungsaufsicht des Kt. Zürich Kanton (Kt. ZH): BVG- und Stiftungsaufsicht des Kt. Zürich Bund: Eidg. Stiftungsaufsicht			Stiftungsauf-sichtsbehörde: Gemeinde und Bezirk (Kt. ZH): Gemeinde- bzw. Bezirksrat Kanton (Kt. ZH): BVG- und Stif-tungsaufsicht des Kt. Zürich Bund: Eidg. Stiftungs-aufsicht
Prüfung und Entscheid	Anhörung des Stiftungsrats Pflicht zur Prüfung der gesetzlichen Voraussetzungen und Dokumente, Ermessen (Ausnahme: Art. 86a ZGB) Erlass der Änderungsverfügung Eröffnung der Änderungsverfügung an den Stiftungsrat sowie Anmel-dung beim Handelsregisteramt von Amtes wegen			
Anfechtung	Änderungsverfügung erlassen durch: Gemeinderat (Kt. ZH): Rekurs an Bezirksrat (vgl. § 152 GG, § 19b Abs. 2 lit. c VRG); Legitimation: Erfordernis einer unmittelbaren, direkten Be-troffenheit (vgl. § 152 GG, § 21 Abs. 1 VRG) Bezirksrat (Kt. ZH): Rekurs an Regierungsrat (§ 19b Abs. 2 lit. a Ziff. 3 VRG); Legitimation: Erfordernis einer unmittelbaren, direkten Betroffenheit (vgl. § 21 Abs. 1 VRG) BVG- und Stiftungsaufsicht des Kt. Zürich (Kt. ZH): Verwaltungsbe-schwerde beim VGer (§ 41 Abs. 1 i.V.m. 19 Abs. 1 lit. a VRG); Legitimation: Erfordernis einer unmittelbaren, direkten Betroffenheit (vgl. § 49 i.V.m. 21 Abs. 1 VRG) Eidg. Stiftungsaufsicht: Verwaltungsgerichtsbeschwerde beim Bundes-verwaltungsgericht (Art. 31 ff. VGG); Entscheide des Bundesverwaltungsgerichts können an das Bundesgericht weitergezogen werden			

3. Änderung des Zwecks auf Antrag des Stiftungsrats (Art. 86 ZGB)

> **Art. 86 ZGB**
>
> [1] Die zuständige Bundes- oder Kantonsbehörde kann auf Antrag der Aufsichtsbehörde oder des obersten Stiftungsorgans den Zweck der Stiftung ändern, wenn deren ursprünglicher Zweck eine ganz andere Bedeutung oder Wirkung erhalten hat, so dass die Stiftung dem Willen des Stifters offenbar entfremdet worden ist.
>
> [2] Unter den gleichen Voraussetzungen können Auflagen oder Bedingungen, die den Stiftungszweck beeinträchtigen, aufgehoben oder abgeändert werden.

a) Voraussetzungen

Da der Zweck das zentrale Element des Stiftungsbegriffs ist, ist seine Änderung nur unter erschwerten Umständen möglich (BGE 112 Ib 280). Kumulative Voraussetzung ist, dass (i) «der ursprüngliche Zweck eine ganz andere Bedeutung oder Wirkung erhalten hat», so dass (ii) «die Stiftung dem Willen des Stifters offenbar entfremdet worden ist». Man bezeichnet meist die erste Voraussetzung als «objektiv», die zweite als «subjektiv». Aber auch die Prüfung, ob «die Stiftung dem Willen des Stifters offenbar entfremdet worden ist», hat nach objektiven Kriterien zu erfolgen; es kommt kein subjektives Element mehr ins Spiel.

Es muss sich also ein Wandel in der Bedeutung des Stiftungszwecks ergeben haben, so dass die heutige Bedeutung nicht mehr vom historischen Willen des Stifters umfasst ist. Die Frage heisst: Welchen Zweck hätte der Stifter beurkunden lassen, wenn er die heutige Bedeutung oder Wirkung seines damals festgelegten Zwecks gekannt hätte? Diese Frage stellt sich dort, wo ein Stiftungszweck **unsinnig, widersprüchlich, überholt** erscheint. Beispiele dafür sind:

- Bekämpfung einer unterdessen ausgerotteten Krankheit;

- Förderung des Unterhalts eines unterdessen abgerissenen Hauses;
- Finanzierung der Primarschulausbildung, die unterdessen vom Staat getragen wird.
- Selbstverständlich kann auch bloss ein Teilzweck geändert werden.

b)   Auflagen und Bedingungen

Unter denselben Voraussetzungen können auch **Auflagen** und **Bedingungen** geändert oder sogar aufgehoben werden (Art. 86 Abs. 2 ZGB; vgl. Art. 78 Abs. 2 und 86 Abs. 2 FusG).

c)   Der geänderte Zweck

Über den Inhalt des geänderten Zwecks legt das Gesetz nichts fest. Massstab muss der hypothetische Willen des Stifters sein. Der geänderte Zweck muss dem bisherigen deshalb insofern ähnlich sein, als er sich **auf dasselbe Sachgebiet beziehen muss** – insofern handelt es sich eben um einen geänderten, nicht um einen völlig neuen und ersetzten Zweck. Nicht erforderlich ist, dass der geänderte Zweck dem bisherigen möglichst nahekommt; das Ziel einer minimalen Differenz wird weder vom Gesetz noch vom hypothetischen Stifterwillen vorgegeben. Vielmehr ist danach zu fragen, welchen Zweck der Stifter im Wissen um die heutige Situation vernünftigerweise festgesetzt hätte.

Ein Spezialfall liegt dort vor, wo der Zweck nicht überholt, aber **zu eng** geworden ist, wo mehr Mittel zur Verfügung stehen, als die Zweckumsetzung braucht. Hier besteht das Bedürfnis eines **weiter gefassten** bzw. weniger eingeschränkten Zwecks, so dass die Stiftung weder zu einer Thesaurusstiftung wird noch ihre Mittel zweckwidrig verwendet. In diesem Fall soll nun aber die Änderung bzw. Erweiterung nur so weit wie nötig erfolgen.

d)   Mehrfache Zweckänderung

Der Fall der Notwendigkeit einer Zweckänderung kann wiederholt eintreten, da auch ein geänderter Zweck nicht davor gefeit ist, «eine ganz andere Bedeutung oder Wirkung» zu bekommen. Eine mehrfache Zweckänderung kann auch dort angezeigt sein, wo sich eine erste Zweckerweiterung zur Anpassung an die verfügbaren Fördermittel als unzureichend herausstellt.

e)   Aufhebung

Die Zweckänderung geht der Aufhebung vor. Nur dann darf eine Stiftung wegen Unerreichbarkeit des Zwecks aufgehoben werden, wenn **keine Zweckänderung möglich** ist, wenn also der Zweck weder weiter verwirklicht noch sinnvoll geändert werden kann (Art. 88 Abs. 1 Ziff. 1 ZGB). Dies wiederum ist praktisch nur möglich bei **fehlendem Vermögen** und fehlender Aussicht, zu solchem zu gelangen. Ausserdem ist die Stiftung aufzuheben, wenn der Zweck widerrechtlich oder unsittlich geworden ist (Art. 88 Abs. 1 Ziff. 2 ZGB).

4.   Änderung des Zwecks und der Organisation auf Antrag des Stifters (Art. 86a ZGB)

> **Art. 86a ZGB**
>
> [1] Die zuständige Bundes- oder Kantonsbehörde ändert den Zweck oder die Organisation einer Stiftung auf Antrag des Stifters oder auf Grund von dessen Verfügung von Todes wegen, wenn in der Stiftungsurkunde eine Zweck- oder Organisationsänderung vorbehalten worden ist und seit der Errichtung der Stiftung oder seit der letzten vom Stifter verlangten Zweck- oder Organisationsänderung mindestens zehn Jahre verstrichen sind. Die Fristen laufen unabhängig voneinander.

² Verfolgt die Stiftung einen öffentlichen oder gemeinnützigen Zweck nach Artikel 56 Buchstabe g des Bundesgesetzes vom 14. Dezember 1990 über die direkte Bundessteuer, so muss der geänderte Zweck ebenfalls öffentlich oder gemeinnützig sein.

³ Das Recht auf Änderung des Stiftungszwecks und der Stiftungsorganisation ist unvererblich und unübertragbar. Ist der Stifter eine juristische Person, so erlischt dieses Recht spätestens 20 Jahre nach der Errichtung der Stiftung.

⁴ Haben mehrere Personen die Stiftung errichtet, so können sie die Änderung des Stiftungszwecks oder der Stiftungsorganisation nur gemeinsam verlangen.

⁵ Die Behörde, welche die Verfügung von Todes wegen eröffnet, teilt der zuständigen Aufsichtsbehörde die Anordnung zur Änderung des Stiftungszwecks oder der Stiftungsorganisation mit.

a) Allgemeines

Art. 86a ZGB ermöglicht es dem Stifter, der Stiftung eine neue Ausrichtung zu geben.

Art. 86a ZGB bezog sich nach seinem Wortlaut bisher nur auf Zweckänderungen. Aber ein neuer Zweck kann die ganze Stiftung verändern. Deshalb vertrat schon die erste Auflage den Standpunkt, es müsse zulässig sein, dass mit dem Zweck auch alle anderen Bestimmungen in der Stiftungsurkunde geändert werden. Mit anderen Worten müsse es dem Stifter möglich sein, alle Änderungen zu beantragen, die bewirken oder Voraussetzung dafür sind, dass sich der neue Zweck optimal umsetzen lässt.

In der Praxis spielt Art. 86a ZGB bisher keine grosse Rolle: 2016 gab es 56 Stiftungen, in deren Urkunde im Jahr 2006 eine Zweckänderung nach Art. 86a ZGB vorbehalten worden war und die nun, nach Ablauf von zehn Jahren, den Zweck hätten ändern lassen können. Dies geschah aber bei keiner von ihnen.

Mit der Parlamentarischen Initiative Luginbühl wurde Art. 86*a* ZGB erweitert. Es erfolgte eine Ergänzung der Stifterrechte durch eine Ausdehnung des Änderungsvorbehalts: Neu kann sich der Stifter auch die Änderung der Organisation vorbehalten. Er kann sie veranlassen, ohne dass gleichzeitig der Zweck geändert wird. Zum Beispiel kann er ein anderes Organ für die Wahl des Stiftungsrats vorsehen, Organe abschaffen oder neue einsetzen oder aus der Stiftung eine Verbrauchsstiftung machen. Damit wird die Position des Stifters gegenüber der Stiftung und den Stiftungsorganen deutlich verstärkt.

Art. 86*a* ZGB durchbricht das Erstarrungsprinzip, indem der Stifterwille eben nicht oder nur bis auf Widerruf erstarrt. Der Stifter kann auf seine früheren Festlegungen zurückkommen.

Sind die Voraussetzungen erfüllt, sind der Zweck und/oder die Organisation zu ändern und hat die Aufsichtsbehörde im Gegensatz zu Art. 86 ZGB kein Ermessen; es handelt sich um ein eigentliches Recht des Stifters. Deshalb muss seine Ausübung auch nicht begründet werden.

b)   Voraussetzungen

aa)   Zweckänderungsvorbehalt

Der Stifter muss sich bei der Errichtung der Stiftung in der Stiftungsurkunde die Möglichkeit einer Änderung des Stiftungszwecks bzw. der Organisation vorbehalten haben. Der neue Zweck bzw. die neue Organisation selbst muss dann erst beim Antrag auf Änderung festgelegt werden.

Diese Voraussetzung hat zur Folge, dass Art. 86*a* ZGB nur angewendet werden kann auf Stiftungen, die errichtet wurden und werden, seit er in der ursprünglichen Fassung (2006) den Zweckänderungsvorbehalt und in der neuen Fassung (2024) den Organisationsänderungsvorbehalt erlaubt.

Hat der Stifter in der Stiftungsurkunde einen Zweck- und/oder Organisationsänderungsvorbehalt angebracht, wird ein entsprechender Hinweis im Handelsregister eingetragen (Art. 95 Abs. 1 lit. g HRegV).

bb) Antrag

Der Stifter muss bei der zuständigen Bundes- oder Kantonsbehörde einen Antrag auf Änderung des Stiftungszwecks bzw. der Organisation stellen. Der Antrag kann auch aus einer letztwilligen Verfügung (Testament oder Erbvertrag) hervorgehen. Die Behörde, die eine solche eröffnet, hat der zuständigen Aufsichtsbehörde die Anordnung zur Änderung des Stiftungszwecks bzw. der Organisation mitzuteilen.

Art. 86*a* Abs. 3 ZGB stellt ausdrücklich fest, dass das Recht, eine Zweck- bzw. Organisationsänderung zu beantragen, **höchstpersönlicher** Natur ist. Es erlischt mit dem Tod des Stifters und kann nicht auf Dritte, auch nicht auf die Erben, übertragen werden.

Art. 86*a* Abs. 4 ZGB regelt die Ausübung des Rechts auf Änderung des Stiftungszwecks bzw. der Organisation bei einer **Mehrheit** von Stiftern. Um die Ausübung dieses Rechts zu koordinieren, sieht die Bestimmung vor, dass der Antrag zwingend von allen Stiftern gemeinsam gestellt werden muss. Es gilt hier das **Einstimmigkeitsprinzip**. Ist **einer** der Stifter verstorben, verschollen oder urteilsunfähig geworden, ist mit ihm das Änderungsrecht erloschen (ausser wenn er es letztwillig ausgeübt hat).

cc) Ablauf von zehn Jahren

Seit der Errichtung der Stiftung oder seit der letzten vom Stifter verlangten Änderung des Zwecks bzw. der Organisation müssen mindestens zehn Jahre verstrichen sein. Es laufen also nacheinander zwei Zehnjahresfristen:

- Die erste Frist beginnt mit der Stiftungserrichtung; als solche gilt der Zeitpunkt der Eintragung im Handelsregister (Art. 81 Abs. 2 ZGB).

- Die zweite Frist beginnt mit «der letzten verlangten Änderung»; abzustellen ist hier – entgegen dem Wortlaut – nicht auf den Zeitpunkt der Antragstellung, sondern auf jenen, in dem die Änderung Rechtskraft erlangt. Denn führt ein Antrag nicht zu einer Änderung, muss er im Hinblick auf die vorliegende Frist konsequenterweise unbeachtlich bleiben. Diese zweite Frist kann mehrmals zu laufen beginnen, und der Stifter kann **mehrmals,** d.h. alle zehn Jahre, solange er lebt und urteilsfähig bleibt, eine Änderung des Stiftungszwecks bzw. der Organisation veranlassen.

- Der letzte Satz von Abs. 1 stellt klar, dass diese Fristen in Bezug auf die Zweckänderung einerseits, die Organisationsänderung andererseits unabhängig voneinander laufen.

dd)   Ablauf von höchstens zwanzig Jahren bei juristischen Personen als Stiftern

Ist die Stifterin eine juristische Person, erlischt das Recht auf Änderung des Stiftungszwecks bzw. der Organisation spätestens 20 Jahre nach der Errichtung der Stiftung. Damit soll verhindert werden, dass durch das Dazwischenschalten einer juristischen Person bei der Stiftungserrichtung die Möglichkeit der Änderung des Stiftungszwecks bzw. der Organisation perpetuiert wird.

ee)   Neuer Zweck

Im Gegensatz zum Fall von Art. 86 ZGB, bei dem sich der geänderte Zweck im Kontext des hypothetischen Stifterwillens auf das bisherige Sachgebiet beziehen muss, kann es sich im Rahmen von Art. 86a ZGB um einen gänzlich anderen Zweck handeln, weshalb hier nicht von einem geänderten, sondern von einem neuen Zweck zu sprechen ist.

Hier legt Abs. 2 eine Einschränkung fest: Bei Stiftungen, die einen **öffentlichen oder gemeinnützigen Zweck** nach Art. 56 lit. g DGB verfolgen, muss der neue Zweck wiederum öffentlich oder gemeinnützig im Sinne des Bundessteuerrechts sein. Diese (steuerlich motivierte) Einschränkung ist in der Lehre zu Recht kritisiert worden. Aus stiftungsrechtlicher Sicht sollte bei **allen** gewöhnlichen Stiftungen die Festsetzung des neuen Zwecks uneingeschränkt erfolgen können.

Selbstverständlich und daher nicht ausdrücklich in Art. 86a ZGB erwähnt ist die weitere Voraussetzung, dass der neue Zweck nicht rechts- oder sittenwidrig (Art. 52 Abs. 3 ZGB, Art. 88 Abs. 1 Ziff. 2 ZGB), unmöglich (Art. 20 Abs. 1 OR i.V.m. Art. 7 ZGB, Art. 88 Abs. 1 Ziff. 1 ZGB) oder eigennützig sein darf.

ff)   Neue Organisation

Was im Einzelnen unter «Organisation» fällt, sagt das Gesetz nicht. Man sollte diesen Begriff weit fassen. Der Stifter ist bei der Neugestaltung der Organisation an die gesetzlichen Vorgaben (Einsetzung eines obersten Stiftungsorgans und einer Revisionsstelle) gebunden, davon abgesehen aber frei. Vgl. dazu die unter Art. 85 ZGB angegebenen möglichen Änderung, unten S. 186.

gg)   Folgen

Die Folgen der Möglichkeiten von Art. 86a ZGB sind bisher nicht empirisch fassbar, da es mindestens bis 2016 noch zu keinen einschlägigen Zweckänderungen gekommen ist und bis heute noch zu keinen Organisationsänderungen kommen konnte. Daher bloss folgende Vermutungen und Empfehlungen:

Eine Zweckänderung kann eine Organisationsänderung sinnvoll oder erforderlich machen; umgekehrt gilt dies kaum.

Den Stifter trifft keine Pflicht zur Zweck- und/oder Organisationsänderung. Er muss sich nicht einmal damit befassen. Der Anstoss

zu Änderungen nach Art. 86a ZGB kann aber auch von Stiftungsorganen ausgehen. Sie können dem Stifter solche Änderungen raten
oder von ihnen abraten. Damit der Stifter einen guten Entscheid
treffen kann, muss er über die Lage der bestehenden Stiftung im
Bilde sein, d.h. von den Stiftungsorganen darüber informiert werden.

Eine Zweck- wie eine Organisationsänderung kann die bisherige
Stiftung so verändern, dass dies einer Aufhebung und Neugründung
gleichkommt. Ist dies geplant bzw. möglich, ist vom Stifter zu verlangen, dass er die Stiftungsorgane rechtzeitig darüber informiert.
Diese wiederum müssen die Möglichkeit haben, Dritte wie Projekt-
partner und Destinatäre über die bevorstehenden Änderungen ins
Bild zu setzen. Da die Stiftung als Rechtsperson unverändert bleibt,
müssen auch sämtliche Rechte Dritte gewahrt werden. Die Stiftung muss zum Beispiel bestehende Projekte auch bei einem neuen
Zweck weiterführen können, solange sie sich dazu verpflichtet hat.

5.　Änderung der Organisation (Art. 85 ZGB)

Art. 85 ZGB

Die zuständige Bundes- oder Kantonsbehörde kann auf Antrag
der Aufsichtsbehörde und nach Anhörung des obersten Stiftungsorgans die Organisation der Stiftung ändern, wenn die Erhaltung
des Vermögens oder die Wahrung des Stiftungszwecks die Änderung dringend erfordert.

Die Organisationsänderung nach Art. 85 ZGB ist unabhängig von
jener nach Art. 86a ZGB. Sie kennt keine Fristen und geht nicht
vom Stifter aus.

a) Voraussetzungen

Voraussetzung von (wesentlichen) **Organisationsänderungen** ist, dass sie zur Erhaltung des Vermögens oder zur Wahrung des Stiftungszwecks dringend erforderlich sind (Art. 85 ZGB).

Mithin darf die Organisation der Stiftung dann geändert werden, wenn dies im Interesse der Erfüllung des Stiftungszwecks liegt und aus unabweisbaren Gründen als geboten erscheint, nicht aber schon dann, wenn eine andere Organisation lediglich nützlicher oder etwas zweckmässiger wäre. Die Änderung muss bewirken, dass der Zweck wesentlich besser erreicht werden kann (BVGer, B-565/2015, 4.10.2016).

Auch bei Änderungen der Stiftungsurkunde nach Art. 85 ZGB dürfen **keine Drittrechte beeinträchtigt** werden. Da dies von Gesetzes wegen bei unwesentlichen Änderungen gilt, muss es auch für wesentliche Änderungen gelten – unter dem Vorbehalt allerdings, dass das **objektive Interesse** der Stiftung an einer Änderung nicht überwiegt. Die Rechte Dritter geniessen so wenig wie die Stifterrechte absoluten Schutz. Im Konfliktfall muss das Interesse an der bestmöglichen Erfüllung des Stiftungszwecks vorgehen.

b) Mögliche Änderungen

Solche organisatorischen Änderungen könnten sein:

- Einführung einer Trennung von Stiftungsrat und Geschäftsleitung (oder Abschaffung dieser Trennung);
- Abschaffung von Möglichkeiten des Stifters oder von Dritten zur Einwirkung auf die Stiftung;
- Abschaffung des Rechts des Stifters auf Einsitznahme im Stiftungsrat auf Lebenszeit;
- Einführung anderer Quoren;
- Abschaffung besonderer Erfordernisse für die Wahl von Stiftungsratsmitgliedern.

6. Unwesentliche Änderungen (Art. 86b ZGB)

Art. 86b ZGB

Die Aufsichtsbehörde kann nach Anhörung des obersten Stiftungsorgans unwesentliche Änderungen der Stiftungsurkunde vornehmen, sofern dies aus sachlichen Gründen als gerechtfertigt erscheint und keine Rechte Dritter beeinträchtigt.

a) Allgemeines

Die Grenzziehung zwischen «wesentlichen» und «unwesentlichen» Änderungen ist fliessend. **Unwesentliche** Änderungen der Stiftungsurkunde **ändern am Wesen der Stiftung nichts Grundlegendes** und betreffen keine nach dem mutmasslichen Willen des Stifters als unabänderlich anzusehenden Bestimmungen der Stiftungsurkunde (BGE 103 Ib 161). Es geht dabei weder um eigentliche Umwandlungen, noch sind Bereiche betroffen, die zur Identität der Stiftung gehören (mit Ausnahme vielleicht des Namens, dem doch identitätsstiftende Kraft zugesprochen werden darf). Unwesentliche Änderungen können sein:

- Minimal- oder Maximalanzahl der Stiftungsratsmitglieder;
- Verlegung des Sitzes;
- Amtszeit- oder Altersbeschränkungen;
- Einberufungsfristen;
- Einführung einer Revisionsstelle;
- Änderung des Namens.

b) Voraussetzungen

Voraussetzungen für unwesentliche Änderungen sind,

- dass dies aus sachlichen Gründen als gerechtfertigt erscheint (es müssen neu keine «triftigen» sachlichen Gründe mehr vorliegen, und die Änderung muss nicht mehr «geboten», sondern nur noch «gerechtfertigt» sein) und

– dass keine Rechte Dritter, also namentlich von Destinatären mit Rechtsansprüchen, oder auch von Familienangehörigen des Stifters, die als Wahlorgan des Gremiums abgeschafft werden sollen (BVGer, B-565/2015, 4.10.2016), beeinträchtigt werden.

Diese Voraussetzungen entsprechen jenen bei Fusionen und Vermögensübertragungen (Art. 78 Abs. 2 und 86 Abs. 2 ZGB).

7. Änderung der Stiftungsurkunde bei Familien- und kirchlichen Stiftungen

Art. 86*a* ZGB bezieht sich nicht auf Zweckänderungen bei Familienstiftungen und kirchlichen Stiftungen. Hier liegt ein qualifiziertes Schweigen des Gesetzgebers vor (BBl 2003 8170).

Auch bei den anderen Umwandlungsformen enthält das ZGB keine besonderen Bestimmungen. Ein Teil der Lehre plädiert daher dafür, die für gewöhnliche Stiftungen geltenden Umwandlungsbestimmungen analog oder lückenfüllend auch für Familien- und kirchliche Stiftungen heranzuziehen, wobei dem Gericht die Rolle der Aufsichts- und Umwandlungsinstanz zufallen soll. Dies ist aber mit einem anderen Teil der Lehre abzulehnen. Bei **Familienstiftungen** besteht im nichtstreitigen Bereich aufgrund von Art. 87 Abs. 1 ZGB keine staatliche Aufsicht, weshalb die Zuständigkeit zur Änderung der Stiftungsurkunde in die Kompetenz des Stiftungsrats bzw. des dafür gemäss Stiftungsurkunde kompetenten Stiftungsorgans fallen muss (vgl. S. 142). Ist eine zur Klage gemäss Art. 87 Abs. 2 ZGB legitimierte Person mit einer erfolgten Änderung nicht einverstanden, hat sie die Möglichkeit, die Änderung gerichtlich anzufechten. Die Gerichte sollten also nur und erst im Falle der Anfechtung einer Änderung einbezogen werden.

Bei **kirchlichen Stiftungen** ist im nichtstreitigen Verfahren die kirchliche Aufsicht zuständig. Der Stiftungsrat ist zuständig, sofern und soweit sich die kirchliche Aufsicht nicht mit einem Geschäft befasst bzw. sich für unzuständig erklärt. Auch hier kann im Streitfall das Gericht angerufen werden.

§ 2 Fusion

Art. 78 FusG Grundsatz

[1] Stiftungen können miteinander fusionieren.

[2] Die Fusion ist nur zulässig, wenn sie sachlich gerechtfertigt ist und insbesondere der Wahrung und Durchführung des Stiftungszwecks dient. Allfällige Rechtsansprüche der Destinatäre der beteiligten Stiftungen müssen gewahrt werden. Ist im Hinblick auf eine Fusion eine Zweckänderung erforderlich, so findet Artikel 86 des ZGB Anwendung.

Art. 79 Fusionsvertrag

[1] Der Fusionsvertrag muss von den obersten Organen der Stiftungen abgeschlossen werden.

[2] Der Vertrag enthält:

a. den Namen, den Sitz und den Zweck der beteiligten Stiftungen, im Fall der Kombinationsfusion auch den Namen, den Sitz und den Zweck der neuen Stiftung;

b. Angaben über die Stellung der Destinatäre mit Rechtsansprüchen in der übernehmenden Stiftung;

c. den Zeitpunkt, ab dem die Handlungen der übertragenden Stiftung als für Rechnung der übernehmenden Stiftung vorgenommen gelten.

[3] Der Fusionsvertrag bedarf der schriftlichen Form. Bei Familienstiftungen und kirchlichen Stiftungen bedarf der Fusionsvertrag der öffentlichen Beurkundung.

Art. 80 Bilanz

Die Stiftungen müssen eine Bilanz und unter den Voraussetzungen von Artikel 11 eine Zwischenbilanz erstellen.

Art. 81 Prüfung des Fusionsvertrags

[1] Die Stiftungen müssen den Fusionsvertrag sowie die Bilanzen von einer zugelassenen Revisorin oder einem zugelassenen Revisor prüfen lassen.

[2] Sie müssen der Revisorin oder dem Revisor alle zweckdienlichen Auskünfte und Unterlagen geben.

[3] Die Revisorin oder der Revisor erstellt einen Bericht, in dem insbesondere darzulegen ist, ob die allfälligen Rechtsansprüche der Destinatäre gewahrt sind und ob Forderungen von Gläubigerinnen und Gläubigern bekannt oder zu erwarten sind, zu deren Befriedigung das Vermögen der beteiligten Stiftungen nicht ausreicht.

Art. 82 Informationspflicht

Das oberste Organ der übertragenden Stiftung informiert die Destinatäre mit Rechtsansprüchen vor dem Antrag an die Aufsichtsbehörde über die geplante Fusion und deren Auswirkungen auf ihre Rechtsstellung. Bei Familienstiftungen und kirchlichen Stiftungen erfolgt die Information vor dem Fusionsbeschluss.

Art. 83 Genehmigung und Vollzug der Fusion

[1] Bei Stiftungen, die der Aufsicht des Gemeinwesens unterstehen, beantragen die obersten Stiftungsorgane bei der zuständigen Aufsichtsbehörde die Genehmigung der Fusion. Im Antrag ist schriftlich darzulegen, dass die Voraussetzungen für die Fusion erfüllt sind. Mit dem Antrag sind der Aufsichtsbehörde die von der zugelassenen Revisorin oder dem zugelassenen Revisor geprüften Bilanzen der beteiligten Stiftungen sowie der Revisionsbericht einzureichen.

[2] Zuständig ist die Aufsichtsbehörde der übertragenden Stiftung. Bei mehreren übertragenden Stiftungen muss jede Aufsichtsbehörde der Fusion zustimmen.

[3] Die Aufsichtsbehörde erlässt nach Prüfung des Begehrens die entsprechende Verfügung und meldet im Fall der Zustimmung die Fusion zur Eintragung in das Handelsregister an.

[4] Für die Rechtswirksamkeit der Fusion gilt Artikel 22 Absatz 1.

Art. 84 Anfechtung des Fusionsbeschlusses bei Familienstiftungen und kirchlichen Stiftungen

Bei Familienstiftungen und kirchlichen Stiftungen kann jeder Destinatär mit Rechtsanspruch und jedes Mitglied des obersten Stiftungsorgans, das dem Fusionsbeschluss nicht zugestimmt hat, den Beschluss wegen Fehlens der Voraussetzungen innert dreier Monate gerichtlich anfechten.

Art. 85 Gläubiger- und Arbeitnehmerschutz

[1] Die Aufsichtsbehörde oder, bei Familienstiftungen und kirchlichen Stiftungen, das oberste Stiftungsorgan der übertragenden Stiftung hat vor Erlass der Verfügung beziehungsweise vor dem Beschluss die Gläubigerinnen und Gläubiger der an der Fusion beteiligten Stiftungen im Schweizerischen Handelsamtsblatt dreimal darauf hinzuweisen, dass sie unter Anmeldung ihrer Forderungen Sicherstellung verlangen können. Die Destinatäre mit Rechtsansprüchen haben keinen Anspruch auf Sicherstellung.

[2] Die Aufsichtsbehörde oder, bei Familienstiftungen und kirchlichen Stiftungen, das oberste Stiftungsorgan kann von einer Aufforderung an die Gläubigerinnen und Gläubiger absehen, wenn auf Grund des Berichts der zugelassenen Revisorin oder des zugelassenen Revisors keine Forderungen bekannt oder zu erwarten sind, zu deren Befriedigung das Stiftungsvermögen der beteiligten Stiftungen nicht ausreicht.

[3] Im Falle einer Aufforderung an die Gläubigerinnen und Gläubiger findet Artikel 25 Anwendung.

[4] Der Arbeitnehmerschutz richtet sich nach den Artikeln 27 und 28.

1. Allgemeines

Voraussetzungen und Verfahren für die Fusion von Stiftungen sind im Fusionsgesetz geregelt (Art. 78 ff. FusG). Eine Fusion bedeutet die rechtliche Vereinigung von zwei oder mehr Stiftungen durch Übertragung des Vermögens ohne Liquidation. Unterschieden werden zwei Formen: die **Absorptionsfusion**, bei der eine oder mehrere Stiftungen durch eine andere Stiftung übernommen werden, und die **Kombinationsfusion**, bei der sich zwei oder mehrere Stiftungen zu einer neuen Stiftung zusammenschliessen (Art. 3 Abs. 1 FusG).

2. Voraussetzungen

Stiftungen dürfen nur **mit anderen Stiftungen,** nicht aber mit anderen Rechtsträgern (Verein, Genossenschaft, Aktiengesellschaft etc.) fusionieren (Art. 78 Abs. 1 FusG). Auch die Fusion einer gewöhnlichen, kirchlichen oder Familienstiftung mit einer dem BVG unterstehenden Personalvorsorgestiftung ist nicht zulässig.

Materiell wird vorausgesetzt, dass die Fusion **sachlich gerechtfertigt** ist und insbesondere der Wahrung und Verfolgung des Stiftungszwecks dient. Diese Voraussetzung ist vor allem dann gegeben, wenn die beteiligten Stiftungen einen ähnlichen Zweck (oder sich ergänzende Zwecke) verfolgen, zu dessen Erfüllung sie nicht mehr selbständig in der Lage sind. Umgekehrt ist eine Fusion nicht möglich zwischen Stiftungen, deren Zwecke keinen Zusammenhang und keine inhaltliche Nähe aufweisen. Hingegen ist die Fusion einer Dachstiftung mit breitem Zweck mit Stiftungen möglich, deren engerer Zweck von jenem der Dachstiftung umfasst wird.

Es kann sein, dass eine Fusion eine Zweckänderung bei einer oder mehreren Stiftungen erfordert, wenn nämlich die fraglichen Zwecke nicht ausreichend kompatibel sind. In diesem Fall ist ein **Zweckänderungsverfahren** durchzuführen (Art. 78 Abs. 2 Satz 3 FusG i.V.m.

Art. 86 und 86*b* ZGB). In der Praxis werden Fusion und Zweckänderung gemeinsam beantragt und durchgeführt.

Eine sachliche Rechtfertigung ist zu bejahen, wenn mindestens einer der beteiligten Stiftungszwecke besser, d.h. effizienter und/oder effektiver, umgesetzt werden kann.

Ferner sind die Ansprüche allfälliger **Destinatäre mit Rechtsansprüchen** zu wahren (Art. 78 Abs. 2 FusG). Sie sind vor dem Antrag an die Aufsichtsbehörde zu informieren (Art. 82 FusG). Dies räumt ihnen die Gelegenheit ein, der Aufsichtsbehörde ihre Sichtweise darzulegen. Eine Zustimmung der Destinatäre mit Rechtsansprüchen zur Fusion ist hingegen nicht vorausgesetzt. Diese Voraussetzung ist in der Praxis von geringer Bedeutung, weil – von Familienstiftungen und Personalvorsorgestiftungen abgesehen – bei den wenigsten Stiftungen Destinatäre Rechtsansprüche haben.

3. Verfahren

Es empfiehlt sich, eine geplante Fusion vorab informell mit der oder den zuständigen Aufsichtsbehörden vorzubesprechen und ihnen die wichtigsten Dokumente im Entwurf zu unterbreiten.

Die Fusion erfolgt auf der Grundlage eines schriftlichen **Fusionsvertrags** (Art. 79 FusG) und von **Fusionsbilanzen** der beteiligten Stiftungen, deren Bilanzstichtag zum Zeitpunkt des Abschlusses des Fusionsvertrags nicht mehr als sechs Monate zurückliegen darf (Art. 80 i.V.m. 11 FusG). Der Fusionsvertrag muss von den betroffenen Stiftungsratsmitgliedern abgeschlossen (Art. 79 Abs. 1 FusG) und zusammen mit den Bilanzen von einem Revisor auf fusionsspezifische Punkte geprüft werden (Art. 81 FusG).

Die betroffenen Stiftungsratsmitglieder beantragen sodann gemeinsam die **Genehmigung** der Fusion. Dies ist bei der Absorptionsfusion die Aufsichtsbehörde der übertragenden Stiftung. Bei mehreren übertragenden Stiftungen müssen alle zuständigen Aufsichtsbehörden der Fusion zustimmen (Art. 83 Abs. 2 FusG). Dies gilt auch für die Kombinationsfusion. Dabei ist die Erfüllung der Voraussetzungen für die Fusion schriftlich darzulegen (Art. 83 Abs. 1 FusG). Im Falle der Genehmigung erfolgt die Anmeldung der Fusion beim Handelsregisteramt durch die Aufsichtsbehörde (Art. 83 Abs. 3 FusG).

Die **Gläubiger** der beteiligten Stiftungen haben grundsätzlich das Recht, **Sicherheit** für ihre Forderungen zu verlangen (Art. 85 Abs. 1 FusG). Sie sind darauf mittels dreimal im SHAB zu veröffentlichenden Schuldenrufs hinzuweisen. Sofern gemäss dem Bericht des Revisors keine Forderungen bekannt oder zu erwarten sind, zu deren Befriedigung das Stiftungsvermögen der beteiligten Stiftungen nicht ausreichen würde, kann von der Aufsichtsbehörde die Ausnahme von der Pflicht zum Schuldenruf genehmigt werden (Art. 85 Abs. 2 FusG).

Arbeitnehmer sind über die Fusion zu informieren und allenfalls zu konsultieren (Art. 85 Abs. 4 i.V.m. Art. 27 f. FusG). Zudem kommt Art. 333 OR zur Anwendung (gesetzlicher Übergang des Arbeitsverhältnisses, Recht der Arbeitnehmer zur Ablehnung, solidarische Haftung des bisherigen und des neuen Arbeitgebers).

Für **Familien-** und **kirchliche Stiftungen** gelten verschiedene Besonderheiten. Insbesondere entfällt das Erfordernis der Zustimmung einer Aufsichtsbehörde. Jeder Destinatär mit Rechtsanspruch und jedes Mitglied des Stiftungsrats, das dem Fusionsbeschluss nicht zugestimmt hat, kann ihn wegen Fehlens der Voraussetzungen innert drei Monaten gerichtlich anfechten (Art. 84 FusG). Die Wirksamkeit der Fusion beginnt mit ihrer Eintragung ins Handelsregister.

§ 3 Vermögensübertragung

Art. 86 Grundsatz

¹ Die im Handelsregister eingetragenen Stiftungen können ihr Vermögen oder Teile davon mit Aktiven und Passiven auf andere Rechtsträger übertragen.

² Artikel 78 Absatz 2 findet sinngemäss Anwendung. Der Übergangsvertrag richtet sich nach den Artikeln 70–72, der Gläubiger- und Arbeitnehmerschutz nach den Artikeln 75–77.

Art. 87 Genehmigung und Vollzug der Vermögensübertragung

¹ Bei Stiftungen, die der Aufsicht des Gemeinwesens unterstehen, beantragen die obersten Stiftungsorgane bei der zuständigen Aufsichtsbehörde die Genehmigung der Vermögensübertragung. Im Antrag ist schriftlich darzulegen, dass die Voraussetzungen für die Vermögensübertragung erfüllt sind.

² Zuständig ist die Aufsichtsbehörde der übertragenden Stiftung.

³ Die Aufsichtsbehörde erlässt nach Prüfung des Begehrens die entsprechende Verfügung. Nach Eintritt der Rechtskraft der zustimmenden Verfügung meldet sie die Vermögensübertragung zur Eintragung in das Handelsregister an.

⁴ Die Eintragung ins Handelsregister und die Rechtswirksamkeit richten sich nach Artikel 73.

Mit der Vermögensübertragung werden Aktiven und Passiven einheitlich auf einen **anderen Rechtsträger** übertragen (Art. 86 FusG). Dies ist für Stiftungen von besonderem Interesse, da für sie die Fusion wie erwähnt nur mit Stiftungen erlaubt ist, während die Vermögensübertragung auch mit anderen im Handelsregister eingetragenen Rechtsträgern zulässig ist. Bei gewöhnlichen Stiftungen bedarf die Vermögensübertragung insbesondere der Zustimmung durch die Aufsichtsbehörde (Art. 87 FusG). Eine Alternative besteht in der Vermögensübertragung durch **Singularsukzession** nach Art. 181 OR mit anschliessender Liquidation.

Aktiengesellschaften und insbesondere Vereine können sich nicht in eine Stiftung umwandeln. In diesen Fällen ist die Vermögens-übertragung von besonderer Bedeutung, indem sie in der Wirkung einer Fusion oder Umwandlung nahekommt.

§ 4 Umwandlung in eine unselbständige Stiftung

Selbständige Stiftungen können auf verschiedene Weise in unselb-ständige überführt werden, insbesondere:

- durch Fusion, wobei im Fusionsvertrag festgelegt wird, dass mit dem Vermögen einer der beteiligten Stiftungen innerhalb der an-deren eine unselbständige Stiftung gebildet werden soll;
- durch Vermögensübertragung mit der Auflage, dass die Rechts-person, auf die das Vermögen übertragen wird, mit diesem eine unselbständige Stiftung bilden soll. Nach der Übertragung wird die Stiftung liquidiert;
- durch die Übertragung des Stiftungsvermögens an eine andere Person, als Förderleistung mit der Auflage, damit eine unselb-ständige Stiftung zu bilden;
- im Rahmen einer organisatorischen Aufhebung (Art. 83*d* ZGB).

§ 5 Spaltung

Denkbar ist es auch, die Stiftung zu spalten, d.h., die selbständige Stiftung in zwei (oder mehr; oder auch in eine selbständige und eine unselbständige) aufzuteilen. Dies ist nach FusG nicht zulässig, kann aber aufsichtsrechtlich erfolgen. Die neuen Zwecke verfolgen dann in der Regel je einen Teil des früheren Zwecks, und auf sie wird auch je ein Teil des Vermögens der früheren Stiftung übertragen. Ferner ist eine faktische Spaltung auf dem Weg der Übertragung (eines Teils) des Vermögens nach FusG möglich.

9. Teil   Aufhebung der Stiftung

§ 1   Aufhebung auf Antrag oder von Amtes wegen

Art. 88 ZGB

[1] Die zuständige Bundes- oder Kantonsbehörde hebt die Stiftung auf Antrag oder von Amtes wegen auf, wenn:
1. deren Zweck unerreichbar geworden ist und die Stiftung durch eine Änderung der Stiftungsurkunde nicht aufrechterhalten werden kann; oder
2. deren Zweck widerrechtlich oder unsittlich geworden ist.

[2] Familienstiftungen und kirchliche Stiftungen werden durch das Gericht aufgehoben.

Art. 89 ZGB

[1] Zur Antragsstellung oder zur Klage auf Aufhebung der Stiftung berechtigt ist jede Person, die ein Interesse hat.

[2] Die Aufhebung ist dem Registerführer zur Löschung des Eintrags anzumelden.

1.   Anfängliche Nichtigkeit

Ist der Zweck einer Stiftung **von Anfang an** widerrechtlich oder unsittlich (Art. 52 Abs. 3 ZGB), ist schon die Errichtung **nichtig**. Daneben lassen sich weitere Fälle denken, bei denen aufgrund einer **fehlerhaften Stiftungserrichtung** die Stiftung aufgehoben werden muss, wie:

- Willensmängel (wesentlicher Irrtum, arglistige Täuschung, Drohung, Zwang, analog Art. 23 ff. OR);
- simuliertes Rechtsgeschäft;

- Verletzung von Formvorschriften;
- Überschreitung der Vertretungsmacht.

Auch bei von Anfang an nichtigen Stiftungen kann ein Bedürfnis bestehen, die Nichtigkeit gerichtlich feststellen zu lassen, damit der Rechtsschein der Stiftung beseitigt wird (BGE 96 II 273). Anfängliche Nichtigkeit führt in der Regel zur Rückführung des «gewidmeten» Vermögens an den Stifter und von weiteren «Zuwendungen» an die Personen, die sie gemacht haben.

2. Voraussetzungen der Aufhebung nach Art. 88/89 ZGB

Art. 88/89 ZGB regeln den Fall der **nachträglichen** Aufhebung bestehender Stiftungen. Sie darf nur aus den im Gesetz vorgesehenen Gründen erfolgen. Voraussetzung für eine Aufhebung ist alternativ,

- dass der Zweck der Stiftung **unerreichbar** geworden ist und die Stiftung durch eine Änderung der Stiftungsurkunde nicht aufrechterhalten werden kann (Art. 88 Abs. 1 Ziff. 1 ZGB) oder
- dass ihr Zweck (durch Praxisänderung, Rechtsfortbildung etc.) **widerrechtlich** (Art. 88 Abs. 1 Ziff. 2 ZGB) oder
- (durch geänderte Anschauungen) **unsittlich** (Art. 88 Abs. 1 Ziff. 2 ZGB) geworden ist.

Unerreichbar (oder obsolet) ist der Zweck zum Beispiel geworden, wenn alle Destinatäre verstorben bzw. liquidiert worden sind oder wenn der Zweck erfüllt worden ist. Dieser Zustand muss definitiv sein und für den **ganzen** Zweck gelten.

Hinzu kommen die Gründe der nachfolgend behandelten organisatorischen Aufhebung.

Die Aufhebung ist gegenüber der Zweckänderung oder auch einer organisatorischen Aufhebung als den milderen Mitteln **subsidiär**. Eine weitere Voraussetzung ist daher, dass **keine weniger weit gehenden Massnahmen** in Frage kommen.

3. Verfahren

Im Gegensatz zu den Körperschaften kann sich eine Stiftung nicht selbst aufheben. Autonome Beschlüsse des Stiftungsrats, der Stiftung ein Ende zu setzen, sind nicht zulässig und nichtig; auch insofern ist er an den Willen des Stifters gebunden (BGE 115 II 415). Dies gilt auch für Familien- und kirchliche Stiftungen (Art. 88 Abs. 2 ZGB).

Die Aufhebung der Stiftung erfolgt:

– von Amtes wegen oder
– auf Antrag. Zur Antragstellung bzw. zur Klage auf Aufhebung ist jede Person berechtigt, die ein Interesse hat (Art. 89 Abs. 1 ZGB), insbesondere Destinatäre und Gläubiger, aber auch der Stiftungsrat. Da es sich um einen folgenschweren Beschluss handelt, wird dafür meist ein qualifiziertes Quorum vorgesehen.

4. Zuständigkeit

Zuständig ist die dafür bezeichnete Bundes- oder Kantonsbehörde, bei Familien- und kirchlichen Stiftungen das Gericht (Art. 88 Abs. 2 ZGB).

Der Verfügung der zuständigen Behörde kommt **konstitutive Wirkung** zu. Gemäss Art. 89 Abs. 2 ZGB muss die Behörde dem Handelsregisterführer die Aufhebung der Stiftung zur Löschung des Eintrags anmelden.

5. Liquidation

Auf das Verfahren der Liquidation sind die Vorschriften des Genossenschafts- und des Aktienrechts analog anzuwenden (Art. 58 ZGB i.V.m. Art. 913 Abs. 1 und 739 ff. OR). Tritt die Stiftung in Liquidation, behält sie die juristische Persönlichkeit und führt ihre bisherige Bezeichnung, jedoch mit dem Zusatz «in Liquidation». Der Sitz und die Geschäftsadresse der Stiftung in Liquidation bleiben am bisherigen Ort bestehen. Die Liquidation der Stiftung wird durch den Stiftungsrat besorgt, sofern der Stifter in der Stiftungsurkunde oder der Stiftungsrat nicht einen oder mehrere andere Liquidatoren bestimmt (Art. 740 Abs. 1 OR). Die Befugnisse der Stiftungsorgane, insbesondere des Stiftungsrats, beschränken sich auf diejenigen Handlungen, die für das Liquidationsverfahren notwendig sind und die ihrer Natur nach nicht in die Zuständigkeit der Liquidatoren fallen (Art. 739 Abs. 1 und 2 OR).

Als Liquidationshandlungen ist in der Regel Folgendes vorzunehmen:

-   Sämtliche laufende Geschäfte der Stiftung sind zu beendigen.
-   Die Aktiven sind zu verwerten.
-   Die Verpflichtungen sind zu erfüllen.
-   Es ist ein dreifacher Schuldenruf im SHAB durchzuführen.

Meist muss der Stiftungsrat eine Schlussrechnung erstellen, aus der die Empfänger des Restvermögens hervorgehen. Rückstellungen für Kosten (Stiftungsaufsicht, Handelsregisteramt etc.), die im Rahmen der Liquidation anfallen, sind zu berücksichtigen.

Die Verwendung eines etwaigen Restvermögens bestimmt sich nach dem Grund der Aufhebung:

-   Bei (nachträglicher und nach Auffassung des Bundesgerichts [BGE 112 II 1] auch anfänglicher) **Widerrechtlichkeit** oder **Unsittlichkeit** fällt das verbleibende Vermögen an das Gemeinwesen (Art. 57 Abs. 3 ZGB).

- Bei der Aufhebung aus anderen Gründen ist nach dem Willen des Stifters zu fragen. In der Regel legen Stifter in einer «Auflösungsklausel» nicht eine oder mehrere bestimmte Empfänger namentlich fest, sondern räumen dem letzten Stiftungsrat durch eine weite Umschreibung des Empfängerkreises ein Ermessen ein.

- Fehlt eine solche Auflösungsklausel, ist von einer Lücke auszugehen und nach dem mutmasslichen Willen des Stifters zu fragen. Dabei ist anzunehmen, dass der Stifter gewollt hätte, dass das Liquidationsvermögen auch nach Auflösung seiner Stiftung dem genannten Zweck bzw. einem möglichst ähnlichen dienen solle.

- Zum selben Resultat führt das Gesetz: Fehlen Bestimmungen über das verbleibende Stiftungsvermögen nach Aufhebung der Stiftung, fällt es an ein Gemeinwesen (Art. 57 Abs. 1 und 2 ZGB). Dieses ist kraft Art. 57 Abs. 2 ZGB gehalten, das Vermögen dem bisherigen Zwecke möglichst entsprechend zu verwenden.

Der Stifter kann sich in der Stiftungsurkunde auch vorbehalten, dass das Restvermögen in sein Vermögen oder jenes seiner Rechtsnachfolger **zurückfällt**. Eine Steuerbefreiung wegen Gemeinnützigkeit wird allerdings in der Regel nur gewährt, wenn das verbleibende Stiftungsvermögen anderen gemeinnützigen Organisationen (in der Schweiz) zukommen soll (dauerhafte Zweckbindung, d.h. Bindung an einen gemeinnützigen Zweck). In diesem Falle ist ein Rückfall von Stiftungsvermögen an den Stifter oder Dritte, die der Stiftung Zuwendungen gemacht haben, oder deren Rechtsnachfolger ausgeschlossen (vgl. Art. 56 lit. g DBG).

Die Aufsichtsbehörde überwacht die Liquidation (Art. 84 ZGB). Die Liquidatoren sind gehalten, sie über die Liquidationsschritte laufend zu informieren. Nach Abschluss des Verfahrens haben die Liquidatoren der Aufsichtsbehörde einen Schlussbericht zu erstatten, zusammen mit den einschlägigen Belegen, namentlich zum dreifachen Schuldenruf, der Schlussrechnung (bestehend aus Bilanz, Erfolgsrechnung und Anhang) und dem Revisionsbericht, allenfalls eine Bestätigung nach Art. 745 Abs. 3 OR. Danach darf eine Verteilung bereits nach Ablauf von drei Monaten erfolgen, wenn ein zugelassener Revisionsexperte bestätigt, dass die Schulden getilgt sind und nach den Umständen angenommen werden kann, dass keine Interessen Dritter gefährdet werden. Die Aufsichtsbehörde erlässt sodann bei entsprechender Sachlage die das Verfahren abschliessende Verfügung betreffend Löschung der Stiftung im Handelsregister.

§ 2 Organisatorische Aufhebung

Bei einer organisatorischen Aufhebung wird zwar die Stiftung aufgehoben, ihr Vermögen wird jedoch nicht liquidiert, sondern **auf einen anderen Rechtsträger übertragen,** der es weiterhin für den bisherigen Zweck einsetzt. Dafür ist die Aufsichtsbehörde zuständig. Häufigster Fall einer organisatorischen Aufhebung ist die **Fusion.**

§ 3 Ordentliche Aufhebung nach Stiftungsurkunde

Schliesslich kann **der Stifter** in der Stiftungsurkunde bestimmen, wann die Stiftung aufgehoben werden muss, und den Stiftungsrat insbesondere anweisen,

- die Stiftung unter objektiv bestimmten oder bestimmbaren Voraussetzungen (**Resolutivbedingungen**), insbesondere mit dem Ablauf einer bestimmten Frist (**Stiftung auf Zeit**), aufzuheben;
- die Leistungen an die Destinatäre so zu steuern, dass das Stiftungsvermögen innert einer bestimmten Frist erschöpft ist (**Muss-Verbrauchsstiftung**).

– Unter «Aufhebung nach Stiftungsurkunde» fällt auch der Fall, dass der Stifter dem Stiftungsrat (oder auch sich selbst) die Möglichkeit eingeräumt hat, die Existenz der Stiftung zu beenden, etwa bei der **Darf-Verbrauchsstiftung**, bei welcher der Stiftungsrat das Vermögen nach eigenem Ermessen verbrauchen darf, worauf die Stiftung aufzuheben ist.

Auch in diesen Fällen müssen die Aufsichtsbehörden (bei Familien- und kirchlichen Stiftungen das Gericht) die Stiftungsaufhebung **förmlich feststellen.**

§ 4 Konkurs

(Privatrechtliche) Stiftungen unterliegen der ordentlichen **Konkursbetreibung** (Art. 39 Abs. 1 Ziff. 12 SchKG). Die Konkursfähigkeit beginnt mit dem Tag nach der Veröffentlichung der Eintragung im SHAB und dauert noch während sechs Monaten seit der Veröffentlichung ihrer Streichung an (Art. 39 Abs. 3 und 40 Abs. 1 SchKG).

Keine Konkursbetreibung ist zulässig bei **öffentlich-rechtlichen** Stiftungen.

Die Stiftung kann selbst ihren Konkurs bewirken, indem sie die **Insolvenzerklärung** nach Art. 191 SchKG abgibt. Dies bedarf aber bei gewöhnlichen Stiftungen der Zustimmung der Aufsichtsbehörde, die gegebenenfalls vom Konkursgericht über die Insolvenzerklärung in Kenntnis gesetzt werden muss. Eine Selbstaufhebung der Stiftung aufgrund autonomen Beschlusses des Stiftungsrats ist grundsätzlich nicht möglich (BGE 115 II 415). Bei der Familienstiftung sollte eine Insolvenzerklärung durch den Stiftungsrat möglich sein, wobei allerdings die Destinatäre davon erfahren und Gelegenheit erhalten sollten, diesen Entscheid gerichtlich anzufechten.

Personalvorsorgestiftungen fallen de facto nicht in Konkurs. Wenn hingegen der Arbeitgeber falliert, haben die Stiftungen die ausstehenden Beitragszahlungen im Konkursverfahren anzumelden. Diese Forderungen sind konkursrechtlich privilegiert (Art. 219 SchKG; BGE 129 III 468 E. 3.5). Kann die Stiftung wegen des Konkurses des Arbeitgebers gesetzliche oder reglementarische Pensionskassenleistungen nicht erbringen, tritt der **Sicherheitsfonds** ein, allerdings nur bis zu einem maximalen Jahreslohn. Die Stiftung Sicherheitsfonds BVG ist eine nationale Einrichtung der beruflichen Vorsorge (Art. 54–59 BVG), die von sämtlichen Vorsorgeeinrichtungen finanziert wird, die reglementarische Leistungen erbringen. Der Konkurs des Arbeitgebers hat die Auflösung des Anschlussvertrags mit der Stiftung sowie deren Teilliquidation zur Folge.

Der Konkursbetreibung unterliegende Stiftungen können nach Massgabe von Art. 177 ff. SchKG auch für Forderungen betrieben werden, die auf einen **Wechsel** oder **Check** gründen.

Neben dem Konkursverfahren ist für Stiftungen auch ein **Nachlassverfahren** (Art. 293 ff. SchKG) möglich.

Konkursort ist der Sitz der Stiftung.

Im Konkursverfahren wird die Stiftung als normale Schuldnerin behandelt. Als Vertreter der Gemeinschuldnerin muss der Stiftungsrat den Konkursorganen gemäss Art. 229 Abs. 1 SchKG während des ganzen Konkursverfahrens zur Verfügung stehen. Die Missachtung dieser Präsenzpflicht steht unter Strafandrohung (Art. 323 Ziff. 5 StGB). Der Stiftungsrat hat ferner eine Auskunfts- und Herausgabepflicht (Art. 222 Abs. 1 SchKG), die ebenfalls strafbewehrt ist (Art. 323 Ziff. 4 und 324 Ziff. 1 StGB).

Die Konkursverwaltung macht den Schluss des Konkursverfahrens öffentlich bekannt (Art. 268 Abs. 4 SchKG); die Stiftung ist gemäss Art. 104 HRegV im Handelsregister zu löschen (vgl. Art. 176 Abs. 1 Ziff. 3 SchKG), wenn keine Aktiven mehr übrigbleiben. Reicht das am Ende des Konkursverfahrens vorhandene Vermögen aus, um den Stiftungszweck ganz oder teilweise weiter zu erfüllen, ist von einer stiftungsrechtlichen Liquidation abzusehen. Die Stiftung kann dann ihre Tätigkeit wiederaufnehmen. Allenfalls ist durch eine förmliche Zweckänderung den reduzierten Vermögensverhältnissen Rechnung zu tragen.

10. Teil Die Stiftung im internationalen Verhältnis

Über Fördertätigkeiten von Schweizer Stiftungen im Ausland wurde schon berichtet (vgl. oben S. 129). An dieser Stelle werden ergänzend die Sitzverlegung der Stiftung ins Ausland oder von dort in die Schweiz sowie die grenzüberschreitende Fusion behandelt.

§ 1 Inkorporationstheorie (Gründungstheorie)

Stiftungen sind organisierte Vermögenseinheiten i.S.v. Art. 150 Abs. 1 IPRG und fallen im Schweizer Internationalen Privatrecht somit unter den Begriff **Gesellschaft**. Sie haben im internationalen Verhältnis das 10. Kapitel des IPRG zu beachten (Art. 150–165 IPRG), namentlich betreffend Zuständigkeit, anwendbares Recht, Sitzverlegungen, Zweigniederlassungen ausländischer Stiftungen in der Schweiz und Anerkennung von ausländischen Urteilen.

Im Schweizer Internationalen Gesellschaftsrecht gilt die **Inkorporationstheorie (Gründungstheorie)**: Gemäss Art. 154 Abs. 1 IPRG untersteht eine Stiftung, die nach den Vorschriften eines bestimmten Staates errichtet wurde, insbesondere indem sie dessen Publizitäts- oder Registrierungsvorschriften erfüllte, umfassend dem Recht dieses Staats. Nur wenn er keine Gründungsvorschriften vorsieht oder zwingende Gründungsvorschriften nicht eingehalten wurden, wird an das Recht des Staates angeknüpft, in dem die Stiftung **tatsächlich verwaltet** wird (Art. 154 Abs. 2 IPRG). Daneben bestehen einige Sonderanknüpfungen (Art. 156–159 IPRG).

§ 2   Sitzverlegung in die Schweiz

Von **Immigration** spricht man, wenn eine ausländische Stiftung ihren Sitz in die Schweiz verlegen will, ohne dass sie im bisherigen Land liquidiert und in der Schweiz neu errichtet wird. Dies setzt kumulativ voraus,

- dass das **ausländische** Recht aus seiner Sicht eine **Emigration zulässt**,

- dass die Stiftung die entsprechenden **Emigrationsvoraussetzungen** des ausländischen Rechts **erfüllt** und

- dass die **Anpassung an eine schweizerische Rechtsform möglich** ist (Art. 161 Abs. 1 IPRG, Art. 126 HRegV). Dies hat wiederum zur Voraussetzung, dass das ausländische Recht dieselben Hauptmerkmale für Stiftungen vorsieht wie das schweizerische (eigene Rechtspersönlichkeit, eigenes Vermögen und Verfolgung eines besonderen Zwecks). Der **Handelsregisterführer** kann hier die Bescheinigung einer kompetenten schweizerischen Behörde – im Allgemeinen des Bundesamts für Justiz – verlangen (Art. 126 Abs. 2 lit. c HRegV). Weitere Belege für die Anmeldung beim Handelsregister sind namentlich der Ausweis über den rechtlichen Bestand der Stiftung im Ausland, die Bescheinigung der ausländischen Behörde über die Zulässigkeit der Sitzverlegung sowie der Nachweis, dass der Mittelpunkt der Geschäftstätigkeit in die Schweiz verlegt worden ist (Art. 126 Abs. 2 HRegV).

Die immigrierende Stiftung untersteht dem schweizerischen Recht ab dem Zeitpunkt des Nachweises, dass sie den Mittelpunkt der Geschäftstätigkeit in die Schweiz verlegt und sich dem schweizerischen Recht angepasst hat (Art. 162 Abs. 1 IPRG).

§ 3 Sitzverlegung ins Ausland

Von **Emigration** spricht man, wenn eine Schweizer Stiftung ihren Sitz ins Ausland verlegen will, ohne dass sie in der Schweiz liquidiert und im Ausland neu errichtet wird. Dies setzt kumulativ voraus,

- dass die Voraussetzungen nach schweizerischem Recht erfüllt sind, worunter die stiftungsrechtlichen sowie allenfalls im Stiftungsstatut vorgesehene Bestimmungen über die Sitzverlegung der Stiftung (ins Ausland) zu verstehen sind, und

- dass die Stiftung nach ausländischem Recht fortbesteht (Art. 163 Abs. 1 lit. a IPRG, Art. 127 HRegV).

Zudem sind die **Gläubiger** auf die Sitzverlegung sowie auf ihr Recht hinzuweisen, Sicherstellung ihrer Forderung zu verlangen (Art. 163 Abs. 2 IPRG, Art. 51 Abs. 2 HRegV). Betreffend Sicherstellung der Forderungen findet Art. 46 FusG, der die Gläubigerrechte bei Spaltungen von Gesellschaften regelt, sinngemäss Anwendung. Die Pflicht zur Sicherstellung entfällt dementsprechend, wenn die Stiftung nachweist, dass die Erfüllung der Forderungen der Gläubiger durch die Sitzverlegung nicht gefährdet wird.

Destinatäre ohne Rechtsansprüche sind keine Gläubiger und haben kein Recht auf Sicherstellung. **Destinatären mit Rechtsansprüchen** steht analog zu Art. 46 FusG ein Sicherstellungsrecht zu.

Die Verlegung des Mittelpunkts der Geschäftstätigkeit ins Ausland wird vom IPRG nicht vorausgesetzt.

Die **Löschung** der emigrierenden Stiftung im Handelsregister kann erst erfolgen, wenn durch den Bericht eines zugelassenen Revisionsexperten bestätigt wird, dass die Forderungen der Gläubiger i.S.v. Art. 46 FusG sichergestellt oder erfüllt worden oder dass die Gläubiger mit der Löschung einverstanden sind (Art. 164 Abs. 1 IPRG, Art. 127 Abs. 1 lit. b HRegV). Bis die Gläubiger befriedigt oder ihre Forderungen sichergestellt sind, kann die Stiftung in der Schweiz **betrieben** werden (Art. 164a Abs. 2 IPRG).

§ 4 Grenzüberschreitende Immigrations-Fusion

Eine schweizerische Stiftung kann eine ausländische Stiftung durch Fusion übernehmen (**Immigrationsabsorption**) oder sich mit ihr zu einer neuen schweizerischen Stiftung fusionieren (**Immigrationskombination**), wenn das auf die ausländische Stiftung anwendbare Recht dies gestattet und dessen Voraussetzungen erfüllt sind (Art. 163*a* Abs. 1 IPRG). Im Übrigen untersteht die Fusion dem schweizerischen Recht (Art. 163*a* Abs. 2 IPRG).

§ 5 Grenzüberschreitende Emigrations-Fusion

Eine ausländische Stiftung kann eine schweizerische Stiftung durch Fusion übernehmen (**Emigrationsabsorption**) oder mit ihr zu einer neuen ausländischen Stiftung fusionieren (**Emigrationskombination**), wenn die schweizerische Stiftung nachweist, dass mit der Fusion ihre Aktiven und Passiven auf die ausländische Stiftung übergehen (Art. 163*b* Abs. 1 IPRG). Die schweizerische Stiftung hat alle Vorschriften des schweizerischen Rechts zu erfüllen, die für die übertragende Stiftung gelten (Art. 163*b* Abs. 2 IPRG). Zudem sind die Gläubiger durch dreimaligen im SHAB zu publizierenden **Schuldenruf** auf die Fusion sowie auf das Recht hinzuweisen, Sicherstellung ihrer Forderung zu verlangen (Art. 163*b* Abs. 3 IPRG). Betreffend Sicherstellung der Forderungen findet Art. 46 FusG, der die Gläubigerrechte bei der Spaltung einer Gesellschaft regelt, sinngemäss Anwendung. Die Pflicht zur Sicherstellung entfällt, wenn die Stiftung nachweist, dass die Erfüllung der Forderungen der Gläubiger durch die Fusion nicht gefährdet wird. Im Übrigen untersteht die Fusion dem ausländischen Recht (Art. 163*b* Abs. 4 IPRG).

11. Teil   Stiftung und Steuern

§ 1   Besteuerung der Errichtung der Stiftung

1.   Steuerfolgen bei der nicht-steuerbefreiten Stiftung

Die Widmung von Vermögen an die neu errichtete Stiftung löst in den allermeisten Fällen bei der Stiftung kantonale und/oder kommunale Erbschafts- oder Schenkungssteuerpflichten aus. Steuerrechtlich ist die Zuwendung zu Lebzeiten an eine Stiftung im Zuge ihrer Errichtung als steuerbare **Schenkung** zu qualifizieren (vgl. beispielsweise für den Kt. Zürich § 4 Abs. 2 ZH-ESchG). Steuerbar ist auch der Vermögensübergang durch die Errichtung einer Erbstiftung (§ 3 ZH-ESchG).

Die Steuersätze variieren von Kanton zu Kanton erheblich. In einigen Kantonen fallen Stiftungen in die Kategorie mit dem Maximalsatz (im Kt. Zürich beträgt dieser Satz 36 %, vgl. § 22 ff. ZH-ESchG). Massgebend ist dabei (ausser bei Grundstücken) der Wohnsitz des Stifters und nicht der Sitz der Stiftung.

Steuersubjekt der Erbschafts- oder Schenkungssteuer für Vermögenswidmungen an Stiftungen ist die empfangende Stiftung (vgl. beispielsweise für den Kt. Zürich § 8 ZH-ESchG). Verschiedene kantonale Steuergesetze sehen bei der Stiftungserrichtung unter Lebenden aber zusätzlich eine **subsidiäre oder solidarische Haftung des Stifters** für die geschuldete Erbschafts- oder Schenkungssteuer vor.

Erbschaftssteuern sind am letzten Wohnsitz des Stifters und **Schenkungssteuern** am Wohnsitz bzw. Sitz des Stifters zu zahlen (vgl. § 2 Abs. 1 lit. a und b ZH-ESchG). Bei der Übertragung von **Grundstücken** oder Rechten an solchen wird die Steuerpflicht in der Regel an den Ort angeknüpft, an dem das Grundstück liegt (vgl. § 2 Abs. 1 lit. c ZH-ESchG).

2. Steuerfolgen bei der steuerbefreiten Stiftung

Die Errichtung einer **steuerbefreiten** Stiftung löst bei dieser in der Regel keine Steuerpflicht aus. Es sind aber verschiedene Einschränkungen in Bezug auf die Anerkennung der Steuerbefreiung denkbar. Im Kt. Zürich wird beispielsweise im Rahmen des Erbschafts- und Schenkungssteuergesetzes die Steuerbefreiung von ausserkantonalen juristischen Personen nur dann anerkannt, wenn der betreffende Kanton Gegenrecht hält (§ 10 Abs. 2 ZH-ESchG); zu diesem Zweck wurden unter den Kantonen zahlreiche Gegenrechtsvereinbarungen abgeschlossen.

3. Steuerfolgen bei der Familienstiftung

Die Errichtung einer **Familienstiftung**, die nicht steuerbefreiungsfähig ist, löst bei dieser die Erbschafts- oder Schenkungssteuerpflicht aus. Die Familienstiftung wird dabei als nichtverwandte Person qualifiziert, so dass bei nach Verwandtschaftsgrad abgestuften Steuersätzen regelmässig der Maximalsatz zur Anwendung gelangt.

4. Steuerfolgen beim Stifter und bei Zuwendungen

Für den Stifter und für Personen, die steuerbefreiten Stiftungen Zuwendungen machen, stellt sich primär die Frage, ob die Widmung von Vermögen und die Zuwendung von ihren eigenen Steuern **abzugsfähig** sind. Soweit sie es nicht sind – weil die Stiftung nicht steuerbefreit ist oder weil die Grenze der Abzugsfähigkeit überschritten wird –, kann sich eine Steuerpflicht beim Stifter oder beim Zuwendenden ergeben, wenn aufgrund der Widmung oder der Zuwendung unversteuerte Mehrwerte bzw. stille Reserven realisiert werden. Dann sind die entsprechenden Anlage- oder Einkommenssteuerwerte in die Steuerpflicht einzubeziehen.

a)   **Abzugsfähigkeit freiwilliger Leistungen an steuerbefreite Stiftungen**

Abzugsfähig von den steuerbaren Einkünften sind bei den Bundessteuern innert bestimmter Grenzen sowohl die Widmung bei der Errichtung steuerbefreiter Stiftungen wie auch Zuwendungen an bereits errichtete steuerbefreite Stiftungen. Dies gilt für juristische wie für natürliche Personen. Bei den direkten Bundessteuern ist der Abzug für natürliche Personen in Art. 33a DBG geregelt. Für juristische Personen stellen freiwillige Leistungen an steuerbefreite Stiftungen grundsätzlich geschäftsmässig begründeten Aufwand gemäss Art. 59 Abs. 1 lit. c DBG dar.

Die Grenze für die Abzugsfähigkeit beträgt für juristische Personen 20 % des Reingewinns (Art. 59 Abs. 1 lit. c DBG) und für natürliche Personen 20 % der um die Aufwendungen gemäss Art. 26–33 DBG verminderten Einkünfte (Art. 33a DBG). Bei natürlichen Personen wird demnach das Reineinkommen vor Abzug der Zuwendungen als Messgrösse genommen, so dass «tatsächlich» 20 % abgezogen werden können. Weitere Voraussetzung ist, dass die Zuwendungen im jeweiligen Steuerjahr mindestens CHF 100 erreichen.

Gleichgültig ist, ob die Zuwendungen in **Geld** oder in **übrigen Vermögenswerten** erfolgen (Art. 33a und 59 Abs. 1 lit. c DBG). Deshalb ist auch die Zuwendung von Wertpapieren, Grundstücken, Kunstobjekten, Rechten etc. abzugsfähig. Dagegen sind **Arbeitsleistungen** (Frondienst) oder Dienstleistungen von Privatpersonen zugunsten einer Stiftung nicht abzugsfähig.

Im Steuerharmonisierungsgesetz sind ähnliche Rahmenbedingungen für die Abzugsfähigkeit von freiwilligen Leistungen an steuerbefreite Stiftungen vorgesehen (Art. 9 Abs. 2 lit. i StHG für natürliche Personen und Art. 25 Abs. 1 lit. c StHG für juristische Personen). Die kantonalen Steuergesetze sind diesbezüglich aber nicht einheitlich, namentlich ist die Obergrenze für die Abzugsfähigkeit im Steuerharmonisierungsgesetz offengelassen. In fast allen Kantonen sind 20 % des Einkommens abzugsfähig.

Voraussetzung für die Abzugsfähigkeit von Zuwendungen ist, dass die empfangende Stiftung ihren **Sitz in der Schweiz** hat (Art. 33*a* und 59 Abs. 1 lit. c DBG). Zuwendungen an **ausländische** Stiftungen, auch wenn sie steuerbefreit sind, erfüllen die Voraussetzungen für die Abzugsfähigkeit nach dem Wortlaut des Gesetzes somit nicht (was sachlich insbesondere dort nicht gerechtfertigt ist, wo die ausländische Stiftung die schweizerischen Voraussetzungen für eine Steuerbefreiung erfüllt).

Das **Cross Border Giving** ist auch in anderen Staaten ein problematisches Thema. Am 27. Januar 2009 entschied der Europäische Gerichtshof im Fall Persche (Rs. C-318/07) über Rechtsfragen der grenzüberschreitenden Gemeinnützigkeit. Er hielt fest, dass Spenden, die von einem EU-Staat in einen anderen flössen, von der Kapitalverkehrsfreiheit erfasst würden und steuerliche Diskriminierungen solcher Spenden anhand des ausländischen Sitzes der Empfängerorganisation daher unzulässig seien. Allerdings lebten die von fiskalischen Interessen dominierten EU-Staaten diesem Entscheid nicht begeistert nach. Die rund 147'000 Stiftungen in Europa wurden und werden in ihrem Potential weiterhin limitiert.

2019 haben deshalb das Donors and Foundations Network Europe (DAFNE) und das European Foundation Centre (EFC) in einem *European Philanthropy Manifesto* dazu aufgerufen, auf einen Binnenmarkt für die europäische Philanthropie hinzuarbeiten. Am 25. Oktober 2021 debattierte sodann das Europäische Parlament über einen Binnenmarkt für Philanthropie. Diesem Vorhaben ist Erfolg zu wünschen – und Wirkung auch für die Schweiz.

b)   Geschäftsmässig begründeter Aufwand

Juristische Personen und natürliche Personen mit Geschäftseinkommen können Zuwendungen auch dann abziehen, wenn sie aus geschäftlichen Gründen i.S.v. **Gewinnungskosten** erfolgen. Dies setzt voraus, dass die Zuwendungen im Zusammenhang mit der Geschäftstätigkeit der Unternehmung erfolgen, beispielsweise indem die Zuwendungen zur Pflege oder Verbesserung der Reputation der Unternehmung in der Öffentlichkeit oder bei ihren Kunden erfolgen. Namentlich Unterstützungsbeiträge an kulturelle Institutionen, die Aufmerksamkeit in der Öffentlichkeit geniessen (Museen, Theater, Konzertveranstalter, Opernhäuser), sind grundsätzlich **geschäftsmässig begründeter Aufwand.** Im Gegensatz zum Spendenabzug besteht hier keine gesetzliche Obergrenze.

§ 2   Laufende Besteuerung

1.   Besteuerung der Stiftung

a)   Grundzüge

aa)   Subjektive Steuerpflicht

Unabhängig davon, wie weit sich ihre Tätigkeit geographisch erstreckt, sind Stiftungen sowohl auf der Ebene des Bundes wie auch auf jener der Kantone und auch der Gemeinden grundsätzlich **steuerpflichtig.** Die Begründung der subjektiven Steuerpflicht der Stiftungen löst von Gesetzes wegen die **Steuererklärungspflicht** aus (Art. 124 Abs. 1 DBG).

bb)   Bemessung

Stiftungen sind den Besteuerungsgrundsätzen für juristische Personen unterstellt. Art. 49 ff. DBG und Art. 20 ff. StHG regeln die

Bemessungsgrundlage für die Gewinn- und Kapitalsteuer auf Stufe des Bundes bzw. der Kantone.

cc) Steuerdomizil

Der Ort (Kanton und Gemeinde), an dem die Stiftung für die laufenden Steuern steuerpflichtig ist, richtet sich grundsätzlich nach dem statutarischen Sitz der Stiftung («**Hauptsteuerdomizil**»), es sei denn, die **tatsächliche Verwaltung** befinde sich an einem anderen Ort (Art. 20 Abs. 1 StHG, Art. 50 DBG).

Durch «wirtschaftliche Zugehörigkeit» kann die Stiftung aber **zusätzlich** auch an anderen Orten steuerpflichtig werden. **Wirtschaftliche Zugehörigkeit** kann sich vor allem ergeben durch (i) **Grundeigentum** oder (ii) die Errichtung von Betriebsstätten ausserhalb des Hauptsteuerdomizils (Art. 21 StHG, Art. 51 DBG). Die **Betriebsstätte** ist eine feste Geschäftseinrichtung, worin (mit einer gewissen Selbständigkeit) ein qualitativ und quantitativ wesentlicher Teil der Tätigkeit einer Stiftung dauernd ausgeübt wird. Zur Qualifikation als Betriebsstätte liegt eine reiche Steuerrechtspraxis vor.

dd) Steuerarten

Auf allen drei Ebenen der Gemeinwesen fallen grundsätzlich **Gewinnsteuern** an. Der Bund erhebt darüber hinaus insbesondere **Mehrwertsteuern,** hingegen keine Erbschafts- oder Schenkungssteuern. Auf Kantonsebene sind meistens **Kapitalsteuern** sowie **Erbschafts- oder Schenkungssteuern** relevant.

b) Gewinnsteuern

Zuwendungen an die Stiftung werden grundsätzlich nicht dem steuerbaren Gewinn zugezählt (vgl. beispielsweise für den Kt. Zürich § 69 Abs. 1 ZH-StG), ausser wenn ihnen der Charakter einer **Gegenleistung** für empfangene Leistungen oder für die Förderung persönlicher Interessen zukommt. Im Übrigen wird das gewinnsteuerrechtlich massgebende Ergebnis der Stiftung nach den allgemeinen Bestimmungen über die Gewinnsteuer ermittelt.

Die Gewinnsteuer für Stiftungen ist in den meisten Kantonen gegenüber Kapitalgesellschaften reduziert. So beträgt der Steuersatz (ohne Berücksichtigung der Steuerfüsse) für Stiftungen im Kt. Zürich – sofern der Reingewinn mindestens CHF 10'000 erreicht – 4 % des Reingewinns (§ 76 ZH-StG), während er bei Kapitalgesellschaften 8 % beträgt (§ 71 ZH-StG). Daher wird die Stiftung unabhängig von einer Steuerbefreiung steuerlich privilegiert.

Auf Bundesebene beträgt der Steuersatz einheitlich 4,25 % des Reingewinns (Art. 71 DBG). Ein Reingewinn unter CHF 5'000 wird nicht besteuert (Art. 71 DBG).

c) Kapitalsteuern

Der Kapitalsteuersatz entspricht demjenigen der Kapitalgesellschaften; hier besteht keine Privilegierung für Stiftungen. Für diese gelten jedoch oft **Freigrenzen** (so wird im Kt. Zürich beispielsweise keine Kapitalsteuer erhoben, sofern das steuerbare Eigenkapital nicht mindestens CHF 100'000 beträgt, § 82 Abs. 2 ZH-StG). Für die Ermittlung des steuerbaren Kapitals gelten mehrheitlich die Regeln für die Ermittlung des Reinvermögens von natürlichen Personen (vgl. für den Kt. Zürich § 81 ZH-StG).

Auf Bundesebene wird keine Kapitalsteuer erhoben.

d) Mehrwertsteuern

Daneben treffen Stiftungen bei ihrem wirtschaftlichen Handeln **weitere Steuerpflichten.** Dazu gehört insbesondere die Mehrwertsteuer (MWST), bei der Gemeinnützigkeit kein Steuerbefreiungsgrund ist. Mit anderen Worten sind auch steuerbefreite Stiftungen, wenn sie Umsätze erzielen, grundsätzlich **MWST-pflichtig.** Auch überwiegend durch Spenden oder Subventionen finanzierte Stiftungen können mehrwertsteuerpflichtig sein (BGer, 2C_781/2014,

19.4.2015). Allerdings sind einige für gemeinnützige Stiftungen typische Umsätze (**Spenden, Förderbeiträge**) gesetzlich von der MWST-Pflicht **ausgenommen. Gönnerbeiträge** sind Spenden gleichgestellt (Art. 3 lit. i Ziff. 2 MWSTG). **Nicht** ausgenommen ist hingegen das **Sponsoring.** Die Eidg. Steuerverwaltung hat zu diesen Fragen mehrere Vollzugsvorschriften, Branchenbroschüren und Merkblätter herausgegeben. Je nach Stiftungszweck können sie für die einzelnen Stiftungen relevant sein (zum Beispiel Branchenbroschüre Nr. 22: Hilfsorganisationen, sozialtätige und karitative Einrichtungen, Branchenbroschüre Nr. 23: Kultur; MWST-Info Nr. 05: Subventionen und Spenden).

Art. 21 Ziff. 27 MWSTG enthält eine **Steuerausnahme** für **Bekanntmachungsleistungen** von oder an gemeinnützige Organisationen. Gemäss MWST-Info Nr. 04, Ziff. 6.27 ist die Bekanntmachungsleistung abzugrenzen von:

– der nicht steuerbaren **Spende** (eine freiwillige Zuwendung in der Absicht, den Empfänger zu bereichern, ohne Erwartung einer Gegenleistung im mehrwertsteuerlichen Sinn, vgl. Art. 3 lit. i MWSTG und MWST-Info Nr. 05). Die Spende darf **einmalig oder mehrmalig in einer Publikation in neutraler Form erwähnt** werden, wobei die Firma oder das Logo des Spenders verwendet werden darf. Hinweise auf Produkte des Spenders oder weitere Hinweise zu seiner Geschäftstätigkeit sind hingegen unzulässig; und

– von der steuerbaren **Werbeleistung,** bei der die Bewerbung eines Unternehmens oder seiner Produkte im Vordergrund steht.

Auch **Zahlungsflüsse bei grenzüberschreitenden Förderaktivitäten** können zu Mehrwertsteuerfolgen führen.

Am 17. Dezember 2021 wurde die von Nationalrat Olivier Feller eingereichte Parlamentarische Initiative «Sport- und Kulturvereine: Anheben der Umsatzgrenze für die Befreiung von der Mehrwertsteuerpflicht» angenommen. Der Untergrenzwert, der für die

Befreiung von der Mehrwertsteuerpflicht massgebend ist, wurde von CHF 150'000 auf CHF 250'000 angehoben (Art. 10 Abs. 2 lit. c MWSTG). Davon profitieren auch gemeinnützige Stiftungen. Diese Neuerung tritt am 1. Januar 2023 in Kraft.

Am 28. Januar 2022 veröffentliche die ESTV einen ersten Praxisentwurf zum Thema «**eng verbundene Personen**», der vor allem für Corporate Foundations von Bedeutung ist, allenfalls auch für Dachstiftungen und Unternehmensstiftungen. Danach gilt eine Stiftung gegenüber einer Person oder Organisation als eng verbunden i.S.v. Art. 3 lit. h Ziff. 2 MWSTG, wenn sie über keine eigenen Mittel und Ressourcen (Personal, Infrastruktur, flüssige Mittel etc.) verfügt, die es ihr ermöglichen, ihren Zweck umzusetzen. Dazu gingen zahlreiche Stellungnahmen ein. Die ESTV entschied in der Folge, den Entwurf zurückzuziehen.

e)   Weitere Steuern

Steuerbefreite Stiftungen unterliegen auch weiteren Steuern, wie meist der **Grundstückgewinnsteuer**.

2.   Besteuerung der Destinatäre

Wenn Stiftungen Leistungen ausrichten, ergibt sich bei den Leistungsempfängern, den Destinatären, grundsätzlich eine Steuerpflicht, wenn es sich nicht um steuerbefreite Personen handelt. Soweit Leistungen einer Stiftung nicht unter eine Sondernorm fallen, sind sie in Bund und Kantonen als **Einkommen** steuerbar (Zuwendungen von Stiftungen sind grundsätzlich keine Schenkungen, da sie nicht freiwillig, sondern in Erfüllung eines statutarischen Zwecks erfolgen, es liegt kein Schenkungswille vor; VGer GR, A 21 3, 18.10.2021). Bei Leistungen von **Familienstiftungen** gibt es keine Ausnahmen von dieser Regel. Oft sind Leistungen anderer Stiftungen aber als **einkommenssteuerfreie Unterstützung** zu qualifizieren, die der **Schenkungssteuer** unterliegen (vgl. dazu beispielsweise für den Kt. Zürich § 24 Abs. 1 lit. d ZH-StG). Solche unentgeltlichen Zuwendungen setzen voraus, dass die Destinatäre keinen Anspruch auf sie haben. Ist aufgrund der Umstände im Einzelfall hingegen anzunehmen, dass eine Stiftung nicht freiwillig, sondern in Erfüllung einer Rechtspflicht handelt, ist eine Schenkung zu verneinen.

§ 3 Besteuerung der Aufhebung der Stiftung

Wenn in der Stiftungsurkunde ausdrücklich festgehalten ist, an wen das Vermögen übergehen soll, ist in der Übertragung des Restvermögens nach der Aufhebung der Stiftung keine steuerpflichtige Schenkung zu sehen, da es am Schenkungswillen der Stiftung fehlt. Hingegen kann darin eine mittelbare (bedingte) Schenkung des Stifters durch die aufzuhebende Stiftung hindurch an den Begünstigten erblickt werden, die steuerpflichtig ist. Keine Steuerfolgen treten ein, wenn die Begünstigte steuerbefreit ist. Stellt die Stiftungsurkunde die Verwendung des Restvermögens ausdrücklich oder implizit in das Ermessen der Stiftung, kann eine steuerbare Zuwendung an den Begünstigten vorliegen, sofern dieser nicht steuerbefreit ist.

§ 4 Steuerbefreiung

1. Allgemeines

Für die meisten Stiftungen mit ideellem Zweck stellt sich die Frage nach einer **Befreiung von der subjektiven Steuerpflicht**. Ihre Bedeutung zeigt sich daran, **dass die grössten Probleme von (angehenden) Stiftern und Stiftungen oft nicht stiftungs-, sondern steuerrechtlicher Art sind.** Steuerliche Vorgaben spielen insbesondere eine Rolle bei der Formulierung des Zwecks, der Frage der Honorierung des Stiftungsrats und des Schicksals des Restvermögens nach Aufhebung der Stiftung. Bezeichnenderweise werden, wenn es um die Verbesserung der rechtlichen Rahmenbedingungen von Stiftungen geht, immer auch viele steuerrechtliche Vorschläge gemacht. Die Praxis der kantonalen Steuerbehörden beeinflusst die Frage, in welchem Kanton eine Stiftung ihren Sitz nimmt und ob international ausgerichtete Stifter ihre Stiftung in der Schweiz errichten.

Auf **Bundesebene** können gemeinnützige Stiftungen von der Pflicht, direkte Bundessteuern zu zahlen, befreit werden. Ebenso für die Gewinn- und Kapitalsteuern auf **Kantons- und Gemeindeebene** (vgl. Art. 23 Abs. 1 lit. f und g StHG). Dabei heisst «Steuerbefreiung» wie erwähnt nicht, dass eine Stiftung überhaupt keine Steuern mehr zahlen muss.

2. Voraussetzungen

Am 8. Juli 1994 veröffentlichte die Eidg. Steuerverwaltung das Kreisschreiben Nr. 12 betreffend die Steuerbefreiung juristischer Personen, die öffentliche oder gemeinnützige Zwecke oder Kultuszwecke verfolgen. Es sollte zur einheitlichen Anwendung der gesetzlichen Vorgaben (Art. 56 lit. g und h DBG; Art. 23 Abs. 1 lit. f und g StHG) dienen.

Danach können Stiftungen steuerbefreit werden, wenn sie folgende Voraussetzungen erfüllen:

– **Ausschliesslichkeit der gemeinnützigen Mittelverwendung**: Die Stiftungsaktivitäten müssen «ausschliesslich auf die öffentliche Aufgabe oder das Wohl Dritter ausgerichtet sein». Die Stiftung darf **keine Erwerbszwecke** oder «sonst eigene Interessen» (Selbsthilfezwecke) verfolgen. «Erwerbszwecke liegen vor, wenn eine juristische Person im wirtschaftlichen Konkurrenzkampf oder in wirtschaftlicher Monopolstellung mit dem Zweck der Gewinnerzielung Kapital und Arbeit einsetzt und dabei für ihre

Leistungen insgesamt ein Entgelt fordert, wie es im Wirtschaftsleben üblicherweise bezahlt wird.» Erwerbstätigkeit schadet dort hingegen nicht, wo sie «nicht den eigentlichen Zweck der Institution», «höchstens ein Mittel zum Zweck» ist und auch nicht ihre «einzige wirtschaftliche Grundlage» darstellt. Die wirtschaftliche Betätigung muss sich «in einem untergeordneten Rahmen zur altruistischen Tätigkeit» halten.

In Bezug auf **an Unternehmungen beteiligte Stiftungen** wird ausgeführt: «Der Erwerb und die Verwaltung von wesentlichen Kapitalbeteiligungen an Unternehmen gelten als gemeinnützig, wenn das Interesse an der Unternehmenserhaltung dem gemeinnützigen Zweck untergeordnet ist und keine geschäftsleitenden Tätigkeiten ausgeübt werden» (Art. 56 lit. g Satz 3 DBG, Art. 23 Abs. 1 lit. f Satz 3 StHG). Reine Kapitalanlagen können auch über 50 % liegende Beteiligungen an Unternehmen darstellen. Es darf aber «damit keine Einflussnahme auf die Unternehmungsführung möglich» sein, zum Beispiel, weil damit nicht auch Stimmrechte verbunden sind. Die Bedingung, dass über die Kapitalbeteiligung «kein Einfluss auf die Geschäftstätigkeit der betreffenden Unternehmung ausgeübt» wird, verlangt eine klare organisatorische und personelle Trennung von Stiftungsrat und dem Organ, welches das gehaltene Unternehmen führt, wobei es zulässig ist, dass eine Person als Verbindungsperson in beiden Gremien Einsitz nimmt. Dies führt allerdings zu einer sachlich nicht berechtigten Ungleichbehandlung von Unternehmensträger- und Holdingstiftungen. Auch steht es in Spannung mit der Pflicht des Stiftungsrats, das Stiftungsvermögen bestmöglich zu bewirtschaften.

Ausserdem muss die Unternehmenserhaltung dem gemeinnützigen Zweck untergeordnet sein, was bedeutet, dass die Stiftung «regelmässig mit ins Gewicht fallenden Zuwendungen der von ihr gehaltenen Unternehmung alimentiert wird und mit diesen Mitteln auch tatsächlich eine entsprechende altruistische im Allgemeininteresse liegende, d.h. gemeinnützige Tätigkeit» ausübt.

2021 hat sich das Bundesgericht erstmals mit der Steuerbefreiung einer gemeinnützigen Holdingstiftung befasst (BGer, 2C_166/2020, 10.5.2021). Dabei stellte es auf die **Vermögensdiversifizierung** ab. Gemeinnützige Holdingstiftungen mit im Wesentlichen nur einer Beteiligung laufen demnach Gefahr, ihre Steuerbefreiung zu verlieren.

- **Verfolgung öffentlicher Zwecke** i.S.v. Art. 56 lit. h DBG: Dies setzt voraus, dass die Stiftung übergeordnete Interessen des öffentlichen Gemeinwesens verfolgt. Richtlinie sind die Aufgaben, die in der Regel vom Staat zu bewältigen sind. Dabei ist insbesondere der Grundsatz der Wettbewerbsneutralität zu beachten.

- **Unwiderruflichkeit der Zweckbindung:** Das Stiftungsvermögen muss unwiderruflich dem Stiftungszweck dienen. Ein **Rückfall** an den Stifter oder seine Rechtsnachfolger muss **ausgeschlossen** sein. Deshalb wird verlangt, dass der Liquidationserlös bei der Aufhebung der Stiftung an eine andere steuerbefreite Körperschaft mit ähnlicher Zwecksetzung fällt, was durch eine entsprechende Bestimmung («Auflösungsklausel») in der Stiftungsurkunde festgehalten werden kann.

- **Tatsächliche Tätigkeit:** Die Stiftung muss den gemeinnützigen Zweck auch **wirklich verfolgen.** Thesaurusstiftungen haben keinen Anspruch auf Steuerbefreiung oder, wenn sie zu einer solchen werden, verwirken ihn.

- **Verfolgung gemeinnütziger Zwecke:** Im allgemeinen Sprachgebrauch ist jede im Interesse der Allgemeinheit liegende Tätigkeit gemeinnützig; verlangt wird nur der Ausschluss von Eigennutz. Im Steuerrecht ist die Gemeinnützigkeit hingegen **enger** gefasst, insbesondere auch enger als der stiftungsrechtliche Begriff der **ideellen** Zweckverfolgung.

Grundlegend ist als **objektives** Kriterium die **Verfolgung von Allgemeininteressen.** Das Gemeinwohl kann insbesondere gefördert werden durch «Tätigkeiten in karitativen, humanitären, gesundheitsfördernden, ökologischen, erzieherischen, wissen-

schaftlichen und kulturellen Bereichen. Als das Gemeinwohl för-
dernd erscheinen beispielsweise die soziale Fürsorge, Kunst und
Wissenschaft, Unterricht, die Förderung der Menschenrechte,
Heimat-, Natur- und Tierschutz sowie die Entwicklungshilfe.»
Massgebend für die Bestimmung, ob eine Tätigkeit im Interesse
der Allgemeinheit liegt, ist dabei die sogenannte «**Volksauffas-
sung**». Anhaltspunkte sind die rechtsethischen Prinzipien, die
in der Bundesverfassung, in schweizerischen Gesetzen oder Gerichtsentscheiden zum Ausdruck kommen.

Bei der Prüfung der Gemeinnützigkeit wenden die Steuerbehörden ihr Ermessen an, wobei oft unklar bleibt, welchen Kriterien
sie folgen. Zurückhaltend sind sie besonders, wenn die Stiftung
im **Ausland** tätig ist; nicht selten werden hier Restriktionen vorgesehen (Förderleistungen in Entwicklungsländern, sondern Se-
kundärnutzen für die Schweiz bzw. Kooperation mit schweizerischen Partnern erforderlich etc.).

Die Verfolgung von Allgemeininteressen wird regelmässig nur
dann anerkannt, wenn der **Kreis der Destinatäre** grundsätzlich
offen ist. Ein enger Destinatärskreis (beispielsweise die Begrenzung auf eine Familie oder die Mitglieder eines Vereins) schliesst
eine Steuerbefreiung wegen Gemeinnützigkeit üblicherweise aus.

Weiter wird vorausgesetzt, dass die Zweckverfolgung **uneigen-
nützig** ist und die Stiftung altruistisch handelt. Der Stiftung darf
nicht die Funktion einer Selbsthilfeorganisation zukommen.
«Der Begriff der ‹ausschliesslichen Gemeinnützigkeit› setzt [...]
voraus, dass [...] für den im Allgemeininteresse liegenden Zweck
von Körperschaftsmitgliedern oder Dritten – unter Hintanset-
zung der eigenen Interessen – Opfer erbracht werden.» Nun hat
die Stiftung keine Körperschaftsmitglieder, welche «Opfer erbringen» könnten. Die Steuerbehörden nehmen diese (notabene
nicht vom Gesetz gedeckte) Aussage zur Grundlage dafür, den
Stiftungsratsmitgliedern «ehrenamtliches» Tätigwerden abzunö-
tigen, und negieren dabei auch noch, dass bereits der Stifter mit

der Widmung seines Vermögens das geforderte «Opfer» auf dem Altar der Allgemeinheit erbracht hat.

– Stiftungen, die **Kultuszwecke** verfolgen, sind ebenfalls subjektiv steuerbefreit (Art. 23 Abs. 1 lit. g StHG, Art. 56 lit. h DBG). Bei ihnen wird zudem bei der direkten Bundessteuer im Gegensatz zur Bestimmung im StHG eine **gesamtschweizerische Bedeutung** verlangt. Steuerprivilegierte Kultuszwecke verfolgt eine Stiftung demnach dann, wenn sie gesamtschweizerisch ein gemeinsames Glaubensbekenntnis, gleichgültig welcher Konfession oder Religion, in Lehre und Gottesdienst pflegt und fördert. Davon zu unterscheiden sind juristische Personen, die bestimmte wirtschaftliche, philosophische oder ideelle Aufgaben auf religiöser Grundlage erfüllen. Solche reinen Weltanschauungen fallen nicht unter die steuerprivilegierten Kultuszwecke.

Sind diese Voraussetzungen nur für einen **Teil** des Stiftungszwecks bzw. der Stiftungsaktivitäten gegeben, kann die Stiftung **teilweise** von den Steuern **befreit** werden. In diesem Fall muss sie rechnungsmässig und auch organisatorisch eine Trennung zwischen den steuerbefreiten und den nicht steuerbefreiten Aktivitäten vornehmen.

Die Voraussetzungen der **Kantone** für die Steuerbefreiung sind in der Regel ähnlich wie jene des Bundes.

Die **Praxis** vieler kantonaler Steuerbehörden ist **kritisch** zu sehen. Sie verhalten sich in mehreren Bereichen (etwa bei der Anerkennung der Gemeinnützigkeit des Zwecks, der Beurteilung neuer Förderformen, der Fördertätigkeit im Ausland, der Entschädigung der Stiftungsratsmitglieder) **restriktiv**. Das ist nicht nur aus rechtlichen, sondern auch aus volkswirtschaftlichen Gründen zu bedauern. Eine empirische Studie von SwissFoundations und PwC Schweiz vom Juli 2019 hat ergeben, dass sich steuerbefreite Stiftungen für die Gesellschaft sehr schnell, spätestens nach eineinhalb Jahren lohnen. Kantonale Steuerbehörden, welche die Steuerbefreiung mit fragwürdigen Begründungen und dem Resultat verweigern, dass die

Stiftung in einem anderen Kanton oder im Ausland errichtet wird, schaden ihrem eigenen Kanton.

3. Überprüfung der Steuerbefreiung

Die Voraussetzungen für die Gewährung der Steuerbefreiung müssen auch in der Folge stets gegeben sein. Die Praxis der Überprüfung ist unterschiedlich. Manche Behörden auferlegen Meldepflichten, wobei etwa Änderungen der Stiftungsurkunde oder Erlass und Änderungen von Reglementen gemeldet werden müssen, andere überprüfen die Situation nach einer vorbestimmten Frist.

4. Steuerbefreiung von juristischen Personen bei Verfolgung ideeller Zwecke

Das Bundesgesetz über die Gewinnbesteuerung von juristischen Personen mit ideellen Zwecken vom 20. März 2015 (AS 2015 2947) sieht eine Freigrenze von CHF 20'000 bei der direkten Bundessteuer vor, die für alle juristischen Personen – also auch für Stiftungen – gilt, deren Gewinn- und Kapitalverwendung ausschliesslich einem ideellen Zweck gewidmet ist (Art. 66a DBG). Für die kantonalen bzw. kommunalen Gewinnsteuern kann der Kanton die Höhe der Freigrenze selbst festlegen (Art. 26a StGH).

Sachregister